Prümm/Neubauer/Riedel (Hrsg.)
Raoul Coutard – Kameramann der Moderne

Diese Publikation wurde durch die VG Bild-Kunst gefördert.

Karl Prümm / Michael Neubauer / Peter Riedel (Hrsg.)

Raoul Coutard – Kameramann der Moderne

SCHÜREN

Die Deutsche Bibliothek – CIP-Einheitsaufnahme

Ein Titeldatensatz für diese Publikation ist bei
Der Deutschen Bibliothek erhältlich

Schüren Verlag GmbH
Universitätsstr. 55 · D-35037 Marburg
www.schueren-verlag.de

Gestaltung: Erik Schüßler
Druck: AZ Druck und Datentechnik GmbH, Kempten
Printed in Germany
Bildnachweis: Archiv Raoul Coutard (S. 13, 21, 23, 41, 98. 110, 120, 125, 146, 147, 154, 177-192)
Archiv Rolf Coulanges (S. 24, 48, 70, 72, 73, 76, 77, 81, 82, 85, 87, 99, 136, 137)
Presseamt der Stadt Marburg (S. 8, 40)
Videostills und Fotos (S. 2, 32, 33, 140, 141, 203): Rolf Coulanges
ISBN: 3-89472-355-6

Inhalt

Vorwort

Raoul Coutard ist der erste Träger des Marburger Kamerapreises. Am 2. März 2001 wurde ihm in einem Festakt im Historischen Rathaus diese „Auszeichnung für herausragende Bildgestaltung" überreicht. Die Stadt und die Philipps-Universität Marburg verleihen gemeinsam jährlich diesen mit 5.000 Euro dotierten Preis, die Fima ARRI (Arnold & Richter Cine Technik, München) ist dabei der Hauptsponsor. Nach Raoul Coutard wurden Frank Griebe (2002), Robby Müller (2003) und Slawomir Idziak (2004) ausgezeichnet.

Der Preis lenkt den Blick der Öffentlichkeit auf den immer noch unterschätzten Prozess der Bildgestaltung und der Formgebung, der den Film entscheidend prägt. Erst die Kamera ermöglicht das Sehen, die Wahrnehmung und den Genuss im Kino. Dennoch findet die Kameraarbeit weitgehend im Verborgenen statt, ist nur wenig bekannt über die Arbeitsbedingungen und Leistungen der Kameraleute. Filmkritik und Publikum führen den Erfolg von Filmen viel zu einseitig auf die Regisseure, auf die Schauspieler und die Stars zurück. Dass Stil und Form der Bilder, Ausleuchtung und Atmosphäre ebenso ausschlaggebend für die Wirkung sind, wird meist vergessen. Dem soll der Preis entgegenwirken. Er wird in jedem Jahr im Rahmen der Marburger Kameragespräche verliehen, die vom Fach Medienwissenschaft der Phlipps-Universität und vom Bundesverband der bildgestaltenden Kameramänner und -frauen in der Bundesrepublik Deutschland e.V. in Zusammenarbeit mit dem Kammer-Filmkunsttheater veranstaltet werden. Hier präsentieren die mit dem Marburger Kamerapreis Ausgezeichneten ihr Werk und stellen sich der Diskussion. Damit wird ein Forum über Kameraarbeit eröffnet, das Kameraleute, Kritiker, Wissenschaftler und Filminteressierte zusammenführt.

Dieser Band dokumentiert die Marburger Kameragespräche und die Verleihung des Marburger Kamerapreises 2001 an Raoul Coutard, der als „Kameramann der Moderne" die Bildlichkeit des Kinos seit 1960 entscheidend geprägt hat. Die Beiträge sind überarbeitete Versionen der Vorträge, die am 2. und 3. März 2001 gehalten wurden. Neu hinzugekommen ist der Text von Jürgen Heiter. Die Gespräche mit Raoul Coutard werden zweisprachig wiedergegeben, um den „Originalton" Coutard zu wahren.

Der Band enthält zudem die Exponate einer Ausstellung „Raoul Coutard – Photographe", die parallel zu den Kameragesprächen und der Preisverleihung in der Universitätsbibliothek stattfand. Zum ersten Mal wurden diese Bilder in Deutschland gezeigt. Sie verweisen auf den Ausgangspunkt und den Kern von Ra-

Bürgermeister Egon Vaupel überreicht den Marburger Kamerapreis 2001 an Raoul Coutard

oul Coutards Arbeit, der als Fotograf in Indochina begonnen und der mit seiner Kameraarbeit immer den besonderen, den expressiven Moment gesucht hat.

Die Herausgeber danken der Stadt Marburg, vor allem Bürgermeister Egon Vaupel und dem Leiter des Kulturamts Dr. Richard Laufner sowie der Firma ARRI, die entscheidend dazu beigetragen haben, den Preis zu etablieren. Sie danken der Philipps-Universität, vor allem dem Präsidenten Prof. Dr. Horst Franz Kern und dem Kanzler Bernd Höhmann, für die großzügige Unterstützung. Der Bundesverband Kamera (bvk) hat beide Vorhaben, Kamerapreis und Kameragespräche, von Anfang an konsequent gefördert und mitgetragen.

Ein spezieller Dank gilt dem Kammer-Filmkunsttheater und seinem Betreiber Hubert Hetsch für die Gastfreundschaft während der Kameragespräche und für die exzellente Filmprojektion, der Universitätsbibliothek und ihrem Leiter Dr. Dirk Barth für die Möglichkeit, die Ausstellung „Raoul Coutard – Photographe“ in den Räumen der Bibliothek zu zeigen, Karin Stichnothe-Botschafter für die tätige Mithilfe bei Konzeption und Aufbau der Ausstellung, den Dolmetschern Caroline Elias und Thomas Diersch, die während der Marburger Kameragespräche Schwerstarbeit leisten mussten, Monique Prümm für die Protokollierung und einfühlsame Übersetzung der Gespräche, Helmi Ohlhagen für die hervorragende Gestaltung von Plakat und Flyer, Mediakontakt Laumer für die Pressebetreuung und dem Hotel Vila Vita, Residenz Rosenpark, das kostenlos Übernachtungen zur Verfügung gestellt hat. Die Herausgeber danken nicht zuletzt der Verwertungsgesellschaft Bild-Kunst, die durch einen großzügigen Druckkostenzuschuss das Erscheinen dieses Buches ermöglicht hat.

Die Herausgeber

Michael Neubauer

Einfache Formen

Die Kraft der Reduktion in der Bildgestaltung von Raoul Coutard

Eine abenteuerliche Reise von Orleans nach Marburg hinter sich, sitzt Raoul Coutard endlich im Kinosessel und hört sich Begrüßungen und Lobreden an. Es wird simultan übersetzt. Coutard schmunzelt nicht selten. Einen Abend später werden wir wissen, warum: In seiner kurzen Antwort auf die Laudatio anlässlich der feierlichen Übergabe des *Marburger Kamerapreises* verrät Coutard, dass er „in Frankreich kaum wahrgenommen" werde, und dass man ihn dort noch nie in solcher Weise geehrt habe. In Deutschland dagegen habe er mehrfach Anerkennungen und Preise erhalten. Daraus könne er persönlich nur ableiten: „Entweder verstehen die Franzosen meine Arbeit nicht, oder sie wissen zu gut, dass ich meine Arbeit immer nur ganz normal getan habe."

Die Bescheidenheit dieses Mannes ist – gemessen an seiner Bedeutung für das französische und europäische Kino – unerhört. Doch er kann sie sich leisten: Das Schaffen von Raoul Coutard als eines der großen Modernisierer der Bildgestaltung hat einer ganzen Epoche des europäischen Films visuelle Impulse gegeben. Die von Raoul Coutard maßgeblich geprägte Filmfotografie der Nouvelle Vague hat eine ganze Generation europäischer Kameramänner durch ihre visuelle Kraft und fast dokumentarisch wirkende Unmittelbarkeit nachdrücklich beeinflusst.

Nach ausschweifender und überfrachteter visueller Ambition und Manieriertheit im Kunstbetrieb wird in der Reduktion auf Ursprüngliches und Schlichtes immer wieder ein grundlegender Fortschritt erkannt – und neue Kraft gewonnen. Gerade der Rückgriff auf Elementares und der bewusste Verzicht auf Ablenkung und Gekünsteltes bewirkt einen unverstellten Blick und eine starke Faszination in der Wahrnehmung. Für derartige Befreiungen durch Reduktion gibt es in der Kunstgeschichte und in der Literatur zahlreiche Beispiele. Man betrachte etwa die formale Ungeheuerlichkeit des Bauhaus-Stils als Reaktion auf den Schwulst der Gründerjahre und der Kaiserzeit – seinen läuternden Einfluss auf die Malerei, die Architektur und das Design. Oder man denke an Brecht und seine enorme Wirkung auf das Theater des 20sten Jahrhunderts: Radikale Modernisierungsphänomene, die den Zeitgenossen – und uns bis heute – überwältigend erscheinen.

Wenn wir Raoul Coutard ehren, und sein Lebenswerk zum Gegenstand unserer Betrachtungen machen, so haben wir in ihm einen Kameramann, dessen Arbeiten sowohl für die Zuschauer wie auch die Kollegen revolutionär und befreiend wirkten. Waren für die Zuschauer die dicht an den Menschen erzählten Geschichten des zeitgenössischen französischen Kinos mit Coutards spannenden und zugleich unkapriziösen Bildern eine Wohltat, so wurde seine Filmfotografie für ganze Generationen von Kameraleuten zum Schlüssel einer risikobereiteren Arbeitsweise mit geringerer Distanz zu Darstellern und einer neuen Intimität der visuellen Umsetzung. Der Dreh am Originalschauplatz, die befreite Kamera mit erheblichem Bewegungsdrang, die scheinbare Beiläufigkeit der Beobachtung, die zu enormer Authentizität in der Abbildung führt, und schließlich das eigenwillige Licht. Für das in den sechziger und siebziger Jahren durchaus kritische und selbstbewusste Publikum war die Bildgestaltung Coutards für die sich vor allem aus Kritikern der Zeitschrift *Cahiers du Cinéma* rekrutierenden jungen französischen Autorenfilmer so atemberaubend neu, wie für die Fachwelt. Sie wurde als großer cineastischer Befreiungsschlag wahrgenommen. Sieht man heute diese etwa vierzig Jahre alten Filme, wirkt die visuelle Umsetzung noch immer einfallsreich und frisch. Coutard hat mit den Innovationen seiner Bildgestaltung einen bleibenden Beitrag für das europäische Kino geleistet.

Räumlichkeit und Nähe

Es ist schlechterdings nicht möglich, sich eine Filmszene vorzustellen, die nicht in einem ihr zugeordneten räumlichen Zusammenhang steht. Wie die Natur ein Raum ist, so sind auch alle Plätze und Orte, an denen Filme entstehen oder ihre Handlungen spielen, notwendigerweise konkrete Räume. Dabei können sich die Schauspieler nach Absprache mit der Regie in diesem jeweils zuvor definierten Raum bewegen. Sie können den Raum ausfüllen und von ihm Besitz ergreifen oder sich eher als Fremdkörper im Raum befinden.

Auch die Bildgestaltung hat viele Möglichkeiten, Räume zu erfassen und nachvollziehbar zu machen, die Geborgenheit oder Gefährdung, die Einsamkeit oder die Wärme des Raums zu erfassen. Und mehr noch: Wie das Spiel der Darsteller kann auch die Bildgestaltung die Wirkung massiv beeinflussen – oder überhaupt erst herstellen.

Bildgestaltung und Kameraarbeit sind in der Lage, gewöhnliche oder überraschende Perspektiven zu bieten, Tiefe oder Enge in einen Raum zu bringen,

Gestik, Mimik und räumliche Positionierung der Darsteller nachzuvollziehen oder zu konterkarieren.

Ein Zentrum der bildgestalterischen Kreativität besteht in der Bewältigung der Aufgabe, durch optische Auflösung und Lichtgestaltung der zweidimensionalen Leinwand oder dem Fernsehbild Räumlichkeit zu geben und die eigentlich flächigen Darsteller plastisch und greifbar werden zu lassen. Die visuelle Konzeption und die Bildgestaltung sind also künstlerisch notwendige Reaktionen auf die Statik des Raumes und die Zweidimensionalität der Abbildung. Das Licht, ein geeignetes Objektiv, das Aufzeichnungsmaterial und seine Bearbeitung sowie die Positionierung und Bewegung der Kamera sind vom Kameramann gesteuerte Parameter, die entscheidenden Einfluss auf die Bildwirkung beim Zuschauer haben.

Mit Mitteln der Fotografie lässt sich die Räumlichkeit eines Raumes jedoch auch weitgehend aufheben, wie es Coutard häufig durch die Verwendung überlanger Optiken praktiziert hat. Man mag bedauern, dass hier Manipulationsmöglichkeiten bestehen, und sich der subjektive Blick der Gestalter nicht bloß in der Kadrierung ausdrückt. Aber es liegen in den Möglichkeiten der Bildgestaltung gerade auch die ungeheuren Chancen des Mediums, welche zu einer nun über hundertjährigen außerordentlich beeindruckenden Entwicklung geführt haben. Filme bilden die Zeit und ihre gesellschaftliche Wirklichkeit direkt oder indirekt ab – und gestalten sie über die Wahrnehmungsebene wiederum in erheblichem Maße mit. Insofern hat die jeweils aktuelle Filmfotografie einen starken Einfluss auf die Wahrnehmungsrealität der Zeitgenossen – wie sich eben auch die jeweils typischen gesellschaftlichen Wahrnehmungskonventionen in der Filmfotografie der Zeit finden.

Im Lichte der Klarheit

Der Ursprung des Kinos ist das Licht. Im Phänomen Kino begegnen wir der Lichtgestaltung in der bisher extremsten Variante. Als philosophische Vorlage können wir das Höhlengleichnis ansehen. Als plastischeres Beispiel können die Kirchenfenster der Kathedralen des Mittelalters dienen. Nicht nur sind die physikalischen Grundlagen der Kinoprojektion und der farbigen Fenster vergleichbar, auch die Intention der emotionalen Beeindruckung eines großen und disparaten Publikums ist beiden Phänomenen gemeinsam. Licht und Farbigkeit des Kirchenfensters und des projizierten Filmstreifens haben nur den einen Sinn: Die Köpfe und Herzen der Menschen zu erreichen, die als Betrachter der gestalteten Lichtbilder mit ihren Augen die erstaunlichen Darstellungen erfassen. Die alten Meister und die Kreativen des Films arbeiten gleichermaßen für die Beeinflussung ihres Publikums.

Die Gestaltung der Lichtstimmung und die Struktur der Beleuchtung einer Szenerie haben dabei wesentlichen Einfluss auf die Bildaussage, ihre Wahrnehmung und ihre Wirkung beim Betrachter. Gerichtetes Licht oder diffuse Beleuchtung, zahlreiche unterschiedliche Lichtquellen oder klare Lichtquellen mit zuzuordnenden Effekten im Bild, hohe Kontraste von den hellsten Lichtern bis zu den dunkelsten Schatten oder ein geringer Kontrastumfang: Entscheidungen des Bildgestalters, die auf die Wahrnehmung und die Bildwirkung einen immensen Einfluss haben.

Hier sind wir unmittelbar bei Raoul Coutard und seinem filmischen Stil. War in den 50er Jahren schon auf Grund der relativen Unempfindlichkeit des Filmmaterials ein erheblicher Beleuchtungsaufwand notwendig, um ein zum Drehen brauchbares Lichtniveau zu erreichen, so kamen in den 60ern immer empfindlichere Emulsionen und lichtstärkere Objektive zum Einsatz, die eine grundlegend andere Herangehensweise an die Lichtgestaltung ermöglichten. Im Außenbereich konnte auch bei bedecktem Wetter mit bloßer Aufhellung gearbeitet werden. Innenräume boten bei guter Belichtung durch Fenster und Türen schon mit geringfügigem Zusatzlicht Drehmöglichkeiten. Nach 1968 gab es auch im Farbfilm hohe Empfindlichkeiten. Und selbst in Fällen zu geringen Lichtniveaus konnte über die Anhebung der Temperatur im Entwicklungsbad (die „forcierte“ Entwicklung also) noch ein gutes Ergebnis erzielt werden.

So eröffneten sich also – zumindest bei s/w-Filmen – schon seit Anfang der 60er Jahre Möglichkeiten, reale Bedingungen des Motivs mittels geringer Eingriffe filmisch nutzbar zu machen. Die realen Räume und ihre spezifischen Lichtsituationen erhöhen auf der Wahrnehmungsebene den Eindruck der Authentizität. Coutard wusste um die Chancen, die sich aus vorhandenen räumlichen und lichttechnischen Gegebenheiten ergaben, musste aber zweifellos im Sinne von Kompromissen häufig unter seiner Meinung nach suboptimalen Bedingungen drehen. Dabei aber hat er bewusst und billigend in Kauf genommen, dass die Grenzen der gestalterischen Konventionen der 60er Jahre überschritten wurden. Und das Publikum hat es verstanden: Dieser Filmfotografie ging es nicht um das Schöne, Erhabene, Glattpolierte, sondern um die Nähe zu den Charakteren und ihren Beweggründen. Die Gebrochenheit des „modernen“ Bewusstseins findet ihre kinematografische Entsprechung in den Filmen von Truffaut, Godard, Demy u.a. mit dem Licht und der Kameraarbeit von Raoul Coutard. Was er in puncto Entschlackung und Modernisierung des Bilderma-

Raoul Coutard als Fotograf in Indochina (1953)

chens für das Kino geleistet hat, ist in erheblichem Maße seinem unprätentiösen Umgang mit dem Licht – und seinem Respekt vor der Lichtsituation an Originalschauplätzen – geschuldet.

Nicht nur über die genaue Analyse und gestaltende Ergänzung des vorhandenen Lichtes, sondern auch durch eine der jeweiligen Lichtsituation angepasste Positionierung der Kamera bietet Coutard den Darstellern unmittelbare und ungekünstelte Raumsituationen an, in denen sich der Zuschauer – atmosphärisch eingestimmt – auf die Interaktionen konzentrieren kann. Ganz anders als in den Studioproduktionen der Kriegs- und ersten Nachkriegszeit wird der Lichteinsatz nicht gefeiert, übertrieben oder zur Schaffung mystischer Räume verwendet. Die Lichtstimmung soll den Raum nicht erschaffen, neu definieren oder vergewaltigen, sondern nur, soweit für das Verständnis der Geschichte notwendig und sinnvoll, für den Zuschauer erschließen.

Darauf angesprochen, dass er in Fällen von Innenräumen mit Fenstern wiederholt nur mit einer einzigen zusätzlichen Lichtquelle gearbeitet habe, führte Coutard an, man habe aufgrund des Platzmangels in Godards 2CV („Ente") „eben nur sehr begrenzt Licht mitnehmen" können ... - denn schließlich habe die Kameraausrüstung ja auch allerhand Platz in dem kleinen Wagen eingenommen. Mag dies der Grund gewesen sein. Tatsache ist jedenfalls, dass die Reduktion der Technik zur Klarheit der Form und Direktheit der Aussage immens beigetragen hat. Die Nouvelle Vague ist die systematische Rückführung des Kinos in die Nähe der Menschen. Dies gilt im Verhältnis der Kamera zu den Darstellern, wie auch für die Beziehung der Zuschauer zum Medium Film. Wer kennt nicht aus eigenem Erleben oder aus den Beschreibungen Älterer die ungeheure Wirkung, die die Filme der Nouvelle Vague beim aufbruchshungrigen Publikum Mitte der 60er Jahre auslösten?

Bildgestaltung und Bildwahrnehmung – ein Befreiungsschlag

Der Zuschauer nimmt nicht zuerst den Dialog oder das in der Szene stattfindende Spiel der Protagonisten wahr: Der erste Eindruck und die Stimmung des Zuschauers wird zunächst durch das bloße Bild mit seiner unmittelbaren und starken visuell-emotionalen Kraft determiniert. Man kann dieses Phänomen mittlerweile gut erklären. Über den visuellen Sinn, der im Kanon unserer Wahrnehmungsmöglichkeiten eine zentrale Rolle spielt, werden Schlüsselreize in das Synapsensystem unseres Gehirns eingegeben, die dort besonders erfolgreich weitergeleitet und dechiffriert werden können, wo wir bereits über aktivierte Synapsenbahnen verfügen.

So wird etwa ein Klischee sicherer und schneller erkannt (also wahrgenommen, durchgeleitet und dechiffriert) als neue Informationen. Würden in einer Filmszene junge hässliche Frauen und alte bildschöne Männer in einem schwebenden Haus um einen rosa Weihnachtsbaum sitzen, hätten die Zuschauer vermutlich zunächst große Dechiffrierungsprobleme. Wir sehen, was wir kennen, wir nehmen wahr, was wir zuordnen können, wir stellen Verknüpfungen her, wo wir prädisponiert sind. Alles andere ist für uns neu.

Wenn wir wissen, dass Klischees unproblematisch verarbeitet werden, so gilt dies nicht nur für die inhaltliche Ebene und Struktur, sondern ebenso für die Struktur des Formalen. Die Art der Abbildung von Sichtbarem führt zu jeweils veränderter Wahrnehmung. So ist es selbstverständlich nicht egal, welche Perspektive, welche Textur, Brennweite, Blende, Bewegung – und natürlich: welches Lichtkonzept! – gewählt wird. In der gezielten Gestaltung aller dieser Faktoren im Sinne der Gesamtaussage des Filmwerkes liegt die zentrale kreative Aufgabe der Arbeit ‚an der Kamera'. Und in der Betrachtung dieser Gestaltungselemente und ihrer meisterlichen Handhabung durch Raoul Coutard liegt der Schlüssel zum Verständnis seines grandiosen Erfolges. Ein Kameramann arbeitet nicht mit großer Geste, ist nicht mit Glanz und Glamour in Verbindung zu bringen. Der Erfolg bedeutender und filmsprachlich avantgardistischer Kameraleute beruht immer auf persönlichen Visionen und der professionellen Nutzung und Beherrschung des Instrumentariums filmfotografischer Gestaltungsmöglichkeiten.

Ein besonderes Augenmerk sei an dieser Stelle auf die Bewegungskonzeption gelegt. Was für den Zuschauer ohne größere Auffälligkeit als logischer Bildfluss mit innerem Rhythmus erscheint, ist fast immer ein kompliziertes – und für jede Sequenz speziell erarbeitetes – Bewegungskonzept. Die Choreografie des Bildes und die Möglichkeiten der Montage und Nachbearbeitung stellen an die Bildgestaltung und Bildaufnahme mehrere zentrale Forderungen:

- Die Auflösung muss die intendierten Effekte visuell umsetzen und tragen.
- Der Zuschauer soll sowohl den Ort und seine Atmosphäre spüren, als auch das Spiel der Darsteller „aus der Nähe" mitverfolgen können.
- Der Fluss der Handlung soll nicht durch filmische Dimensionen und Strukturen aufgebrochen werden, sondern der Film soll sich aus der Handlung heraus entwickeln können. Die Form dient dem Inhalt.
- Die Einstellungen sollen sich zu einem kohärenten Bildfluss formen lassen, müssen aber dennoch die Flexibilität der unterschiedlichen Zeithorizonte (abgebildete Zeit, gesehene Zeit, erlebte Zeit) berücksichtigen.

° Die Bilder sollen mit vertretbarem Aufwand und der vorhandenen Technik realisiert werden können.

Das Drehen in konkreten Räumen fordert vom Kameramann jeweils ganz unterschiedliche Herangehensweisen, Licht- und Auflösungskonzeptionen. Standardrezepte sind zumeist nicht zielführend. Immerhin hat es der Kameramann häufig nicht in der Hand, welche tatsächlichen räumlichen und Licht-Bedingungen herrschen. Die Erwartung an seine Professionalität ist jedoch, dass er die intendierten Lichtstimmungen und Auflösungen selbst unter widrigen Umständen sicher realisieren kann. Dabei hat er auf Grund des oft großen von ihm zu steuernden Menschen- und Materialaufwands und aus der geforderten Rücksichtnahme auf den Etat meist nur sehr begrenzte Möglichkeiten, am Set zu probieren und zu experimentieren. So muss aus seiner Erfahrung heraus in knapper Zeit die jeweilige Bildstimmung generiert werden, um die angestrebte Auflösung zu ermöglichen – oder gar zu überbieten ...

Authentizität und Gestaltungswille als Loyalitätsfrage

Am Anfang eines fiktionalen Filmes stehen die Idee und das Buch. Von Auflösung, Lichtgestaltung und Kameraarbeit im konkreten Sinne ist in dieser Phase eines Projektes eher selten die Rede. Auch ist der Kameramann in diesem frühen Stadium meist noch gar nicht beteiligt. Die eigentliche Bildgestaltung beginnt, wenn die Geschichte fertig und rund ist – und man sich entschlossen hat, sie tatsächlich zu verfilmen. Selbstverständlich stehen die Idee und das Buch des Autors – und die zentrale kreative Rolle des Regisseurs, der das Buch in eine konkrete Spielhandlung umsetzen soll – auch in der Drehphase und bei der Bearbeitung im Mittelpunkt. Gerade der Autorenfilm (bei dem sich Autorenschaft und Regie in einer Person bündeln) stellt den künstlerischen Leiter des Gesamtwerks, den Filmautor, in das Zentrum der Kreativität.

Raoul Coutard hat diesen Vorstellungen immer Raum gegeben und – klarer als vielen Kollegen das lieb sein konnte – eingeräumt, dass es in einem gemeinsamen Projekt nicht zuvorderst darum gehen kann, dass der Kameramann seine eigenen Intentionen verwirklicht. Der Primat des Autors im Zusammenwirken der Kreativen ist für Coutard unzweifelhaft.

Allerdings ist er auch ein Verfechter der professionellen Arbeitsteilung und der klaren Zuständigkeiten bei Entscheidungen. Der Kameramann gestaltet das Bild nach den Intentionen des Regisseurs. Wann immer Grenzen der Verantwortbarkeit erreicht werden, die der professionelle Bildgestalter benennt, ist es die Entscheidung der Regie, ob man es wagt, diese Grenze zu ignorieren und sich bewusst in kinematografisches Neuland zu begeben. Coutard betont, dass er es schätzte, wenn Regisseure ihm die Überschreitung der Sicherheitslinien konzidiert haben. Nur wo man das Gewöhnliche und als sicher Erkannte hinter sich lässt, entstehen neue Erfahrungen und Möglichkeiten. Mit seinen Regisseuren, von denen viele zur Creme der Erneuerer des französischen Nachkriegsfilms gehörten, hat Raoul Coutard visuelle Innovationen realisieren können, von denen das europäische Kino noch heute profitieren kann. In der Herangehensweise an einen Stoff aus persönlicher Erfahrung – eine Forderung, die Truffaut als einer der intellektuellen Köpfe der Nouvelle Vague aufgestellt hatte – wurde das Phänomen des „Autorenfilms" begründet, das sich unter anderem in Deutschland viele Jahre später beim „Jungen deutscher Film" ebenfalls etablieren konnte. dass die Forderung nach der persönlichen Beziehung zum Thema und zum Stoff mit den Jahren und einer zunehmenden Kommerzialisierung auch des Ansatzes der Nouvelle Vague wieder in den Hintergrund trat, versteht sich.

Die französischen Autorenfilmer, mit denen Coutard die innovativen Projekte der 60er und 70er Jahre realsieren konnte, waren darauf aus, die Limits der Gutbürgerlichkeit und des Altvertrauten zu ignorieren. Insoweit trafen sich hier die Interessen von Buch und Regie mit denen des immer zu Experimenten aufgelegten Coutard. Die Avantgarde in der Kunst – auch der Kinematografie – zeichnet sich gerade dadurch aus, dass sie sich dem Stetigen und Sicheren mit Systematik verweigert – oder zumindest partiell ihre Unabhängigkeit von der Konvention des Gesehenen erklärt. Coutard stellte sich mit seinem Können und seinem Engagement völlig in den Dienst dieses Aufbruchs zu einem veränderten Wahrnehmen und Erkennen. Umgeben von teils kaum praxiserfahrenen und von Kunstemphase und Politik Getriebenen muss Coutard manches Mal der Verzweiflung nahe gewesen sein. Seine beeindruckende Ruhe und persönliche Sicherheit mögen es ihm ermöglicht haben, Kurs zu halten – und mit den Autorenfilmern der Nouvelle Vague so wunderbare Filme zu drehen.

Raoul Coutard wurde am 16. September 1924 in Paris geboren. Mit seinen nunmehr fast achtzig Jahren und als einer der Granden des europäischen Kinos ist er ein lebendiges Stück Filmgeschichte. Und wie lebendig! Im Gespräch, und besonders bei seinen Schilderungen der Arbeit mit Godard brechen sein Witz und die Freude am bildhaften Auskosten der Situationen aus Coutard hervor. Während die Augen fröhlich leuchten, begegnet uns sein jungenhafter Schalk. Wie er sich an unserer gemeinsamen Heiterkeit und der Erinnerung an die Aufbruchsstimmung beim Entstehen der Filme freut, da spürt man Coutards Lust am Experimentieren, an Grenzüberschreitungen – und sein waches Beobachten des Publikums mit seinen Interpretationsmöglichkeiten. Er entführt uns bild- und episodenreich in die Zeit und Atmosphäre seiner frühen Filmarbeiten. Tatsächlich werden wir in den Erzählungen Zeugen konkreter Drehsituationen, etwa mit Jean-Luc Godard, dessen geniale Unberechenbarkeit und Kauzigkeit auch einen Kameramann mit Bodenhaftung schwer beeindruckten ...

Die Elastizität der Wahrnehmungen, die Verquerheit der Missverständnisse und Schrägheit der Zufälle, die menschlichen Kommunikationsprobleme und ihre oft unspektakulären Lösungen, all das wird vor unseren Augen lebendig. Und selbst in hohem Alter und mit der bloßen Macht seiner Erzählung – noch dazu im fremdsprachigen Ausland – gelingt es Raoul Coutard wiederum, sein Publikum mitzunehmen: In die offenen Situationen und das verrückte Abenteuer des Lebens eines Filmbesessenen und zu den eigenwilligen bis exzentrischen Charakteren seiner Regisseure, denen er vielfach seine menschliche Bewunderung – stets aber seine professionelle Loyalität als begnadeter Gestalter – schenkte.

Die Botschaft der Filmfotografie von Raoul Coutard ist nach wie vor aktuell: Kino-Geschichten erhalten ihre visuelle Gestalt und Aussagekraft über Bilder. Wenn diese klar und angemessen sind und sich nicht in formalen Mätzchen oder Wichtigtuerei verlieren, dann erreicht ein Film die Herzen und die Köpfe des Publikums.

Vom Kopf des Autors und des Regisseurs führt der mediale Weg in die Köpfe der Zuschauer. Ohne die mit erheblicher Kreativität verbundene Gestaltungs- und Vermittlungsleistung des Kameramannes aber ist dieser Weg nicht denkbar. Damit aus Drehbüchern und Regiekonzepten eindrucksvolle Kinoerlebnisse werden, bedarf es der Kunst der Bildgestaltung.

Rainer Gansera

Die Leinwand blüht auf

Raoul Coutard, Komplize der Nouvelle Vague

Kein Staubkörnchen hat sich in diesen Bildern abgelagert, keine Patina verrät ihr Alter, der frische Wind des Aufbruchs bleibt spürbar. Es ist schon erstaunlich, wie lebendig und transparent die Bilder der frühen Nouvelle-Vague-Filme, die Raoul Coutard als Kameramann gestaltet hat, immer noch sind: Die unbekümmert-provokanten, Perfektion verspottenden Kamerafahrten in Godards À BOUT DE SOUFFLE (AUSSER ATEM, 1959 – der einzige Kassenerfolg Godards und der Film, mit dem auch Coutard berühmt wurde); die schwerelose, anmutige, durchsichtige Schwarz-Weiß-Fotografie in Jacques Demys LOLA (1960); das ausschweifend-jubilierende Bilder-Panorama in Truffauts tragischer „Liebesgeschichte zu dritt" JULES ET JIM (1962); der im Vergleich dazu sehr strenge, konzentrierte, mit einer Art dokumentarischer Schärfe aufgeladene Blick in Truffauts LA PEAU DOUCE (DIE SÜSSE HAUT, 1963); das mit genial-einfachen Bildern wie denen eines Ventilators, einer Tiefgarage und eines Schwimmbads evozierte Zukunfts-Universum in Godards ALPHAVILLE (LEMMY CAUTION GEGEN ALPHA 60, 1965); nicht zu vergessen die klar gezeichnete und verzaubernde Ikonografie all der wunderbaren Sphinx-Frauen in diesen Filmen: Jean Seberg, Anna Karina, Anouk Aimée, Jeanne Moreau. Die außerordentliche Schönheit dieser Bilderwelt zeigt sich zuerst darin, dass sie nichts Dekoratives, nichts prätenziös Ausmalendes an sich hat. Zum Vergleich halte man sich die klassisch-französische Filmfotografie vor Augen, wie sie der „Poetische Realismus" mit all seinen Nebeln, Schleiern und Girlanden repräsentierte. In der Abkehr von deren visuellem Kanon hat sich die Ästhetik der frühen Nouvelle Vague definiert als eine der Klarheit, Schärfe und improvisatorischen Präsenz.

Vor allem mit François Truffaut und Jean-Luc Godard hat Coutard in dieser Aufbruchszeit des französischen Kinos gearbeitet: das heißt mit dem Geschichtenerzähler der Nouvelle Vague: Truffaut, der Filme machen wollte, „die so persönlich sind wie ein intimes Bekenntnis oder Tagebuch", und mit dem Essayisten: Godard, der von Anfang an mit dem Geschichtenerzählen gerungen hat, und als forcierter Modernist immer auch visuelles Neuland erkunden wollte. So fungierte Coutard als „directeur de la photographie" bei fünf Truffaut-Filmen zwischen 1959 und 1967 (nach LA MARIÉE ÉTAIT EN NOIR drehte Truffaut immer mit anderen Kameraleuten) und bei fast allen Godard-Filmen von À BOUT DE SOUFFLE bis WEEK-END (1967), später dann noch bei PASSION (1982) und PRÉNOM CARMEN (1983).

Raoul Coutard, 1924 in Paris geboren, erprobte sich schon während seines Militärdienstes in Indochina als Fotograf, arbeitete dann als Bildreporter für Magazine wie *Radar*, *Life* und *Paris Match*, drehte für Wochenschauen, machte mit Pierre Schoendorffer drei dokumentarische Spielfilme und kam durch den Produzenten Georges de Beauregard mit Godard in Kontakt. Bei ihrer ersten Begegnung soll Godard gesagt haben: „Herr Kameramann, ich verlange nur eins, werden Sie wieder einfach!" Coutard erläutert: „Aus Jean-Luc sprach da der Neuerer, also einer, der es vor allem darauf abgesehen hatte, die Spielregeln umzuwerfen. Die traditionellen Kameraleute jener Zeit leuchteten eine Szene bis zum I-Tüpfelchen aus, mit Effektlichtern für jeden Blumenstrauß und jede Statue. So wurde der ganze Hintergrund einer Szenerie ausgeleuchtet, und das mochte Godard überhaupt nicht, er wollte eine einfachere, direktere Fotografie." Wir können heute kaum noch ermessen, welche Provokation der unbekümmert improvisierende Kamerastil in À BOUT DE SOUFFLE war. Da gibt es zum Beispiel diese fast drei Minuten lange Fahrteinstellung, die Jean Seberg und Jean-Paul Belmondo auf der Champs-Elysées begleitet. Seberg schlendert die Strasse entlang, verkauft die *New York Harold Tribune,* Belmondo redet auf sie ein und wirft ihr ein beiläufiges „Ich liebe dich!" zu, was sie nicht besonders beeindruckt. Coutard saß für die Aufnahme in einem Rollstuhl. Kein traditioneller Kameramann hätte das mit sich machen lassen. Die Fahrt ist verwackelt, die Horizontlinie ist schief, Passanten durchqueren irritiert das Bild. „Perfektion ist pervers" war eine der Maximen der Nouvelle-Vague-Autoren – und das Moment der Nicht-Perfektion fügt sich genau in die Grundakkorde von Nervosität und Dreistigkeit, die den Film insgesamt charakterisieren. Die ästhetische Roheit des Films sollte nicht übersehen lassen, dass sie zugleich Raffinement ist. Jede Filmemacher-Generation, die auf Erneuerung dringt, wird wegen ihrer Regelverstöße zuerst als unprofessionell-roh empfunden. So war das schon beim italienischen Neorealismus, dessen „rabiater Kamerastil" vor allem im Lager der Filmprofis heftig abgelehnt wurde. Aber gerade die Nouvelle Vague erinnert daran, dass es parallel immer auch die Inauguration eines neuen Raffinements gibt.

Als Beispiel eine kleine Szene aus JULES ET JIM. War die Fahrteinstellung aus À BOUT DE SOUFFLE ein Exzess der Dauer und der quasidokumentarischen Ob-

Raoul Coutard mit dem Produzenten Georges de Beauregard während der Dreharbeiten zu LE CRABE TAMBOUR *(1977)*

jektivität, ist diese Szene nun ein Exzess der Kürze und des subjektiven Blicks. Jules und Jim entdecken in einem Freilichtmuseum die Frauenstatue, auf deren Gesicht sich jenes mysteriöse Lächeln zeigt, das sie bei Catherine wiederfinden werden. In heftigen Reissschwenks geht die Kamera – den Blicken der Helden folgend – zwischen den Statuen hin und her, bis sie auf dem gesuchten Frauenkopf landet. Da gibt es nun eine sehr kurze Aufnahme, die so etwas wie ein Schwindelgefühl erzeugt. Die Kamera fährt auf die Statue zu und entfernt sich zugleich in einer Zoomfahrt von ihr, so dass der Bildausschnitt erhalten bleibt, aber die optischen Koordinaten (Tiefenschärfe etc.) sich verschieben. Truffaut erzählte, dass er in dieser Einstellung einen Trick Hitchcocks imitieren wollte, mit dem in VERTIGO das Schwindelgefühl des Helden veranschaulicht wird. Mit großer Sorgfalt habe man an dieser Einstellung gefeilt, berichtet Coutard, ohne dass sie dann im Montage-Rhythmus des Films besonders hervorgehoben worden sei. Hier zeigt sich also ein kameraästhetisches Raffinement, in diesem Fall zugleich eine Referenz an Hitchcock, einen der „Lehrmeister" der Nouvelle Vague.

Bleiben wir bei JULES ET JIM, um die Verwendung des Cinemascope-Formats näher zu betrachten. Zur Erinnerung: Als die Nouvelle-Vague-Autoren noch Filmkritiker waren, begrüßten sie Mitte der fünfziger Jahre das neu entwickelte Scope-Format enthusiastisch als ein „Verlangen nach dem Aufbrechen des überkommenen Rahmens, und – mehr noch – nach dem plötzlichen Aufblühen der Leinwand gleich dem einer japanischen Papierblume, die ins Quellwasser geworfen wird". JULES ET JIM ist ein einziges „Aufblühen der Leinwand". Besonders in der Szene, als Jim am Ausgang eines kleinen Bahnhof von Catherine und ihrer Tochter erwartet wird. Plötzlich weitet sich der Blick in einer Hubschrauberaufnahme, die so ist, als würde die Geschichte von einem Engel erzählt, der den Figuren in die Herzen schaut, indem er den Blick über ein Waldstück gleiten lässt. Abenteuerlich seien Hubschrauberaufnahmen damals noch gewesen, sagt Coutard und erzählt, wie er mit seiner schweren Kamera, nur von einem Gürtel gehalten, außen am ratternden Hubschrauber gehangen habe. Auch in der Art, wie die Scope-Aufnahmen Türen und Fenster als Elemente einer natürlichen Kadrierung verwenden, um immer wieder über deren Begrenzungen hinauszugehen, zeigen sich jene zentrifugalen Kraftlinien des Bildes, die für JULES ET JIM so charakteristisch sind. Man muss sich nur einmal vergegenwärtigen, in welch genrehaft-statischer und stur-zentripetaler Weise die Bilder in den ersten Scope-Filmen Hollywoods (zum Beispiel in Henry Kosters THE ROBE, 1953) gestaltet und mit statuarischen Figuren zugestellt

Coutard, der Lichtkünstler

wurden, um bei Truffaut/Coutard den grandiosen visuellen und gesamtästhetischen Befreiungsakt zu erkennen.

Wie sieht dieser Befreiungsakt bei der Lichtgebung aus? Das Licht ist bei Coutard immer möglichst natürliches, möglichst identifizierbares Licht. Ein Licht, das hell macht, das die Physis der Erscheinungen hervortreten lässt, und nicht versucht, die Figuren zu interpretieren. In Coutards Bildern kämpfen nicht Licht und Finsternis gegeneinander. Es ist eher so, dass das Licht der Sonne und das des Mondes, also ein scharfkantig-nüchternes und ein verspielt-schimmerndes Licht miteinander in Dialog treten. Sehr schön sieht man das in einer Szene aus JULES ET JIM, wo Jules die Anarchistin Therese nachts mit auf sein Zimmer nimmt und das Licht einer Stehlampe anknipst. Leicht hätte man solches Licht dazu verwenden können, um Schwül-Atmosphärisches zu suggerieren und den Eros der Situation bedeutungsschwanger ins Bild zu setzen. Nichts dergleichen geschieht. Das Licht bleibt nüchtern und die Kamera verhält sich registrierend. Als Therese sich eine Zigarette verkehrt herum in den Mund steckt, durch den Raum eilt und spielerisch vormacht, wie eine Dampflok Rauch ausstößt, springt die Kamera in eine Großaufnahme, verfolgt die Be-

Raoul Coutard mit Jean-Luc Godard und Anna Karina bei den Dreharbeiten zu ALPHAVILLE

wegung der Akteurin und transformiert den Leinwandraum in eine musikalisch-emotionale Bewegung. Coutards Bilder tasten die Wirklichkeit ab, ohne Bedeutungsgehalte zu suggerieren. Physische und emotionale Bewegungslinien werden zu frei schwingenden Resonanzen.

Das ist auch in Truffauts LA PEAU DOUCE so, wo der Grundgestus des Films nicht musikalisch-ekstatisch ist wie in JULES ET JIM, sondern einer strengen Fokussierung folgt. Und das ist auch so in den Godard-Filmen, deren Bilder weniger einem Erzählen als einem Zeigen dienen. Bei Godard werden Akteure vor weiße Wände gestellt, „symmetrische und harmonische“ Kadrierungen werden ebenso konsequent vermieden wie die klassische Logik in der Abfolge von Totalen und Großaufnahmen, von Schuss und Gegenschuss. Coutards Bilder sind jene, in denen sich das moderne Kino aus der Konvention und dem Sog des genrehaften und psychologisierenden Erzählens befreit hat. Bilder, die das dokumentarische Auge des Kinos ebenso bekräftigen, wie sie sich der Musikalität und dem Anflug der Ideen öffnen. Bilder auch, die über sich selbst nachdenken.

In LE MÉPRIS (DIE VERACHTUNG, 1963) hatte Godard mehr Geld zur Verfügung und konnte sich Schienen für seine Kamerafahrten leisten. Gleich in der allerersten Einstellung, in der die Anfangstitel gesprochen werden, zeigt er das.

Aus der Tiefe des Bildes fährt eine auf Schienen sich bewegende mächtige Kamera – hinter der Coutard sozusagen als sein eigenes Kameramann-Schauspieler-Double sitzt – immer näher heran. Diese Kamera im Bild begleitet eine hübsche, junge Frau, die spazierengehend in einem Buch liest, und schwenkt am Schluss in die Aufnahmekamera zu einem irritierenden Auge-in-Auge der Kameraobjektive. Dazu wird ein Satz von André Bazin zitiert: „Das Kino schafft für unsere Augen eine Welt nach unseren Wünschen". Das Kino der Nouvelle Vague ist gerade darin exemplarisches modernes Kino, dass es diesen Unterschiebe-Mechanismus problematisiert und ins Bild rückt. Coutards Bilder fügen sich nicht Wunschwelten, sondern sind eine Reibungsfläche von Wunsch und Wirklichkeit. Sie öffnen die Augen.

Bis hierher bin ich der Gretchenfrage, die man bei Kameragesprächen üblicherweise stellt, und wohl auch stellen muss, ausgewichen: Welchen Anteil hat eigentlich der Kameramann am schöpferischen Prozess der Bildgestaltung? Gerade im Autorenkino, wo das Visuelle zur Vision des Filmemachers gehört, ist diese Frage sehr schwierig zu beantworten. Es gibt ja die unterschiedlichsten Beziehungen zwischen Kameramann und Regisseur. Von Stanley Kubrick etwa wird erzählt, dass er noch in die kleinsten Details der Lichtgebung eigenhändig eingegriffen hätte. Andere Regisseure lassen ihren Kameraleuten da völlig freie Hand, schicken sie auf Motivsuche und ziehen sie noch zum Schnitt hinzu. Martin Scorsese hat das bei einigen Filmen mit seinem Kameramann Michael Ballhaus so gemacht. Einen ausgeprägt eigenständigen visuellen Stil wird ein Autorenfilmer bei seinem Kameramann nur dann akzeptieren, wenn er mit dem seinen übereinstimmt. Wenn man Raoul Coutards in Marburg ausgestellte Fotoarbeiten betrachtet, lässt sich solch ein eigenständiger visueller Stil nicht erkennen. Die Fotos zeigen journalistische Routine und bisweilen auch eine Neigung zu grafisch-formalistischen und sentimentalen Motiven. Aber es ist in ihnen auch als Grundhaltung eine liebevoll-wache Zuneigung zur Wirklichkeit zu erkennen. Coutard beschreibt seine Kameramann-Rolle immer als die eines Handwerkers und Technikers, der sich völlig nach den Anweisungen des Regisseurs richtet. Wahrscheinlich machte ihn gerade diese nüchterne Auffassung seiner Profession zum idealen Kameramann für die jungen Autoren der Nouvelle Vague. Godards Wunsch nach einer „einfacheren, direkteren" Arbeitsweise kam ihm entgegen. Die Suche nach unkonventionellen Stilmitteln sah er als Herausforderung, der er sich gern stellte. Sieht man auf Arbeitsfotos jener Jahre, wie Coutard mit der geschulterten Kamera im Rollstuhl sitzt, dann erkennt man in ihm den Komplizen der Nouvelle Vague.

„Mit François konnte man reden…“

Raoul Coutard im Gespräch über den Film LA PEAU DOUCE (DIE SÜSSE HAUT; 1964. Regie: François Truffaut)

Karl Prümm: *Was ist in Ihrer Erinnerung das Spezifische an diesem Film, was die Fotografie betrifft? Was zeichnet ihn Ihrer Meinung nach aus?*

LA PEAU DOUCE (DIE SÜSSE HAUT) ist ein Film, der merkwürdigerweise zu seiner Zeit überhaupt nicht funktioniert hat. Ich bin glücklich, ihn wiedergesehen zu haben. Es gibt darin eine Menge von Dingen, die veraltet sind – zum Beispiel die erotischen Passagen. In jedem Fall ermöglicht der Film den jungen Leuten, zu lernen, wie man einer Dame die Strümpfe auszieht. Die Revolution war in der Tat bereits in vollem Gange. Fünfzehn Jahre vorher zog Gilda noch selbst ihre Handschuhe aus. Die Nouvelle Vague ging ein Stück weiter, gab sich beim Anblick eines Frauenknies ganz dem Begehren hin. François hatte erklärt: „Wir deuten nicht an, wir zeigen es!“

François wollte in diesem Film so einiges ausprobieren, um über das klassische Kino hinauszugehen. Er wollte die kleinen Gesten des Alltags zeigen. Daher sieht man sehr viele Detailaufnahmen. Man sieht zum Beispiel, wie in einem Auto ein Zündschlüssel eingesteckt wird, wie geschaltet wird… Wir haben viele von diesen Detailaufnahmen gemacht, die die Handlung unterstützen sollen. Aber es waren weniger als François und ich das wünschten. Diese Detailaufnahmen brauchen sehr viel Zeit, um sie richtig hinzubekommen. Man muss die Kamera mit einem Spezialobjektiv aufbauen, sie gut plazieren. Manchmal ist das schwierig. Bei der Detailaufnahme des Zündschlüssels mussten wir beispielsweise den Vordersitz des Autos herausnehmen und natürlich das Licht neu einrichten. Dies verlangt jedes Mal genau so viel Zeit wie für das Drehen einer längeren Einstellung.

Innerhalb der Dreharbeiten war die Stimmung durch das Verhalten des Hauptdarstellers Jean Desailly nicht besonders gut. Er hatte keine Lust, die Rolle des Feiglings in diesem Film zu spielen. Manchmal kommt es vor, dass ein Schauspieler plötzlich feststellt, dass er seine Rolle nicht mag. Noch dazu war Desailly ein bekannter Bühnenschauspieler, ein Star zu dieser Zeit, und er glaubte daher, dem kleinen Kino-Anfänger François Truffaut Ratschläge geben zu müssen. So gab es nicht diese freundschaftliche Stimmung, die ansonsten bei den Dreharbeiten mit François vorherrschte.

«Avec François, on pouvait parler ...»

Dialogue avec Raoul Coutard sur le film LA PEAU DOUCE (1964; Réalisateur: François Truffaut)

Karl Prümm: *Quand vous pensez à ce film, quelles sont pour vous les carac téristiques de sa photographie ? Qu'en gardez-vous de spécifique en mémoire?*

LA PEAU DOUCE, c'est un film qui curieusement n'a pas fonctionné du tout, à l'époque. Je suis content de le revoir. Mais il y a plein de choses qui sont aujourd'hui démodées – par exemple, toute la partie érotique. En tout cas, ça permet aux jeunes gens d'apprendre comment on enlève un bas à une dame! Il est vrai que la révolution était en marche. Quinze ans plus tôt c'était Gilda qui enlevait son gant. La Nouvelle Vague ira plus loin, se donnant aux fantasmes au regard du genou d'une dame. Curieusement François avait déclaré : «Nous, on ne suggère pas, on montre.»

Dans ce film, François avait envie d'essayer un certain nombre de choses pour sortir du cinéma classique. Il voulait montrer tous les petits gestes de la vie. On voit donc de très gros plans, par exemple, comment on met une clé de contact dans la serrure de la voiture, comment on passe les changements de vitesse... Nous avons fait quelques plans serrés, qui servaient de support à la dramaturgie. Mais nous n'en avons pas fait autant que nous le souhaitions. Ces inserts, ces plans très rapprochés demandent beaucoup de temps à mettre en place. Il faut s'installer avec une caméra et un objectif spécial, se mettre bien en place, parfois dans des positions difficiles. Par exemple, pour le plan de la clé de contact de la voiture, il a fallu enlever le siège avant de la voiture, et bien sûr, refaire la lumière. On met chaque fois autant de temps que pour faire une scène générale.

Lors du tournage, il y avait, disons, une ambiance qui n'était pas très bonne, due au comportement de l'acteur Desailly. Il n'avait pas envie de jouer le rôle de lâche qu'il est dans le film! Cela arrive parfois que, brusquement, des acteurs se rendent compte qu'ils n'aiment pas beaucoup leur personnage. De plus, comme il était acteur de théâtre, une grande vedette à l'époque, il estimait qu'il avait des conseils à donner à François Truffaut, un petit jeune qui démarrait dans le cinéma!

Il n'y avait donc pas cette franche complicité qu'il y avait normalement lors des tournages avec François.

Karl Prümm: *Hat sich diese schlechte Stimmung auch auf die Zusammenarbeit von Regie und Kamera ausgewirkt?*

Nein, keineswegs. Meine Zusammenarbeit mit François hat unter dieser Stimmung nicht gelitten. Natürlich war François jedes Mal besonders angespannt, wenn Desailly spielte, da es immer Meinungsverschiedenheiten zwischen den beiden gab, die jedoch die Grenzen der Höflichkeit nicht überschritten. François war ein sehr ruhiger Mann, der mit dieser Art von Problemen gut umgehen konnte. Trotzdem war er genervt.

Karl Prümm: *Um auf die grundsätzlichen Bildvorstellungen und visuellen Konzepte zurückzukommen: Wie würden Sie diesen Film in Ihre Zusammenarbeit mit François Truffaut einordnen? Und worin liegen die Unterschiede zu der Kooperation mit Jean-Luc Godard?*

François war ein Regisseur, der nach TIREZ SUR LE PIANISTE (SCHIESSEN SIE AUF DEN PIANISTEN, 1960) schnell zu einem eher konventionellen Kino zurückgekehrt ist, ganz im Unterschied zu dem Kino, das Jean-Luc Godard gemacht hat. François hat ein fast klassisches Kino gemacht, mit *seinen* Leidenschaften, mit *seinen* Gefühlen. Mit François konnte man gut zusammenarbeiten, man konnte mit ihm reden. Jedesmal, wenn eine Einstellung auf dem Set gedreht werden sollte, konnte man ihn fragen, was er sich davon erhoffte, wie er diese Einstellung sah. Und bevor man eine Einstellung einrichtete, konnte man über die Arbeit mit dem Licht reden. François machte sich über seine Mise en scène keine großen Gedanken, weil er sie genau im Kopf hatte. Es kam häufig vor, dass er schon vom nächsten Film sprach, den er machen wollte. So hat er oft während der Dreharbeiten von TIREZ SUR LE PIANISTE und JULES UND JIM über den Film *Bleu d'outre tombe* gesprochen, den er schließlich niemals gedreht hat. Die Tatsache, dass es ein fertiges Drehbuch gab, war die Voraussetzung für einen festen Drehplan. Also drehten wir mit der Logik des klassischen Films, in der Unordnung, was die Szenenfolge des Drehbuchs angeht, aber in der Abfolge der Dekors.

Mit Godard war es anders. In den ersten Jahren seiner Arbeit gab es nie ein Drehbuch. Also mussten alle Tag für Tag entdecken, was zu machen sei. Man konnte sich vorher nichts vorstellen.

Aber daraus ergab sich ein Drehen in der eigentlichen Ordnung. So war es einfacher, die Integrität des Bildes zu bewahren, aber die Möglichkeiten, das Bild zu modifizieren, waren weit komplexer. Wollte man von Jean-Luc eine

Karl Prümm: *Cette mauvaise ambiance, a-t-elle eu des répercussions sur le travail entre le metteur en scène et la caméra?*

Non, non, cette ambiance n'a pas gêné mes rapports avec François. Disons que François était préoccupé à chaque fois que jouait Desailly parce qu'il y avait toujours des discussions entre eux. Mais cela restait courtois. François était un monsieur très calme qui savait gérer ce genre de problèmes. Cela l'agaçait quand même !

Karl Prümm: *Revenons au problème de l'image et de la conception visuelle. Où rangez-vous ce film dans votre travail avec François Truffaut ? Quelles sont les différences avec votre coopération avec Jean-Luc Godard?*

François était un metteur en scène qui, mis à part dans TIREZ SUR LE PIANISTE (1960), est vite revenu à un cinéma, disons, un peu plus conventionnel, très différent de ce que faisait Jean-Luc Godard. François a fait un cinéma presque classique, avec son cœur à lui, ses sentiments à lui. François, c'était un personnage avec qui on pouvait avoir des rapports, on pouvait lui parler. A chaque fois qu'il y avait un plan en place, on pouvait lui demander ce qu'il en espérait, comment il voyait ce plan, et avant de mettre une scène en place, on pouvait parler du travail avec la lumière. François ne semblait pas être préoccupé par sa mise en scène qu'il devait sans doute maîtriser dans sa tête. Il était fréquent qu'il parlât du prochain film qu'il souhaitait faire. Ainsi, il nous a parlé pendant TIREZ SUR LE PIANISTE et JULES ET JIM du film BLEU D'OUTRE TOMBE qu'il n'a finalement jamais tourné. Le fait qu'il y avait un scénario d'écrit faisait que l'on avait un plan de travail. On tournait avec la logique des tournages classiques : Dans le désordre des numéros du scénario, mais décor après décor.

Avec Godard, c'était différent. Dans ses premières années de travail, il n'y avait jamais de scénario. Donc, tout le monde découvrait, au jour le jour, ce qu'on allait faire dans la journée. On ne pouvait pas avoir d'imagination avant.

Mais de ce fait, le tournage se faisait «dans l'ordre». Le maintien de l'image était plus facile, mais la place pour la modifier plus complexe. Si l'on souhaitait une information, pour l'image ou pour le reste, il fallait demander à Jean-Luc Godard en choisissant le moment favorable pour ne pas se faire rabrouer.

Auskunft über das Bild oder die Inszenierung erhalten, musste man den geeigneten Moment abpassen, um nicht angeschnauzt zu werden.

Karl Prümm: *Haben Sie die konventionelle Form, die Truffaut bevorzugte, für Ihre Arbeit als Einschränkung empfunden?*

Konventionalität bedeutet für meine Arbeit glücklicherweise keine Einschränkung, da die meisten Filme doch auf konventionelle Art gedreht werden. Tatsächlich hat François mit TIREZ SUR LE PIANISTE einen hybriden Film gemacht, in dem wir Einstellungen einer Schulterkamera und ohne Synchronton mit Einstellungen einer großen Studiokamera und mit Direktton gemischt haben. Für den nachfolgenden Film JULES ET JIM haben wir alles mit einer leichten Kamera, einer Cameflex, und mit Direktton gedreht, mit Ausnahme des Gesprächs über Apollinaire und des Chansons von Jeanne, die wir mit einer Cameblimp und mit Synchronton gedreht haben.

In dem letzten Film LA MARIÉE ÉTAIT EN NOIR (DIE BRAUT TRUG SCHWARZ, 1968), den ich zusammen mit ihm gedreht habe, war dies der Fall. In LA PEAU DOUCE jedoch gab es noch den Versuch, etwas anderes zu machen, zum Beispiel durch die Detailaufnahmen. Gleichzeitig gab es noch eine Suche nach der Art und Weise, die Dinge zu filmen. Die meisten Bilder waren gängig, Halbtotale, Nah- und Großaufnahmen. Aber es gab diese Szene fast am Ende des Films, in der Desailly eine Wohnung für seine Geliebte kaufen will. Hier gibt es plötzlich einen Bruch. Wir haben ein Objektiv mit einer langen Brennweite (150 mm) benutzt sowie Filter, damit durch eine größere Blende die Tiefe des Raumes reduziert wird, um seine Geliebte, Nicole, zu filmen, damit sie ganz allein scharf im Bild ist, die Umgebung aber unscharf. Dies alles, um den Eindruck hervorzurufen, dass die Welt von Desailly zusammenbricht. Es gibt nur noch diese Person in dieser verschwommenen Welt und diese Person ist gerade dabei, ihm die Pistole an die Schläfe zu setzen.

Was die Fotografie betrifft, gibt es keine besonderen Effekte von Licht und Schatten. Es ist ein vollkommen flaches Bild. Der einzige dramatisierende Effekt besteht darin, dass die Personen plötzlich entweder vor einer weißen Wand oder in einer verschwommenen Umgebung zu sehen sind. Das ist das einzige, was die Dramaturgie voranbringt.

Karl Prümm: *Sie haben eben den Begriff der „recherche“, der „Suche“, des „Forschens“ gebraucht. Würden Sie diesen Begriff auf alle frühen Filme von Truffaut anwenden? Gilt dieser forschende Blick auch für die Bilder und für den Prozess des Sehens in diesen Filmen?*

Karl Prümm: *Avez-vous alors ressenti le côté conventionnel que préférait Truffaut comme une restriction pour votre travail?*

Le côté conventionnel n'est pas une restriction pour mon travail, heureusement puisque pratiquement tous les films sont tournés de manière conventionnelle. En fait, François a fait un hybride avec TIREZ SUR LE PIANISTE où l'on a mélangé les prises de vue à l'épaule sans son synchrone et les prises de vue avec du gros matériel et son direct. Pour JULES ET JIM, qui a suivi, nous avons tout tourné avec du son témoin et une caméra légère, un Cameflex, à l'exception du dialogue sur Apollinaire et la chanson de Jeanne qui ont été tournés avec un Cameblimp, en son synchrone.

Dans le dernier film que j'ai fait avec lui, LA MARIÉE ÉTAIT EN NOIR (1968), là par exemple, c'était plus conventionnel.

Dans LA PEAU DOUCE donc, il y avait encore la tentative de faire quelque chose de différent, par exemple avec ces inserts. En même temps, il y avait une recherche dans la façon dont on filmait les choses. La plupart du temps, c'étaient des images courantes, plans moyens, plans approchés, gros plans. Mais il y a eu cette scène, presque à la fin, dans laquelle Desailly va acheter un appartement pour sa maîtresse. Brusquement, là, c'est la rupture. Pour filmer Nicole, l'hôtesse, on a utilisé une focale très longue, un 150 millimètres et des filtres pour augmenter l'ouverture du diaphragme, et donc diminuer la profondeur de champ, de manière à ce que Nicole soit, elle seule, nette et que tout le paysage autour d'elle soit flou. Tout ça pour donner l'impression que brusquement la réalité de Desailly s'effondrait. Il ne restait plus que cette personne-là dans son monde flou et elle était en train de lui mettre le coup de pistolet dans la tête!

Du point de vue photographique, il n'y a pas d'effet particulier, d'ombre ou de lumière. C'est une image complètement plate. Le seul effet qui dramatise, c'est le fait qu'ils soient brusquement ou sur un mur blanc, ou sur un décor complètement flou. C'est ce qui apporte un peu plus sur la dramaturgie.

Karl Prümm: *Vous venez d'employer la terminologie «recherche». Pouvez-vous employer ce mot pour tous les premiers films de Truffaut? Y-a-t-il déjà dans ces films ce regard de «chercheur» en ce qui concerne l'image et le travail du regard?*

Die Erforschung des Alltags war bei François ausgeprägter, bei dem die Emotionen durch das Agieren der Schauspieler entstehen, während bei Jean-Luc die Emotionen auf Situationen basieren, die die Grammatik des Films durcheinanderbringen, und auf dem Bild. Aber dies war auch von der Art der Filme abhängig, die beide gemacht haben.

Was das Erforschen an sich betrifft, ist Jean Luc ohne Zweifel der Stärkere. Er stürzte sich auf alles, was im Kino neu war, um es auszuprobieren. Das ist sicher.

Einige Dinge interessierten François allerdings. Wir haben gerade einen Ausschnitt aus JULES ET JIM (1961) gesehen. Truffaut hatte in einem Film von Hitchcock (VERTIGO, 1958) einen Zoom gesehen, der mit einer Fahrt in der Weise kombiniert war, dass der Gegenstand immer gleich groß erschien. Wir haben versucht, dies nachzumachen. Aber dies bedarf einer extrem langen Vorbereitung. Es muss alle 10 Zentimeter Markierungen geben, damit man im Zoom erkennen kann, wie weit man die Blende öffnen muss, so dass das Bild immer an der gleichen Stelle bleibt. Außerdem ist dies für die Assistenten sehr kompliziert, denn sie müssen gleichzeitig die Markierungen beachten, die Schärfe ziehen und dazu noch den Kamerawagen schieben. Dies erfordert also sehr viel Zeit. In der Produktion ist es uns total missglückt. Wir haben zwei Stunden versucht, es richtig hinzubekommen. Aber wir haben nicht mal annäherungsweise das erreicht, was wir uns vorgestellt hatten.

Kurzum, das sind Einstellungen, bei denen man viel Zeit verliert, um eine Wirkung zu erreichen, die für Spezialisten interessant ist, aber nicht für den normalen Zuschauer. Dieser sieht eine Statue im Bild und im Hintergrund eine Landschaft, die sich verändert. Aber es wird ihm nicht unbedingt klar, dass dieser Hintergrund breiter wird. Er sieht, dass sich im Hintergrund etwas bewegt, aber mehr nicht. Das sind Einstellungen, die eine beträchtliche Investion von Zeit und Technik verlangen für eine Wirkung, die schließlich nichts Besonderes ist.

La notion de recherche sur le quotidien se trouvait plus chez François, qui est un personnage où l'émotion passe par le jeu des comédiens alors que celle de Jean-Luc Godard est basée sur des situations, qui bousculent la grammaire cinématographique, et sur l'image. Mais cela est aussi dû au type de film qu'ils faisaient.

En ce qui concerne la recherche en soi, il est bien évident que le plus fort là-dessus, c'est quand même Jean-Luc. Il se précipitait sur tout ce qui apparaissait de nouveau dans le cinéma pour qu'on l'essaie. Ça c'est sûr!

Certaines choses avaient intéressé François. On vient de voir un extrait vidéo de JULES ET JIM (1961). François avait vu dans un film d'Hitchcock (VERTIGO, 1958) un zoom inverse, - c'est-à-dire on zoome avant tandis que le travelling recule, ou l'inverse, de manière à maintenir le sujet toujours à la même grosseur. On a essayé de le faire avec François. Mais ce sont des choses extrêmement longues à préparer parce qu'il faut que tout soit marqué, pratiquement tous les 10 cm de manière à ce qu'on puisse repérer sur le zoom de combien il faut l'ouvrir pour que l'image reste à la même place. De plus, c'est très compliqué pour les assistants qui manipulent à la fois le point et le zoom, et poussent en même temps le chariot! Alors, on met énormément de temps. Dans cette production, on l'a pratiquement raté. On a mis deux heures à essayer de le faire correctement. A la fin, il n'y a eu que des petits bouts et on a remplacé par des plans qui tournent autour, mais qui étaient loin de ce qu'on voulait faire.

Bref, ce sont des plans où l'on perd beaucoup de temps pour un effet qui, pour les spécialistes est intéressant, mais pas pour le spectateur ordinaire. Il voit une image de statue et derrière, un paysage qui change. Mais il ne se rend pas forcément compte que le paysage s'élargit. Il lui semble que quelque chose bouge à l'arrière-plan, mais sans plus. Ce sont des plans qui demandent un investissement technique et un investissement de temps considérable pour un effet qui finalement n'est pas tellement extraordinaire.

Dagegen war dies in VERTIGO ein interessanter Effekt, da die Szene in einem Treppenhaus und nicht in einer flachen Landschaft angesiedelt war.

Karl Prümm: *Ich möchte einen Aspekt aus dem Vortrag von Rainer Gansera aufgreifen. Er sprach über das Verhältnis von Bild und Emotion in den Filmen der Nouvelle Vague, die gerade dadurch eine besondere Wirkung erzielten, in dem sie die Emotion aus den Bildern herausnahmen, so dass eine Klarheit, Einfachheit und Reinheit der Bilder entstand. Etwas Ähnliches erleben wir in diesem Film, in der Sequenz, die im Aufzug spielt. Das Paar hat sich getrennt, der Aufzug gleitet nach unten, die Stimmung kippt um. Beklommenheit wird durch bloße Abfolge scheinbar leerer Bilder erzeugt. War dies auch die Strategie, die sich aus dem Kamerakonzept ergab, oder stellte sich dies als Effekt quasi von selbst her?*

In einem Film zählt alles. Die Russen haben behauptet, es genüge, einen Schauspieler mit einem *Poker face* zwischen zwei suggestive Einstellungen zu montieren, damit der Zuschauer daraus eine Emotion ableite. Es ist evident, dass hier alles zusammenkommt, um die Dramatik zu steigern. Die Art und Weise der Inszenierung spielt eine Rolle, das Bild unterstützt sie, aber viel hängt auch von der Qualität der Schauspieler ab. Man kann sich diesen Film nicht ohne die zwei Hauptakteure vorstellen, ohne ihre soziale Position, ein bürgerlicher Intellektueller, eine Stewardess (damals noch ein mythischer Beruf), ohne ihre Kleidung, ihr Alter. Eine bessere Besetzung ist undenkbar.

Alle Elemente wirken zusammen. Zum Beispiel am Ende des Films, als Desailly mit dem Dienstmädchen telefoniert, zögern wir nicht, den ganzen Zeitablauf zu zeigen. Man sieht das Dienstmädchen die Treppe hinaufgehen, zum Telefon laufen, zum Fenster gehen, zum Telefon zurückkehren – dies alles, um die Zeit vollständig zu zeigen. In anderen Filmen hätte man sicher mit Schnitten gearbeitet, zumal damals der schnelle Schnitt bevorzugt wurde. Die kinematographische Zeit existierte nicht. Die Zeit war nur darauf ausgerichtet, den Vorgang zu verstehen und nicht darauf, ihn in seinem Ablauf zu zeigen. Hier ist der ganze Zeitraum erhalten geblieben, und gerade dies bringt mehr Emotion. Diese Szene war notwendig, um die Spannung zu steigern. Niemand kann die Auflösung ahnen. In der Kopie, die wir gesehen haben, fehlt eine Einstellung. Im Original ist zu sehen, wie die Frau von Desailly ein Gewehr aus einem Schrank herausholt, einen Mantel anzieht, das Gewehr darunter versteckt und das Haus verlässt. Also ist klar, dass sie ihren Mann töten will. In der Version, die wir gesehen haben, gibt es diese Einstellung jedoch nicht. Die Frau geht weg, aber man weiß nicht wohin. Die Spannung ist also nicht an den Gewehrschuss

Par contre, dans le film d'Hitchcock, c'était intéressant parce que la scène se passe dans une cage d'escalier, donc plus intéressant que sur un décor à plat.

Karl Prümm: *Je voudrais revenir sur l'exposé de Rainer Gansera qui nous a parlé des rapports entre l'image et l'émotion dans les films de la Nouvelle Vague. Ces films parviennent à leur effet du fait qu'on retire à l'image toute émotion. On arrive par là à une image claire, simple et pure. Dans le film que nous venons de voir, il y a quelque chose de semblable dans la scène qui se passe dans l'ascenseur. Le couple vient de se séparer, l'ascenseur descend, là l'ambiance bascule. Il naît comme une oppression rendue par toute une suite d'images qui semblent vides. Avions-nous alors la stratégie de la conception visuelle, ou cet effet est-il venu de lui-même?*

Dans un film tout compte! Les Russes expliquaient qu'il suffisait de mettre un comédien «poker face» entre deux plans suggestifs pour que le spectateur en déduise l'émotion.

Il est évident que tout concourt à construire la dramaturgie. Il y a la façon de mettre la scène en place, l'image y apporte son soutien , mais il y a aussi la qualité des comédiens.

Dans ce film-là, par exemple, on ne peut s'imaginer ce que serait le film, sans ces deux-là, sans leur position sociale, intellectuel bourgeois, hôtesse (encore mythique à l'époque), leurs costumes, leur âge. On ne voit pas qui on aurait pu mettre à leur place.

Tout concourt donc. Par exemple, à la fin du film, quand Desailly téléphone à la petite bonne, on n'hésite pas à montrer toute la durée du temps: on voit la bonne aller dans l'escalier, revenir au téléphone, aller à la fenêtre puis revenir au téléphone, tout ça pour bien montrer l'étendue du temps. Dans d'autres films, on aurait certainement coupé puisque la mode était au montage rapide et qu'aussi le «temps cinématographique» n'existait pas : il durait le temps que l'on devait percevoir, mais pas nécessairement montrer. Ici, on a laissé toute la longueur, ce qui donne justement plus d'émotion. Cette situation était indispensable pour faire monter la pression.

Personne ne peut encore se douter du dénouement. Dans la copie qu'on a vue, il manque un plan. A l'origine, on voyait la femme de Desailly sortir un fusil d'un placard, mettre un imperméable, prendre le fusil sous l'imper. On savait alors qu'elle voulait le tuer. Dans la version qu'on a vue, ce plan n'existe pas. La femme part, on ne sait où elle veut aller. L'angoisse n'est donc pas dans le coup

gebunden, der dem Mann droht. Die Spannung bleibt erhalten – mit oder ohne Gewehr.

Karl Prümm: *Hier kann man sehr schön sehen, wie sehr Truffaut Hitchcock bewundert hat. Er hat Techniken direkt übernommen wie das Ausspielen der Zeit und den Verzicht auf den Schnitt.*

Natürlich, François verehrte Hitchcock sehr. Chabrol und er waren zwei große Bewunderer von Hitchcock. Aber seltsamerweise empfinde ich einige Filme von Hitchcock heute als völlig veraltet. Ich bitte um Entschuldigung!

Noch eine kleine Anekdote von den Dreharbeiten zu diesem Film:

Die Wohnung, in der wir drehten, war die Wohnung von François Truffaut. Er war damals gerade dabei, sich von seiner Frau zu trennen. Das war gewissermaßen ein Film im Film. Eines Abends fuhr ich nach dem Ende des Drehs mit einem Assistenten im Auto weg. Plötzlich bemerkten wir, dass wir etwas vergessen hatten. Wir fuhren um den Block herum, um zur Wohnung zurückzukehren und sahen, wie die Feuerwehr gerade dabei war, einen Brand zu löschen. Der Assistent hatte beim Aufräumen einfach alle Zigarettenkippen aus den Aschenbechern in den Müllschlucker geworfen.

Karl Prümm: *Ich möchte auf das grundsätzliche Verhältnis von Kamera und Regie zurückkommen. Rainer Gansera hat davon gesprochen, Sie seien der „Komplize der Nouvelle Vague“ gewesen. Erkennen Sie sich in dieser Bezeichnung wieder? Kennzeichnet eine 'Komplizenschaft des Bildes' Ihre Arbeit für die Regisseure der Nouvelle Vague?*

Ja, warum nicht! Komplize des Talents der anderen !

Rainer Gansera: *Gab es Streit? Verlangten Godard und Truffaut in diesen frühen Filmen, da sie noch kaum Erfahrung hatten, vielleicht Dinge, die überhaupt nicht gingen?*

François verlangte niemals Dinge, die unmöglich waren. Mit ihm konnte man reden, wie gesagt. Man konnte schnell herausfinden, ob es machbar war. Mit François drehten wir einen Film auf ganz normale Weise. Es gab ein Drehbuch, numerierte Einstellungen, einen Drehplan für jeden Tag, so dass wir diesen Drehplan jeden Tag abarbeiteten. Der Film musste im vorgesehenen Zeit- und Kostenrahmen abgedreht werden, und wir arbeiteten jeden Tag acht Stunden lang. Man

de fusil que Desailly risque de recevoir puisque ce plan manque dans notre version. L'inquiétude tient toujours, avec ou sans fusil.

Karl Prümm: *Nous pouvons là voir toute l'admiration de Truffaut pour Hitchcock. Il a directement repris les techniques comme montrer la durée totale du temps et renoncer au découpage.*

Bien sûr, François adorait Hitchcock. Chabrol et lui étaient deux grands admirateurs de Hitchcock. Mais curieusement, je trouve aujourd'hui certains films de Hitchcock complètement démodés. Je vous demande pardon!

Encore une petite histoire, une anecdote, sur le tournage de ce film.

L'appartement où nous avons tourné était l'appartement de François Truffaut. Il était juste en train de se séparer de sa femme. C'était donc par ainsi dire, un film dans le film! Un soir, après le tournage, je pars en voiture avec un assistant, on s'aperçoit qu'on a oublié quelque chose, on fait le tour de pâtés de maisons, on revient et on voit les pompiers en train d'éteindre un feu. L'assistant avait ramassé tous les mégots de cigarettes et les avait jetés sans précaution dans le vide-ordures!

Karl Prümm: *Revenons aux rapports caméra-metteur en scène. Rainer Gansera a dit que vous étiez le «complice de la Nouvelle Vague». Vous vous reconnaissez dans cette définition? Votre travail pour les metteurs en scène de la Nouvelle Vague a-t-il été une «complicité de l'image»?*

Oui, pourquoi pas! Etre complice du talent des autres !

Rainer Gansera: *Y-a-t-il eu des disputes? Est-il arrivé que Godard et Truffaut demandent dans leurs premiers films, alors qu'ils n'avaient encore guère d'expérience, des choses impossibles à faire?*

François ne demandait jamais de choses impossibles. C'était un monsieur, comme je l'ai déjà dit, avec qui on pouvait parler. On pouvait toujours voir si c'était faisable, rapidement. Avec François, on faisait un film normalement. Il y avait un scénario, des numéros, un plan de travail avec des numéros écrits à faire tous les jours. Donc, on «descendait» tous les jours, les numéros à faire. Il fallait faire le film dans les délais prévus, pour le devis prévu, donc on tournait le film dans des journées de huit heures. On ne pouvait pas prendre de risque. Chaque

durfte kein Risiko eingehen. Jede Einstellung musste gut sein, da es unmöglich war, sie noch einmal zu drehen, ohne die Kosten in die Höhe zu treiben.

Der Umgang mit der Zeit war bei Godard ganz anders. In seinen ersten Filmen garantierte er nur den Tag, an dem die letzte Klappe geschlagen wurde. Wir drehten nicht jeden Tag, weil er den Text von heute auf morgen schrieb. Gab es Tage, an denen er keine Lust hatte, zu drehen, wurde nicht gedreht. Er hatte außerdem eine schreckliche Angewohnheit: Gegen Ende der Dreharbeiten schaute er auf die bereits abgedrehte Zeit. Dann fragte er das Scriptgirl, wie viel Zeit noch übrig blieb. Wenn diese beispielsweise antwortete, dass noch sieben Minuten übrig seien, rief er den Schauspieler herbei und sagte ihm: „Gut, es bleiben noch sieben Minuten. Also wirst Du sieben Minuten Zeitung lesen!“ Und damit war die fehlende Zeit aufgeholt.

Bei ihm kam es immer wieder zu technischen Problemen, die man meistern musste. Für ihn existierten keine Grenzen der Technik. Er versuchte immer wieder, die technischen Möglichkeiten ein Stück voranzutreiben. Nur entsprechend seiner Laune konnte man ihm überhaupt sagen, ob das Verlangte möglich sei oder nicht. Dann akzeptierte er – oder auch nicht. Er ist eine sehr schwierige Persönlichkeit. Man muss ihn schon sehr lieben, um bei ihm zu bleiben. Er ist bisweilen eine echte Nervensäge. Aber man liebte ihn.

Karl Prümm: *Haben diese Provokationen aber nicht auch etwas bewirkt? Sind Sie nicht dadurch zu Lösungen gekommen, an die man zunächst nicht gedacht hat?*

Es waren eigentlich keine Provokationen! Im ersten Teil seiner Karriere – Jean Luc hat 10 Jahre lang keine Filme gedreht – hat er versucht, das zu machen, was die anderen nicht gemacht hatten. Sie hätten es machen können, aber sie hatten nicht daran gedacht. Das ermöglichte ihm, „eine Tür aufzustoßen“, wie er sagte.

Cocteau hat einmal gesagt, es gibt Leute, die sich während einer langen Bahnfahrt nur langweilen. Andere wiederum machen daraus eine Belustigung. Jean Luc versuchte, aus der Reise eine Belustigung zu machen. Aber eine Belustigung für ihn, nicht unbedingt für die anderen.

Benedict Neuenfels: LA PEAU DOUCE *zeichnet sich durch eine Menge von horizontalen Schwenks aus. Leute und Dinge durchmessen den Raum und die Kamera folgt ihnen. War dies mit dem Schnitt abgesprochen? Denn man bemerkt, dass es auch Auslassungen gibt, dass in die langen Schwenks geschnitten wurde. Dadurch entsteht ein besonderes Tempo. Haben Sie dieses Tempo von Anfang an bedacht oder ist es durch den Schnitt entstanden?*

plan devait être bon puisqu'il était impossible de les refaire à moins d'augmenter le devis du film.

Cette notion de temps était très différente pour Godard. Dans ses premiers films, il ne garantissait que la date de finition. On ne tournait pas tous les jours parce qu'il écrivait les choses au fur et à mesure. Si certains jours il n'avait pas envie de tourner, alors on ne tournait pas! Il avait aussi un truc redoutable. Quand la fin du film approchait, on regardait le minutage total tourné. Il demandait à la script le temps qu'il restait. Quand elle répondait par exemple, il reste sept minutes, il appelait alors l'acteur et lui disait: «Bon, il manque sept minutes, alors tu vas lire le journal pendant sept minutes»! Et le temps qui manquait était rattrapé!...

Avec lui, il fallait toujours surmonter les difficultés. Pour lui, les problèmes techniques, ça n'existait pas! Il essayait toujours de pousser plus loin les limites. Suivant son humeur, on pouvait lui dire, c'est possible – ou non. Alors, il acceptait... ou il n'acceptait pas! C'est un personnage assez difficile. Il faut bien l'aimer pour rester avec lui. Il est très agaçant, pour pas dire emmerdant! Mais on l'aimait !

Karl Prümm: *Ces provocations, n'ont-elles pas eu leur côté positif? N'êtes-vous pas par là arrivé à des solutions auxquelles vous n'aviez peut-être pas pensé tout d'abord?*

Ce n'était pas vraiment de la provocation. Dans sa première partie – Jean-Luc s'est arrêté de tourner pendant 10 ans – il était toujours à la recherche de ce que les autres n'avaient pas fait. Ils auraient pu le faire, mais ils n'y avaient pas pensé. Cela lui permettait de „pousser une porte», comme il disait.

Cocteau disait qu'il y a des gens qui s'emmerdent tout au long d'un voyage en train, et il y en a d'autres pour qui c'est une partie de rigolade.

Jean-Luc essayait que le voyage soit une partie de rigolade...– Mais une partie de rigolade pour lui, pas nécessairement pour les autres! –

Benedict Neuenfels: LA PEAU DOUCE *montre un grand nombre de panoramiques. Personnes et choses traversent l'espace et la caméra les suit. Vous étiez-vous mis d'accord avec les cutters? On remarque par exemple des omissions, des coupures dans les longs panoramiques. De là, ce tempo particulier. Aviez-vous déjà pensé à ce rythme dès le départ, ou bien est-ce le résultat du découpage?*

Raoul Coutard bei der Ausstellungseröffnung in Marburg

In erster Linie dient der Kameramann dem Regisseur. Der Chefkameramann macht nicht das Bild, das *er* machen möchte. Er macht in erster Linie das Bild, das den Regisseur zufriedenstellt. Wenn der Regisseur ein bestimmtes Bild haben möchte, dann kann der Chefkameramann höchstens seine Meinung kundtun, wie das Verhältnis dieses Bildes zu den vorangegangenen und den folgenden Einstellungen aussieht. Aber er kann nicht sagen: „Nein, nein, wir können die Einstellung nicht so machen!"

Karl Prümm: *Die Frage von Benedict Neuenfels zielte auf die Zusammenarbeit von Kamera und Schnitt. Wurde der Schnitt bereits in die Kameraoperationen mit einbezogen?*

Wenn man eine Einstellung dreht, weiß man genau, welche Länge sie beim Drehen, aber nicht unbedingt bei der Montage haben wird. Manchmal plant der Regisseur die Montage bereits mit ein. Bei klassischen Dreharbeiten weiß man, wann die Einstellung beginnt und wann sie aufhört, da es eine Einstellung davor und eine Einstellung danach gibt. Man dreht nach beiden Seiten immer ein bisschen mehr, um die Schauspieler in Schwung zu bringen und um sie nicht abzuschneiden. Aber es ist die Aufgabe des Regisseurs, die einzel-

Quand on est opérateur, on est d'abord au service du metteur en scène: le chef opérateur ne fait pas la photo qu'il a envie de faire! Il fait d'abord la photo qui va servir le metteur en scène. Quand le metteur en scène dit comment cadrer, le chef opérateur ne peut que donner son avis par rapport au plan qu'il y a eu avant et au plan qu'il y aura après. Mais il est difficile de lui dire: «Non, non, il ne faut pas faire le plan comme ça!»

Karl Prümm: *Benedict Neuenfels visait avec sa question le problème de la coopération entre caméra et cut. Le découpage, était-il déjà prévu dans les opérations de la caméra?*

Quand on fait un plan, on sait très bien la longueur qu'il va avoir au tournage mais pas forcément au montage. Parfois le réalisateur se prévoit des sécurités pour le montage. Dans un tournage classique, on sait très bien que le plan démarre à tel endroit et qu'il sera coupé à tel endroit, puisque derrière il y a un plan qui va suivre, et devant il y a un plan. On fait toujours un peu plus long de

Raoul Coutard bei den Dreharbeiten zu EMBASSY *(1972). Neben ihm sein Assistent Georges Liron.*

nen Elemente auszubalancieren. Man entscheidet sich beispielsweise für eine Totale, wenn man einen Sachverhalt unterstreichen möchte, man wählt eine Nahaufnahme oder eine Großaufnahme. Gewiß, es kann einige Wochen später bei der Montage ganz anders aussehen. Ich erinnere mich nicht mehr an den Namen jenes amerikanischen Regisseurs, der, um Diskussionen über die Montage zu verhindern, sich unter die Kamera setzte und jedesmal, wenn er einen Schnitt der Totalen wollte, die Hand in das Bild hob. So gab es keine Probleme mehr mit der Montage.

Ich spreche hier von einem klassischen Film. Ich spreche nicht von Godard. Godard macht keine Filme, er macht Kino. Jean-Luc ist dazu fähig, Einstellungen von 10 Sekunden und Einstellungen von 10 Minuten zu drehen. Das hängt ganz vom jeweiligen Film ab. In À BOUT DE SOUFFLE (1959) dauern alle Nachtszenen 10 bis 20 Sekunden, in LE MÉPRIS (DIE VERACHTUNG, 1963) dauern sie 10 Minuten, das heißt sie verbrauchen ein ganzes Magazin. In PASSION (1982) und PRÉNOM CARMEN (VORNAME CARMEN, 1984) finden sich auch sehr, sehr lange Einstellungen. Einstellungen von 10 Minuten bedeuten für ihn zwei Tage Drehzeit. Diese langen Einstellungen sind ungeheuer schwer zu drehen. Sie dürfen nicht misslingen, um nicht Rohfilm zu verschwenden. Und nach einiger Zeit gehen sich alle auf dem Set auf die Nerven. Da Jean-Luc der Chef ist, hat er das Recht, alle zu beschimpfen.

Man darf nicht François mit Jean-Luc vergleichen! Jean-Luc ist einzigartig in der Welt des Kinos. In seiner Art zu arbeiten lässt sich François eventuell mit Costa-Gavras und mit Edouard Molinaro vergleichen. Jean-Luc dagegen ist einzigartig, er allein beherrscht es, die Dinge, die passieren, wie ein Happening aufzunehmen. Er kann seine Inszenierung plötzlich verändern, weil er etwas gesehen hat, das ihn interessiert. Aber er hat dennoch in einer bestimmten Reihenfolge gedreht, was die Sache erleichtert hat. Alles ist beherrscht. Einige seiner Filme sind nicht sehr gut, doch es gibt immer zwanzig Minuten, die phantastisch sind.

Frage aus dem Publikum: *Es fällt bei diesem Film besonders auf, dass die klassische Schuss-Gegenschuss-Technik völlig fehlt. Das verleiht jeder Einstellung einen originären Charakter. Entsprach dies einem Konzept oder waren ökonomische Gründe dafür maßgebend?*

Es handelt sich schon um ein grundsätzliches Konzept. Vor LES 400 COUPS (1959) hat François nur Kurzfilme gedreht. Er hatte also wenig Erfahrung. Er versuchte herauszufinden, ob alle Theorien, die in den *Cahiers du Cinéma* erarbeitet wurden, vor der Wirklichkeit bestehen konnten.

chaque côté pour lancer les acteurs et ne pas couper trop court. Mais cela fait partie du travail que fait le metteur en scène dans la balance de ses effets. On prend par exemple des plans généraux, si on a un état à souligner, on se rapproche ou on fait un gros plan. Mais bien sûr quelques semaines plus tard dans la salle de montage les choses peuvent changer. Je ne me souviens plus du nom de ce metteur en scène américain qui, pour être sûr de ne pas avoir de discussion au montage, s'asseyait sous la caméra et à chaque fois qu'il voulait couper le plan général, levait la main dans l'image. Comme cela, plus de problèmes au montage !

Je parle là d'un film classique. Je ne parle pas de Godard. Il ne fait pas un film, il fait du cinéma! Jean-Luc est capable de tourner des plans de 10 secondes comme il est capable de tourner des plans de 10 minutes. C'est selon son système. Quand on a tourné À BOUT DE SOUFFLE (1959), tous les plans de nuit sont des plans de 10 à 20 secondes et dans LE MÉPRIS (1963), ils font 10 minutes, c'est-à-dire la totalité des magasins. Dans PASSION (1982) ou PRÉNOM CARMEN (1984), il y a aussi des plans très, très longs. Des plans de 10 minutes sont pour lui deux jours de tournage! Mais c'est aussi vrai, que ses grands plans sont très longs et très difficiles à tourner. Il ne faut pas trop les rater, pour ne pas gaspiller de pellicule et au bout d'un moment tout le monde s'agace. Et comme il est le chef, Jean Luc a le droit d'engueuler les autres !

Il ne faut pas essayer de comparer François et Jean-Luc. Jean-Luc est un personnage complètement à part dans le cinéma. François, on peut le comparer éventuellement à Costa-Gavras, à Edouard Molinaro, dans sa façon de travailler. Jean-Luc est unique parce qu'il est le seul à maîtriser ce côté «happening» des choses qui se passent à un moment donné. Il est capable de changer sa mise en scène brusquement, parce qu'il vient de voir quelque chose qui l'intéresse. Mais il tourne dans l'ordre, donc c'est plus facile que dans le désordre! Mais c'est très maîtrisé. Certains de ses films ne sont pas très bons, mais il y a toujours vingt minutes fantastiques.

Frage aus dem Publikum: *Dans ce film, on peut constater l'absence totale de la technique classique shot/contre-shot, ce qui donne à chaque plan une certaine originalité. S'agissait-il d'un concept ou bien y-avait-t-il une raison économique?*

Non, il s'agit d'un concept de base. Avant d'avoir fait LES 400 COUPS (1959), François n'avait fait que de courts métrages. Il essayait de voir si toutes les théories élaborées dans les *Cahiers du Cinéma* pouvaient tenir la route pour de vrai!

Norbert Grob: *Wie war Ihre Zusammenarbeit mit Jacques Demy?*

Ich habe einen Film mit ihm gedreht : LOLA. Das ist die einzige Beziehung, die ich zu ihm hatte. Ich war sehr glücklich, diesen Film gedreht zu haben, aber ich glaube nicht, dass er zufrieden war.

Robert Müller: *In Ihren frühen Filmen haben Sie das Licht so gesetzt, um der Kamera eine möglichst große Flexibilität zu geben. Sie haben überwiegend mit natürlichem Licht gearbeitet.* LA PEAU DOUCE *erscheint demgegenüber fast wie eine Studie in Licht. Es gibt Passagen, in denen die Wirkung, die raumschaffende Funktion des Lichts erprobt wird, eine Choreographie des Lichts geschaffen wird. War dies für Sie eine besondere Genugtuung, sich als ein Meister des Lichts zu erweisen, was in Ihren früheren Filmen so nicht möglich war?*

Wenn ich den Film jetzt wiedersehe, finde ich das Licht gar nicht so gut. Es gibt Schatten, wo es keine geben sollte. Man muss berücksichtigen, dass die Dreharbeiten ausgesprochen kompliziert waren. Die Wohnung war wegen der zwei Stockwerke schwer zu beleuchten, und wir verfügten noch nicht über das geeignete Material, um unter natürlichen Bedingungen zu drehen. Da wir uns in der dritten oder vierten Etage befanden, konnte man kein zusätzliches Licht von außen setzen. Man benötigte also ein Licht, das den ganzen Tag über ausreichend war.

Ein Film wird nicht in der szenischen Reihenfolge gedreht, denn dies wäre extrem kostspielig. Ein Film wird normalerweise in kleinen Einheiten gedreht. Dreht man eine Szene, so wechselt theoretisch die Richtung, in der das Licht einfällt, nicht. Aber die Dreharbeiten beginnen am frühen Morgen und enden am späten Abend. Manchmal brauchen wir für eine Szene mehrere Tage. Die Schwierigkeit besteht also darin, mit diesem Wechsel des Lichts umzugehen. Wenn man eine Dekoration fertig hat, versucht man alles zu drehen, was sich in dieser Dekoration abspielt, gleichgültig ob am Anfang oder am Ende des Films, um einen Wechsel der Dekoration, des Materials, des Stabs zu vermeiden. Alles wird in großer Unordnung gedreht und am Ende soll alles seine Ordnung haben.

Ein Film kann 300, 800 oder auch 1000 Einstellungen umfassen. Ist der Film fertig, muss er eine kohärente Ordnung besitzen. Dreht man im Studio, gibt es keine Probleme. Man kann die Dekoration jedesmal so beleuchten, wie man es will. Dreht man dagegen an einem realen Schauplatz, etwa in einem Haus, ist es anders. Die Höhe der Decken ist zu beachten, es muss

Norbert Grob: *Comment pourriez-vous décrire votre travail avec Jacques Demy?*

J'ai fait un film avec lui : LOLA. C'est le seul rapport que j'ai eu. J'ai été très heureux de le faire, mais lui, je ne pense pas qu'il ait été content!

Robert Müller: Dans vos premiers films, vous avez placé la lumière pour que la caméra ait la plus grande flexibilité possible. Vous avez surtout travaillé avec la lumière naturelle. En comparaison, LA PEAU DOUCE *donc semble comme une étude sur la lumière. Il y a des passages où on essaie l'effet de la lumière, sa fonction spatiale, où on crée comme une chorégraphie de la lumière. Avez-vous éprouvé une grande satisfaction à vous révéler comme le grand maître de la lumière, ce qui n'avait pas été possible dans vos premiers films?*

Quand je vois le film maintenant, je ne la trouve pas si bien, la lumière. Il y a des ombres là où elles ne devraient pas être! Mais il faut dire que c'était un tournage assez compliqué. L'appartement était difficile à éclairer à cause des deux étages et nous n'avions pas encore le matériel adéquat pour tourner dans les décors naturels. Comme on était au 3ième ou 4ième étage, je ne sais plus, on ne pouvait pas mettre de lumière additionnelle par l'extérieur. Il fallait donc une lumière qui tienne le coup, quelque soit l'heure de la journée. Un film n'est généralement pas tourné dans l'ordre des scènes parce que tourner dans l'ordre est extrêmement cher. Un film se tourne normalement par petits morceaux. Quand on tourne une scène, en théorie la direction de la lumière ne change pas. Mais pour le tournage, on commence le matin et on termine le soir. Parfois on reste plusieurs jours sur la même scène. La difficulté est donc de gérer ces changements de lumière.

Quand on est dans un décor, on essaie de tourner tout ce qui doit se passer dans ce décor-là, que cela se passe au début ou à la fin, pour ne pas avoir à changer de décor, de matériel, d'équipiers. Tout se fait dans un grand désordre et à la fin tout doit être dans l'ordre!

Un film peut avoir 300, 800 ou même 1000 plans. Le film fini, l'ensemble doit être cohérent!

Alors, quand on tourne en studio, il n'y a pas de problème. On peut éclairer les décors comme on veut, à chaque fois. Quand on tourne dans un décor naturel, dans une vraie maison, c'est différent: il y a des hauteurs de plafond, des endroits où il faut entrer du matériel électrique pour éclairer, des câbles à passer à travers les portes qui doivent être en général fermées à cause du

Möglichkeiten geben, Lampen aufzustellen, man muss Kabel durch geschlossene Türen legen, weil sonst der Lärm zu groß wäre. Kurzum – es gibt eine Menge von Faktoren, die dazu führen, dass man jeden Dekor nicht auf gleiche Weise beleuchten kann. Wenn man einen Film dreht, muss man also am Anfang alle Dekors überblicken, um zu wissen, was machbar ist. Einige Dekors sind leicht zu beleuchten, andere weniger. Verfügt man über ein Dekor, das leicht zu beleuchten ist, sollte man sich hüten, mit zu vielen Effekten zu arbeiten, um in der Folge einen Bruch in der Kontinutität des Lichts zu vermeiden.

Man muss also seine Methoden am Anfang gut justieren und dabei noch damit rechnen, dass der Regisseur plötzlich seine Absichten ändert.

Das Kino ist die Kunst der Bewegung, man kann daher den Leuten auch nicht verbieten, ihre Meinung zu ändern.

Zum Schluss noch ein Zitat von Louis Lumière: „Das Kino ist eine Erfindung ohne Zukunft."

Ich danke allen, die gekommen sind und mir geduldig zugehört haben.

Gesprächsprotokoll und Übersetzung: Monique Prümm

bruit, bref il y a un tas d'éléments qui font que chaque décor ne peut pas être éclairé de la même manière, de manière aussi efficace. Donc, quand on veut faire un film, il faut essayer de voir la totalité des décors au départ pour avoir une idée de ce qu'on va pouvoir faire. Certains décors sont faciles à éclairer, d'autres moins. Quand un décor est facile à éclairer, il ne faut pas alors se laisser aller à faire un éclairage extraordinaire car on risque par la suite une rupture dans la continuité.

Il faut donc bien ajuster son système au départ, tout en se disant aussi que le metteur en scène pourrait à un moment donné changer d'idée.

Le cinéma étant l'art du mouvement, on ne peut pas empêcher les gens de changer d'idée!

Pour terminer, une citation de Louis Lumière: «Le cinéma est une invention sans avenir!»

Je remercie tous ceux qui sont venus et ont eu la patience de m'écouter.

Transcription: Monique Prümm

Raoul Coutard auf dem Kameraseminar der dffb 1993 in Berlin

Norbert Grob

Poet der Straße und des Tageslichts

Laudatio auf Raoul Coutard zur Verleihung des Marburger Kamerapreises 2001

Wer kann diese Bilder je vergessen? Jean-Paul Belmondos überlanges Taumeln die Straße entlang – mit nervösen, reportagehaften Blicken aus der Distanz eingefangen, am Ende von À BOUT DE SOUFFLE. Charles Aznavours starres Gesicht, ganz leer – übergroß, den Rahmen sprengend fotografiert, so dass man seine Äderchen hinter der Haut zu sehen meint, aber auch den Zustand seiner Seele, in TIREZ SUR LE PIANISTE. Oder das verspielte Wettrennen über eine Brücke zwischen Jeanne Moreau und ihren zwei Bewunderern – frei und offen, aus stetig wechselnden Perspektiven aufgenommen, in JULES ET JIM. Es ist nicht nur das Verhalten dieser Figuren, ihre Bewegungen und Gesten, sondern auch die ungewöhnlichen Bilder davon, die im Gedächtnis bleiben.

Raul Coutard ist ein verstörender Bildermacher. Ein Magier der Kamera. Ein Poet der Straße und des Tageslichts.

Im folgenden deshalb kein Lobgesang. Es reicht, zu benennen, was Raoul Coutard getan hat, das ist Würdigung genug. Er begann als Fotograf für die Armee in Indochina, arbeitete dann als Bildreporter für *Radar*, *Life* und *Paris Match*. 1956 drehte er für Pierre Schoendoerffer (und Jacques Dupont) den dokumentarischen Spielfilm LA PASSE DU DIABLE, der auf der Berlinale mit dem Preis des Senators für Volksbildung ausgezeichnet wurde. Dem folgten zwei weitere Filme, ebenfalls für Pierre Schoendoerffer (und, was für seine Biographie wichtig ist, für den Produzenten Georges de Beauregard).

Durch Beauregard kam er dann in Kontakt mit Jean-Luc Godard, der auf der Suche war nach einem Kameramann ohne Bindungen zum traditionellen, der Studio-Ästhetik verpflichteten Kommerzkino. Mit Godard fing er dann im August 1959 an, die großen, abenteuerlichen, essayistischen Filme zu fotografieren: von À BOUT DE SOUFFLE und VIVRE SA VIE bis zu PIERROT LE FOU und PRÉNOM: CARMEN.

Zwischen November 1959 und Juli 1967 drehte er auch fünf Filme für François Truffaut, u.a. TIREZ SUR LE PIANISTE und JULES ET JIM. Diese Filme, obgleich näher an erzählerischen Konventionen als die Godards, sind voller

Zuneigung gegenüber den Figuren und ihren Erlebnissen fotografiert – mit einem Liebesblick sozusagen, der die Zuschauer dazu anstiftet, das Geschehen für sich weiterzuspinnen (sie also nicht zu Konsumenten werden lässt, sondern zu Kumpanen der Erzählung).

Vor ein paar Jahren hat Coutard (gegenüber Benjamin Bergery) den Unterschied zwischen Godard und Truffaut auf einen wunderbaren Punkt gebracht: Truffaut habe ihm stets erklärt, was er in und mit dem Bild haben wolle, Godard dagegen würde immer nur sagen, was er *nicht* haben wolle.

Im Sommer 1960 zählte er zu den Kameramännern, die CHRONIQUE D'UN ÉTÉ drehten (für Jean Rouch und Edgar Morin), mit der „superleichten Eclair", die eigentlich „für Satelliten" entwickelt worden war, einer „Kontakt-Kamera", wie Rouch sie nannte, die eine bis dahin unbekannte Beweglichkeit und Nähe gestattete – und so auch „eine neue Form des Dialogs" zwischen dem Mann hinter der Kamera und dem Gefilmten/Beobachteten. Ein paar Passanten, zufällig auf den Straßen von Paris getroffen, sprechen über ihr Leben, ihre Träume, ihre Stadt. Was ein Panorama flüchtiger Impressionen ergibt, aber mit großem Interesse für die Gesichter der Menschen, ihre Haut und Falten, ihre Augen, ihre Regungen beim Sprechen.

1961 drehte er LOLA (für Jacques Demy): über eine Nachtclub-Sängerin und einen Reigen unerfüllter Gefühle um sie herum – eine biographische Skizze, in der von verschiedenen Phasen eines Lebens zur gleichen Zeit erzählt wird, quasi polytemporal: Lola gleichzeitig als Teenager, als erwachsene und ältere Frau, die sich erinnert. Coutards Bilder wirken hier bei aller Beweglichkeit ungeheuer nüchtern, registrieren alles „mit dokumentarischem Auge" und bilden so einen Kontrapunkt zur kunstvollen Konstruktion des Films insgesamt.

In den sechziger, siebziger und achtziger Jahren arbeitete Coutard dann mit Jacques Baratier (LA POUPÉE), Philippe de Broca (UN MONSIEUR DE COMPAGNIE) und Costa Gavras (Z und L'AVEU), mit Tony Richardson (THE SAILOR FROM GIBRALTAR), Eduard Molinaro (LES AVEUX LES PLUS DOUX) und Gordon Hessler (EMBASSY), Richard Dembo (LA DIAGONALE DU FOU), Nagisa Oshima (MAX MON AMOUR) und Patricia Mazuy (PEAUX DE VACHES). Seine Devise dabei: jeden Film wie eine Liebesgeschichte zu behandeln, das heißt mit aller Lust und Lebensfreude, die eine neue Liebe über alle Drangsal der Alltagswelt erhebt.

Über die frühen Filme der Nouvelle Vague gestattet Coutard sich seit Jahren schon listig-verschmitzte Bemerkungen. Der *style bizarre*, der bizarre Stil dieser Filme sei doch eher darauf zurückzuführen, dass es einfach kein Geld gegeben habe für reichere, schönere, tiefere Bilder. „Man bekam gerade so ein Minimum zusammen.“ Gestatten Sie mir dazu eine, zugegeben, freche Frage: Warum, wenn es nur um die Armut beim Machen der Filme ginge, warum sehen wir dann in anderen billigen Filmen so selten solch aufregende Bilder wie die in À BOUT DE SOUFFLE, TIREZ SUR LE PIANISTE oder PIERROT LE FOU?

Meine Antwort lautet: Sie haben eben keinen Raoul Coutard hinter der Kamera, diesen obsessiven Bildermacher fürs moderne Kino, das sich (in den späten Fünfzigern) lossagte vom bloßen Illusionismus kommerzieller Unterhaltungsfilme – und wieder anschloss, vermittelt über André Bazin, an das, was im italienischen Neorealismo am Ende des Zweiten Weltkriegs begonnen wurde.

Ich vermag nicht zu sagen, was an dieser spezifischen Art und Weise, Bilder zu machen, dem Fotografen und Bildreporter des Krieges in Indochina zu verdanken ist, und ich vermag nicht zu sagen, was daran der individuellen Entwicklungsgeschichte eines Mannes zu verdanken ist, der sich selbst als „fast ein Asiate“ bezeichnet. Gibt es ein besonderes Gespür für Distanz? Oder ein besonderes Gespür für das Zeichenhafte unserer Alltagsrealität?

Von À BOUT DE SOUFFLE an, also von seinem ersten Erzählfilm an, gibt es jedenfalls diese Distanz und dieses Gespür für das Zeichenhafte. Mit der „lukullischen Konsumtion“ von Filmen ist es vorbei. An deren Stelle treten Bilder und Bilderfolgen, die ein Denken mit Bildern ermöglichen: ein Moment der Aktivierung der Zuschauer. Mit Coutards Filmen für Godard, Truffaut und Demy tut sich ein neuer Blick auf die Welt auf, der nicht aufbaut auf Variation des Vorhandenen, sondern auf Verschiebung des Gewohnten – ganz offen bei Demy und Godard, ein wenig verborgener bei Truffaut. Es sind Filme, die uns das Sehen neu lehren, weil sie immer auch klarstellen, dass die Realität, die sie zeigen, nicht vorgegeben, sondern gemacht ist – mit Neben-, Unter- und Parallelwelten. Filme, die, wie Frieda Grafe Mitte der Sechziger formulierte, „nicht Wirklichkeit“ zeigen, sondern „Aspekte der Wirklichkeit“ und dadurch „das Fiktive als Kategorie unserer Existenz“ ausweisen.

Es sind Filme der Moderne. Und Raoul Coutard ist, um ein erstes Fazit zu ziehen, schlichtweg *der* Kameramann der filmischen Moderne. In seine Bilder ist der grundlegende Zweifel am Stand der Dinge eingeschrieben, der Zweifel, den Jean-Paul Sartre einst den „Schlüssel der Moderne“ nannte.

Bei ihm gibt es keine Gottesblicke, die Zusammenhänge suggerieren, wo keine sind. Bei ihm gibt es keine einheitliche Sicht auf die Welt – und keine Bilder, die an festen Funktionen oder eindeutigen Ideologien hängen. Bei ihm wird, um Pablo Picasso zu zitieren, „die objektive Wirklichkeit (...) wie ein Bettlaken sorgfältig zusammen(ge)faltet und in einen Wandschrank ein(ge)schlossen, ein für allemal.“

Dass Realität Chaos ist, ist ja inzwischen ein alter Hut. Neu war nur, jedenfalls im Kino, dass mit Coutard (für Godard und Truffaut) ein Kameramann auftauchte, der nicht mehr bereit war, dieses Chaos ästhetisch zu bändigen. Der statt dessen seiner Kunst unabhängig nachging – in Farbe und Form, Kontur und Rhythmus. Und dabei stets der Intention seiner momentanen Gefühle folgte (was er selbst Instinkt nennt). Wodurch das Innerste nach außen kam, vom Außen aber stimuliert.

Über Godard hat Raoul Coutard einmal gesagt, er sei einer jener Regisseure, die er angenehm finde, in dem Sinne, dass er erfinderisch sei und Risiken eingehe, die jedoch er auf sich nehme. Wie so oft, wenn man etwas Grundsätzliches zu anderen sagt, steckt auch hier eine Menge von ihm selbst drin. Coutard ist einer jener Kameramänner, die wir angenehm finden, in dem Sinne, dass er erfinderisch ist und Risiken eingeht, die er jedoch stets auf sich nimmt. Das Drehen aus der Hand, ohne Kunstlicht (und in den Nachtszenen am Montparnasse das Experiment mit dem ungewohnten, überaus kurzen Filmmaterial, dem Ilford HP S) in À BOUT DE SOUFFLE. Darin auch die überlangen Schwenks, die hin und wieder sogar die Figuren aus dem Auge lassen, die ungewöhnlichen Kamerafahrten ohne Schienen, die Sprünge über die Achse (was als ästhetischen Effekt den Eindruck einer authentischen Zeugenschaft erreicht). Dann: die aufregendsten, mutigsten Großaufnahmen in CinemaScope, in TIREZ SUR LE PIANISTE. Die überaus bewegliche Kamerafahrt auf dem Flugplatz Orly, von einem Rollstuhl aus, in UNE FEMME MARIÉE. Die bewegten Rückenblicke, nahezu sieben Minuten lang, auf die beiden Protagonisten im Bistro, in VIVRE SA VIE, die nur gelegentlich im Spiegel hinter dem Tresen auch von vorne zu sehen sind. Die kontrastreiche Fotografie in LES CARABINIERS, um den Eindruck eines gealterten „Kinematheken-Films" zu erzielen. Die „extremen Kamerafahrten" in ALPHAVILLE, von der Hotelhalle über den Aufzug bis in die endlosen Flure zum Zimmer. Schließlich: Die längste Kamerafahrt der Welt mit einer Spezialkonstruktion, die er selbst erfinden musste, einem Dolly auf einem Kran, in WEEK-END.

Coutard erklärte einmal, ihm gehe es nie darum, „jedes Detail perfekt auszuleuchten", er möge es nicht, wenn die Bilder „zu ‚geleckt'" aussähen. Deshalb sei er auch „von der holländischen Malerei" fasziniert, „von ihrem glorreichen Licht, das die Gegenstände umspielt, ohne die großen Schatten auszuleuchten." Wichtig sei für ihn der „Schock", den ein Bild auslöse. Er selbst spricht dann gerne über die Wirkung der Darsteller. Ich denke, dieser Schock ist eher Resultat *seiner* Arbeit, die mal von seinem impressionistischen Licht kommt, mal von seinen waghalsigen Kamera-Operationen, mal von seiner bewussten Materialwahl und mal von seinem eher nervösen Reporter-Blick in die Welt.

Raoul Coutard ist, um ein zweites Fazit zu wagen, ein Artist des beiläufigen Schauens. In seinen Bildern wird uns die „Relativität des Sehens" vor Augen geführt. Das Brüchige dominiert, das Zerrissene, Zerklüftete, Nicht-Perfekte. Und das Einzelne, das ganz für sich bleibt, feiert Triumphe (gemäß dem Motto des von ihm bewunderten Fotografen Ernst Haas [der Magnum Agentur]: „As long as one thing is detached from another, you can always shoot a photograph"). Wenn Claude Monet von seiner Malerei forderte: „die Ewigkeit in einem Sandkorn, und der Himmel in einer Blume", dann forderte Coutard von seinem Bildermachen: die moralische Freiheit in einem überlangen, weiten Schwenk, die ganze Wahrheit in einem spontanen, aber distanzierten Blick.

Alles Mechanische, auch alles Selbstverständliche ist seinen Bildern fremd. Er ist immer auf der Suche nach dem ungewöhnlichen, oft auch seltsamen Bild. Durch die „Schönheit der Nüchternheit" (Rainer Gansera), die auch aus dem unerwarteten Zusammenprall einzelner Fragmente sich ergibt, entsteht häufig eine verführerische Wirkung, die uns erlaubt, noch das Allergewöhnlichste ganz neu zu sehen.

Coutard verführt uns dabei häufig so perfekt, dass wir beinahe den Akt der Verführung übersehen. Beinahe, sage ich, weil er sicher der gestische Kameramann par excellence ist, weil er stets offen legt, was er und wie er dies tut. Seine Kamera bleibt in den Bildern spürbar. Dennoch verfallen wir diesen Bildern, weil sie das Vorläufige, auch Unfertige als Element des Authentischen vorführen. Vor allem durch seine Kameraarbeit wurde klar, wie sehr Bilder im Kino als „Dokumente aus der Welt der sichtbaren Dinge" (Frieda Grafe) funktionieren.

In LE PETIT SOLDAT gesteht der Protagonist einmal, eher nebenbei: „Raoul Coutard, mein Freund, der brillanteste französische Kameramann." Dies, so denke ich, war nicht bloß ein Insider-Joke. Kurz danach, als der Held mit einer Canon-Spiegelreflexkamera seine Freundin aufnimmt, erklärt er: Er habe „einen so empfindlichen Film eingelegt", einen „Agfa Record", dass er, wenn er ein Gesicht fotografiere, die „Seele dahinter fotografiert." Nach eigenen Angaben drehte Coutard den ganzen Film mit Agfa Record-Material. Also müssen wir wohl sehen, dass er nicht nur Gesichter und Körper zu fotografieren suchte, sondern auch „die Seele dahinter". Gemäß der berühmten Maxime, die diesen Film so prägt: „Die Fotografie ist die Wahrheit, und der Film, das ist 24-mal die Wahrheit pro Sekunde." Diese Maxime, seitdem so häufig zitiert, oft in völlig falschem Zusammenhang, sollte man deshalb als zugespitzten Anspruch von Coutards und Godards Arbeit insgesamt verstehen, als ihr höchstes Credo, wonach die Menschen und die Dinge nicht bloß exakt abzubilden, sondern in ihren geheimnisvollen Zusammenhängen zu erfassen sind.

„Keine Gegenstände mehr". Sondern die „Zwischenräume" um die Dinge herum, „Luft und Dämmerung". Auch „die Schatten und die Transparenz der Hintergründe". Und „die farbigen Reflexe" als „unsichtbarer Mittelpunkt" der „Komposition". Und „die geheimnisvollen Veränderungen, die Formen und Töne einander durchdringen lassen. Der Raum allein regiert."

Wir wissen, diese Sätze sind von Elie Faure, über die Malerei von Velazques formuliert und von Godard in PIERROT LE FOU als ästhetischer Imperativ eingeflochten. Es sind Sätze, die Coutards Kameraarbeit (bei Godard und Truffaut) charakterisieren. In seinen Bildern ist die Erzählung ja so oft selbst zum Erzählten gemacht: wenig Geschichte; nur Ansätze; nur Fragmente, zwischen denen der Zwischenraum allein regiert.

Godard hat ja früh darauf verwiesen, dass zur Filmerfindung auch das Geldaufreißen gehöre: „das Betteln, Bestechen und Tricksen".

Das Betteln und Bestechen war Coutards Sache nie. Aber das Tricksen hat er nicht gescheut. In dem Sinne, wie André Bazin es einmal in seinen Bemerkungen zur „Italienischen Schule der Befreiung" erläuterte: Nicht dass Film- und Bildermacher lügen oder tricksen, sei ihnen vorzuwerfen, denn Lüge und Trick begründeten ja ihre Kunst. Vorzuwerfen sei ihnen nur, dass sie die Tricks „nicht mehr beherrschen und sich selbst betrügen und damit jede neue Eroberung von Realität verhindern."

Raoul Coutard hat sich nie selbst betrogen. Und um „neue Eroberung von Realität" ist es ihm von Anfang an gegangen. Ein drittes und letztes Fazit seiner Arbeit ist zu ziehen: Er ist ein Kameramann der Formulierung, nicht der Aussage.

Die Aussage ist die Redeweise des illusionistischen, dramatischen Kinos, die dargeboten wird, als geschehe alles wie von selbst. Die Formulierung dagegen zielt, indem sie Stellung und Energie des Subjekts zur Schau stellt, auf das Reale der Rede, sie beachtet, dass die Rede „einen ungeheuren Hof von Implikationen, Wirkungen, Nachklängen, Wendungen, Rückwendungen" umgibt. Coutards Bilder sind in dem Sinne „nicht mehr illusorischerweise als einfache Instrumente" aufzufassen, „sie werden hinausgeschleudert wie Projektionen, Explosionen, Vibrationen, Reize." (Roland Barthes)

Ich möchte deshalb zum Schluss noch eine etwas pathetische Anmerkung wagen: Seitdem Raoul Coutard fürs Kino arbeitet, haben wir Menschen die Chance, mit drei Augen auf die Welt zu schauen!

Und dafür haben wir zu danken – und ihn zu ehren.

Rolf Coulanges

Das Licht des Tages und die „impressionistische Fotografie": zur Lichtgestaltung Raoul Coutards

„Viele von denen, die als Photographen das heutige Gesicht dieser Technik bestimmen, sind von der Malerei ausgegangen. Sie haben ihr den Rücken gekehrt nach Versuchen, deren Ausdrucksmittel in einen lebendigen, eindeutigen Zusammenhang mit dem heutigen Leben zu rücken. Je wacher ihr Sinn für die Signatur der Zeit war, desto problematischer ist ihnen nach und nach ihr Ausgangspunkt geworden. Denn wieder wie vor achtzig Jahren hat die Photographie von der Malerei die Stafette sich geben lassen".

Walter Benjamin 1931[1]

Als Claude Monet 1874 sein Bild *Impression soleil levant* (*Eindruck bei Sonnenaufgang*, 1872), das den Hafen von Le Havre im Morgennebel zeigt, gemeinsam mit den Bildern anderer Maler einer bis dahin unbekannten Stilrichtung (unter ihnen Cézanne, Pissaro, Renoir, Degas) in Paris ausstellte, war der Begriff des Impressionismus für die Öffentlichkeit geboren. Das Bild fiel beim Publikum durch; der Kritiker Louis Leroy beschimpfte Monet als „Impressionisten" (Künstler des „flüchtigen Augenblicks") und warf ihm Oberflächlichkeit in seiner Darstellung vor.

Interessanterweise wurde dieses Bild in der Ausstellung eines Fotografen gezeigt, da es bei den offiziellen Kunstausstellungen abgewiesen worden war. Die Erwähnung dieses Umstandes soll nicht bedeuten, dass ich den von Raoul Coutard für seine visuellen Vorstellungen in Anspruch genommenen Begriff des Impressionismus in eine direkte Entsprechung zur impressionistischen Malerei setzen möchte. Aber es ist doch interessant, dass einige dieser Maler innerhalb ihres „Malstils der unmittelbaren Wahrnehmung" Grundlagen präsentiert haben, die wiederum auch zu den bestimmenden Elementen der Arbeitsweise Coutards gehören: Die Verwendung des natürlichen Lichtes und die Wirkungen der verschiedenen Lichtrichtungen, die Einbeziehung der subjektiven Empfindung in die Wahrnehmung des Bildes und als deren wichtigstem Element die Empfindung der Farbe, und schließlich der Bezug der Betrachtung

1 Walter Benjamin: *Kleine Geschichte der Photographie* [1931]. In: *Das Kunstwerk im Zeitalter seiner technischen Reproduzierbarkeit*. Frankfurt am Main 2. Aufl.1968. S. 88.

auf den immer einmaligen, vergänglichen Moment, den es im Auge des Betrachters festzuhalten gilt.

Die Arbeit des Kameramannes beschreibt Coutard in seinem Aufsatz *Light of Day* in einer außerordentlich prägnanten Form – es erscheint wie ein Credo für jeden Kameramann:

> *„Das menschliche Auge dringt bis in die Tiefen des Raumes, sodann – innerhalb einer Sekunde – wendet es sich zum Fenster; doch es wird von diesem Übergang nicht gestört. Die Kamera aber wird gestört – oder, besser gesagt, das Filmmaterial. Die natürliche Schönheit des wirklichen Lichtes auf der Leinwand zu bewahren […], das ist die Arbeit des Kameramannes. Das ist es, worum Godard bat, wenn er in seiner üblichen zögerlichen Art sagte: ‚Monsieur, lassen Sie uns wieder einfach sein.'"*[2]

Diese Forderung nach Einfachheit, die am Anfang der Zusammenarbeit dieser beiden persönlich so verschiedenen, doch in ihrer künstlerischen Arbeit so produktiv aufeinander bezogenen Filmemacher steht, wird zum – von ihm selber selten ausgesprochenen – Leitgedanken der Fotografie Coutards. Als substantieller Gedanke auch in den anderen Künsten gegenwärtig, spielt er wegen der verwechselbaren Nähe zur sogenannten „realistischen Darstellung" im fotografischen Bild eine besondere Rolle – dies zeigt die lange und ideenreiche Geschichte der Filmfotografie. Dass es den angeblich einfachen Weg der realen Abbildung in der Filmfotografie nicht gibt, und dies keineswegs nur wegen bestimmter technischer Besonderheiten des Filmmaterials im Unterschied zum Vermögen des Auges, ist Ausgangspunkt meiner Betrachtung der „impressionistischen Fotografie" Coutards. Es soll darin um eine zweifache Beziehung gehen:

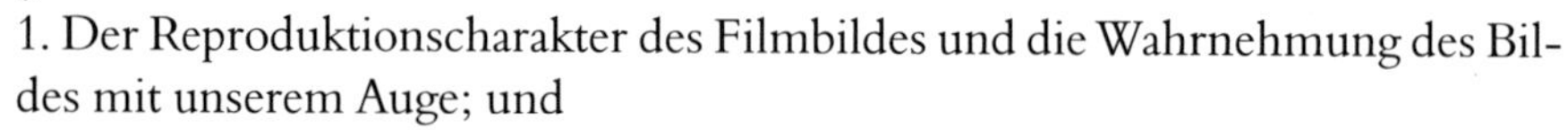

1. Der Reproduktionscharakter des Filmbildes und die Wahrnehmung des Bildes mit unserem Auge; und
2. die Gestaltung der Filmfotografie als Verbindung dieses Prozesses mit unserer Vorstellung.

Der frühe Theoretiker des Kinos Rudolf Arnheim hat unter dem Eindruck der rasanten Entwicklung des Films bereits 1932 im einleitenden Kapitel seines Buchs *Film als Kunst* geschrieben:

2 Raoul Coutard: Light of Day. In: Toby Mussmann (ed.): Jean Luc Godard. *A critical Anthology.* New York 1968. Erstmals veröffentlicht in: *Sight and Sound,* Winter 1965-66 (Übersetzung des Verf.). Vgl. Coutard im gleichen Aufsatz an anderer Stelle: „Godard didn't say to the cameraman: ‚You are going to handle the photography this way, that way, at an angle, against the light, etc.' What he said to him in effect was: ‚I want only one thing from you. You must rediscover how to do things simply.'"

„Mit dem Film steht es ebenso wie mit Malerei, Musik, Literatur, Tanz: man kann die Mittel, die er bietet, benutzen, um Kunst zu machen, man muss aber nicht. Bunte Ansichtspostkarten zum Beispiel sind nicht Kunst und wollen auch keine sein. Ein Militärmarsch, eine Magazingeschichte, ein Nacktballett ebensowenig. Und Kientopp ist nicht Film. [...]

Es lohnt die Mühe, den Einwand, Photographie und Film seien nur mechanisch reproduzierte Wirklichkeit und hätten daher nichts mit Kunst zu tun, gründlich und systematisch zu widerlegen. [...]

Zu diesem Zwecke sollen hier die elementaren Materialeigenschaften des Filmbildes einzeln charakterisiert und mit den entsprechenden Eigenschaften des Wirklichkeitssehbildes verglichen werden. Es wird sich dabei ergeben, wie grundverschieden beide sind und dass gerade aus diesen Verschiedenheiten der Film seine Kunstmittel schöpft.“[3]

Und zu den Materialeigenschaften des Schwarz-Weiß-Bildes in Bezug auf die Malerei schrieb er (der Farbfilm steckte noch in den Anfängen seiner Entwicklung):

„Mit den bunten Farben steht es genauso wie mit der räumlichen Tiefe. dass der Filmkünstler auf Schwarz und Weiß angewiesen ist, bringt ihn zu besonders eindeutigen und eindrucksvollen Effekten. Der Maler, der seine Farben nicht (wie das beim Farbfilm geschieht) mechanisch aus der Natur holt, sondern sie mit seiner Palette neu erschafft, hat die Möglichkeit, durch geeignete Auswahl der Farben, durch Verteilung der Farbflächen etc. soweit von der Naturähnlichkeit sich zu entfernen, als das für die Erzielung seines künstlerischen Vorhabens nötig ist.[4]

Man könnte den Vergleich mit der Musik ziehen, wo ja auch nur deshalb, weil ganz bestimmte Tonhöhen in der Tonleiter festgelegt sind und nur diese Tonhöhen für die Komposition verwendet werden, ein Musikgenuss möglich wird. Es gewährt Freude, zu hören, wie kunstreich diese Tonwerte hintereinander und nebeneinander gestellt sind. So wie jede Musik ohne normierte Töne und Intervalle unmöglich wäre, so kann auch eine bildende Kunst nur dann (außer ihrer charakterisierenden und darstellenden Aufgabe) formalen Wert haben, wenn die Mittel, mit denen gearbeitet wird, übersichtlich sind. Schwarz und Weiß sind aber sehr übersichtliche Mittel.“[5]

3 Rudolf Arnheim: *Film als Kunst.* Frankfurt am Main 1979, S. 23.

4 ebenda, S. 90.

5 ebenda, S. 92 f.

Übersichtlichkeit, Einfachheit, Formqualität – diese Begriffe setzen bemerkenswerte Bezüge zur Filmfotografie Coutards. Arnheims Analyse, die zur Zeit des gewaltsamen Endes der Stummfilmära durch die Einführung des Tonfilms geschrieben wurde, kann heute nach der Weiterentwicklung des Farbnegativs (während das Schwarz-Weiß-Material zwischenzeitlich völlig vernachlässigt wurde) durchaus auf die Farbfotografie erweitert werden. Zwar sieht Arnheim den Wert der künstlerischen Mittel zunächst in ihrer *formalen Qualität,* ihrer *Entfernung von der Naturähnlichkeit,* doch stellt sich diese bei näherer Betrachtung als Autonomie der Mittel und der Entscheidungen über das Material heraus; die Bedeutung der Malerei liegt nicht etwa in ihrer „Naturferne", sondern in der freien Wahl der Tonwerte, der Farben und der Komposition, und die Bedeutung des Films damit in der Übersichtlichkeit seiner Gestaltungsmittel: in der Verwendung der Farbe oder des abstrahierenden Schwarz-Weiß und in der Verwendung des Lichts. Dass der Farbfilm bei Arnheim so schlecht wegkommt, begründet sich zweifellos aus dem damaligen Stand der technischen Entwicklung und stellt keine grundlegende Einschränkung dar – an den Malern lobt Arnheim ja gerade ihr Vermögen, sich von der mechanischen Reproduktion der Naturfarben zu lösen und stattdessen in der Malerei frei über sie verfügen zu können, wie es später die Impressionisten geradezu zum Programm ihrer subjektiven Darstellung gemacht haben.

Raoul Coutards einleitende Bemerkung macht auch auf ein anderes Element aufmerksam, das für Arnheim jedoch noch nicht die zentrale Bedeutung einnimmt, die es in der heutigen Filmmontage besitzt: die Bedeutung der Zeit in der Struktur der Wahrnehmung. „Film ist Wahrheit – 24-mal in der Sekunde" – Godards Bemerkung verweist treffend auf die Bedeutung der Zeit in der Wahrnehmung des Films. Die Dimension der Zeit ist aber ebenso eng auch mit der impressionistischen Malerei verbunden, ging es ihr doch darum, die vergänglichen Momente des Lichtes im gemalten Bild festzuhalten, sich dabei aber gleichzeitig zur Flüchtigkeit im künstlerischen Stil zu bekennen. Die moderne Filmfotografie entspricht in ihrem Umgang mit dem natürlichen Licht auf bemerkenswerte Weise dem Ansatz der impressionistischen Malerei gegenüber dem Licht der Natur. In einem Gespräch mit dem Verfasser stellte Coutard diesen Zusammenhang so dar:

> *„Der Zuschauer sieht den Film im Allgemeinen nur einmal. Alle Elemente des Films hat er nur einmal wahrgenommen, eine Analyse kann nach diesem einen Mal nicht stattfinden. Daher bin ich zu der Auffassung gekommen, dass man eine Fotografie machen muss, die vollkommen impressionistisch ist. Wenn man ein Bild sieht, muss man im ersten Moment feststellen können, ob es morgens, mittags oder abends ist.*

Morgens und abends ist das Licht sehr horizontal. Am Morgen sehr früh sind die Schatten höchstens in Höhe der Personen sichtbar, und alles im Raum liegt noch in einem schattigen Bereich. Wenn man jetzt noch die Stimmung betonen will, kann man noch mit Farben wie Blau oder Rosè arbeiten, wenn man es ein bisschen kühler oder wärmer gestalten möchte. Am Abend ist es im Prinzip ähnlich, nur arrangiert man die Dinge etwas anders, um den Eindruck des Abends zu geben.“[6]

Für Raoul Coutard bedeutet impressionistische Lichtführung oder eine „impressionistische Fotografie“ jedoch keineswegs, dass er sich in Andeutungen erschöpfen würde, oder in deren Gegenteil, dekorativen Übertreibungen – das würde in seiner Kameraarbeit auch kaum möglich sein. Denn Coutards Fotografie trägt den Charakter des Dokumentarischen in sich, sie ist so detailreich wie es der Prozess der optischen Abbildung nur sein kann, sie vertraut auf die Nuancen des Lichtes, aber sie meidet die Harmonisierung aller dieser Elemente im Zeichen der Überhöhung seines Bildes. Diese Lichtführung entspricht in bemerkenswerter Weise den praktischen Bedingungen, auf die Coutard traf: Er hat mehrfach darauf hingewiesen, dass es zu Beginn der Nouvelle Vague kaum Geld für größeres Licht (oder Support für perfekt geplante Kamerabewegungen) gab. Ihm selbst machte dies wenig aus; er empfand es als Herausforderung, da er als Fotograf in dieser Schule groß geworden war und die Arbeit mit dem natürlichen Licht sehr mochte.

Es war Godard vor allem für seinen Arbeitsstil mit den Schauspielern wichtig, das Licht außen wie innen direkt, einfach und ohne großen technischen Aufwand zu haben. Godard legte zwar Einstellungen und Kamerafahrten fest, beharrte aber nicht darauf. Wenn es Probleme mit den Schauspielern gab oder zuviel Licht erforderlich wurde, wollte er die Szene auch ändern und einfacher drehen können.

„Wenn Godard in diesem Café den Gang eines Schauspielers drehen wollte, z.B. von diesem Tisch zu dem daneben und dann noch nach hinten an die Bar, müsste ich ihm sagen: Aber dahinten ist es dunkel, ich werde dort ein wenig Licht setzen. Godard wür-

6 Raoul Coutard: Kameraseminar dffb 1993. Anm.: Der Verfasser führte in der Vorbereitung eines gemeinsam mit Raoul Coutard 1993 an der Deutschen Film- und Fernsehakademie Berlin durchgeführten Kameraseminars mehrere Gespräche mit Coutard in Paris und Berlin. Bezüge und Zitate aus diesen Gesprächsprotokollen sind im Folgenden als „Gespräch des Verfassers mit R.C.“ gekennzeichnet. Zitate aus dem Protokoll (des Verfassers) des Kameraseminars sind als „Raoul Coutard, Kameraseminar dffb 1993“ gekennzeichnet. Die Gespräche mit Coutard wurden von Ursula Dieterich übersetzt.

> *de sagen: Ich will keine Beleuchtung in diesem Raum, dann geht er eben nur von diesem Tisch zu jenem.“*[7]

Coutard musste auch wegen der bestehenden technischen Bedingungen versuchen, möglichst viel mit dem natürlichen Licht zu machen, denn das professionelle Lichtequipment jener Zeit hätte er an den Innendrehorten seiner Filme praktisch nicht verwenden können. Es war für die klassische Lichtsetzung der Studios entwickelt worden, gegen die sich die Regisseure der Nouvelle Vague nun wandten und die wegen der restriktiven Bedingungen für sie auch nicht bezahlbar waren. Coutard begann, mit leichtem Equipment an Drehorten zu arbeiten, die vor allem nach möglichst guten Bedingungen für das Tageslicht ausgewählt waren. Er entwickelte eine Methode der indirekten Innenausleuchtung mit innenverspiegelten Spotlampen aus dem Fotobereich und benutzte Aluminiumfolie zur Verstärkung der Lichtreflexion von der Zimmerdecke, da die bestehende Grundausleuchtung der Räume mit Tageslicht wegen des noch relativ unempfindlichen Filmmaterials oft verstärkt werden musste.[8] Das indirekte Licht ergab erweiterte Bewegungsmöglichkeiten für die Kamera, vor allem aber größere Freiheiten für das Spiel der Schauspieler. Die Mobilität der Handkamera unterstützte er mit dem Einsatz eines Rollstuhls und entwickelte, damit Godard mit Originalton drehen konnte, für die schwerere Mitchell einen dreirädrigen Dolly ohne Schienen. Für die Filmkritik entstand dabei ein besonderer, „etwas bizarrer“ Stil, der sich mit dem Begriff der Nouvelle Vague im allgemeinen und dem Namen Coutards im besonderen verband.[9] Vor allem zeichnete er sich aber dadurch aus, radikal von der Lichtführung des „Poetischen Realismus“ unterschieden zu sein, der in den französischen Studios zelebriert wurde und einen der Angriffspunkte der neuen Regisseure und vormaligen Kritiker der *Cahiers du Cinéma* darstellte. Coutard erwartet von einem Filmbild etwas ganz anderes:

7 Gespräch des Verfassers mit R.C. in Paris (in einem Café, das Coutard hier als Beispiel dient).

8 „Die Neuerung, die damals mit meinem Namen verbunden wurde – indirektes Licht–, verdankte sich keinem ästhetischen Prinzip, sondern war ein Versuch, mit den besonderen Umständen und den niedrigen Budgets klarzukommen ... Ich musste einen Beleuchtungsansatz entwickeln, der schnell, flexibel, zeit- und geldsparend war. Raoul Coutard in: Peter Ettedgui: *Filmkünste: Kamera.* Reinbek bei Hamburg 2000. S. 67.

9 „Nachdem ich À BOUT DE SOUFFLE und einige andere Filme gemacht hatte, sagten die Leute, es gäbe einen ‚Stil Coutard‘. Ich hätte gern, dass sie mir das erklären würden, was das ist, weil ich davon keine Ahnung habe.“ Raoul Coutard, Interview auf der DVD *Contempt*, The Criterion Collection, USA 2003 (Übersetzung des Verf.).

„Für mich, wenn ich einen Film anschaue, sollte es wie ein impressionistisches Bild wirken. Man sieht einen Film normalerweise einmal, außer den Cinephilen, die ihn sich 25 mal anschauen. Aber der normale Zuschauer sieht ihn einmal. Also das Problem ist nicht, zu sagen: Ich werde eine kleine Lampe auf den Blumenstrauß richten. Das ist nur wichtig, wenn man im Gesamtbild einen kleinen Lichtfleck braucht. Aber man muss dazu nicht auch noch diese Statue da perfekt ausleuchten.
Diese gedrechselte Fotografie, wo alle Elemente einzeln ausgeleuchtet und in ein harmonisches Licht getaucht sind, kann schon sehr schön sein. Aber vor allem sind in einer Szene die Schauspieler wichtig, in einer Dekoration, die einen gewissen Eindruck geben soll. Wenn es jemanden amüsiert, die Schauspieler anzuschauen und auch die kleine Vase dahinten, ich finde sowas schadet dem Film. Für mich ist der Eindruck wichtig, den man erhält. Den Schock [choque] eines Bildes bekommt man nur durch die Schauspieler. In einer Dekoration, in der ein impressionistisches Licht herrscht, wo nicht der ganze Hintergrund detailliert ausgeleuchtet ist.“[10]

So grundlegend diese Auffassung mit damals oder heute bestehenden Maximen der Kunst des Lichtsetzens auch brechen mag – sie markiert den Wechsel in der Rezeption von Bildern in einer sich ändernden Kunstrezeption der industrialisierten Gesellschaft. Das Kino nimmt darin eine besondere Funktion wahr: Es hat die neue Qualität der Unterhaltung als einem nur noch flüchtigen, einmaligen Moment etabliert.

Diese Auffassung Coutards steht in einer interessanten Parallele zu Walter Benjamins (1936 auf Eisenstein und das neue sowjetische Kino) zeitbezogener Charakterisierung des Films im Zeitalter technischer Reproduzierbarkeit von Kunst:

Die Rezeption in der Zerstreuung, die sich mit wachsendem Nachdruck auf allen Gebieten der Kunst bemerkbar macht und das Symptom von tiefgreifenden Veränderungen der Apperzeption ist, hat am Film ihr eigentliches Übungsinstrument. In seiner Chokwirkung kommt der Film dieser Rezeptionsform entgegen. [...] Das Publikum ist ein Examinator, doch ein zerstreuter.“ (Walter Benjamin 1936)[11]

10 KAMERA: RAOUL COUTARD. Film von Sabine Eckhard und Nikos Ligouris. 45 Min. Farbe. WDR 1987.

11 Walter Benjamin: *Das Kunstwerk im Zeitalter seiner technischen Reproduzierbarkeit.* Frankfurt am M. 2. Aufl.1968, S.47f.

2

Mit seiner Arbeit so nah am Puls der Zeit zu sein, ist für einen Kameramann nur mit Unterstützung und in enger Zusammenarbeit mit Regisseuren möglich, die ihrerseits den Mut haben, Türen aufzustoßen und dem Publikum etwas zuzutrauen. Demy, Gavras, Molinaro, Schoendoerffer, Truffaut haben Coutard die Möglichkeiten gegeben, mit ihren Filmen gleichzeitig neue Wege in der Filmfotografie zu gehen – Godard hingegen hat ihn von seiner gesamten Arbeitsweise her unmittelbar dazu gezwungen. Godard brauchte für seine Filme die Erfahrungen, die Coutard als Fotograf mit dem Tageslicht und durch seine Kameraarbeit für Wochenschau und Dokumentarfilm mit der Handkamera bot. Wenngleich sich Godard eine Zusammenarbeit mit Coutard zu Beginn nicht so recht vorstellen konnte, hat ein kluger Produzent sie beide zusammengebracht. Coutards Arbeitsweise im Umgang mit dem Licht ist ganz wesentlich durch diese Beziehung geprägt und weiterentwickelt worden, und es lohnt sich, sie etwas genauer zu betrachten.

Godard hatte nach vielen Jahren als Filmkritiker und intensiver Beschäftigung mit den Filmen der Zeit, nach Erfahrungen in der Filmmontage und nach eigenen Kurzfilmen begonnen, Kino zu machen. Er war sich sicher, dass er Traditionen des Kinos konkret in Frage stellen und neue Wege in der Regie, in der Dramaturgie und der Arbeit mit den Schauspielern gehen musste, um sich den Raum für seine eigene Sprache im Film zu schaffen und die innovative Kraft des neorealistischen Films mit seiner Bildersprache auf das junge Kino Frankreichs wirken zu lassen. Das schloss für ihn die Suche nach flexibleren Beleuchtungsmethoden, neuen Filmmaterialien und ungebundeneren Möglichkeiten der Tonaufnahme ein, um sowohl den Gestus der Filme wie die Arbeitsmöglichkeiten mit den Schauspielern am Set grundlegend zu ändern.[12] Coutard betont,

12 Auch anderen Regisseuren aus der Gruppe der Nouvelle Vague – z. B. Eric Rohmer, Jaques Rivette – ist diese Freiheit für die Schauspieler sehr wichtig, und der Charakter der Lichtführung in einer Szene ist daher für alle eine elementare Größe. Nachdem Anna Karina kürzlich ein beeindruckendes Interview zu ihrer Zusammenarbeit mit Godard gegeben hat, sei auch ihr Eindruck wiedergegeben: „Er ist ein ungeheurer Regisseur für die Schauspieler, aber er geht anders damit um, als die anderen es machen. Das war groß an ihm ... Er führt so Regie, dass Du es garnicht anders spielen kannst. Das ist der brilliante Part. Während Dir andere Regisseure sagen: ‚Das Telefon ist da drüben; nimm es und bleibe so für eine Großaufnahme.' Und es sieht total unnatürlich aus. Aber Godard ist ein Genius bei der Bewahrung eines natürlichen Gefühls in seiner Regieführung. [...] Man diskutiert die Sachen mit Jean-Luc nicht. Du kommst mit Etwas, und entweder akzeptiert er es oder nicht." Anna Karina, Interview auf der DVD BAND OF OUTSIDERS. The Criterion Collection. USA 2003 (Übersetzung des Verf.).

dass Godard sich bald umfangreiche technische Kenntnisse zu Filmmaterial und Labor erarbeitete und die Bedeutung des Experiments mit neuen Aufnahmetechniken deshalb besser einschätzen konnte, dafür aber auch mehr riskiert habe als andere Regisseure, und ihn bei Filmexperimenten am Rande des technisch noch Verantwortbaren von Anfang an unterstützt habe. Wenn er Godard auf das Risiko hinwies, war dieser meist einverstanden, wenn es dann mit den Aufnahmen Schwierigkeiten gab, wurde ohne Probleme auch nochmal gedreht. Godard selbst dreht auch nochmal, wenn ihm eine Szene nicht gefällt; diese Entscheidung ist unabhängig vom erforderlichen technischen Aufwand. Für Godard scheint es selbstverständlich zu sein, dass man etwas Neues ausprobieren und dafür Grenzen überschreiten und Risiken eingehen muss, und dass dies in seinen Filmen ganz besonders für die Fotografie gelten müsse. Coutard hatte in der Zusammenarbeit mit Godard unabhängig von dessen ganz unterschiedlichen Schaffensperioden immer die Möglichkeit, neue und damit oft auch technisch unerprobte Dinge zu entwickeln; Godard stand auch hinterher noch zu seiner Entscheidung. Eines ist im Rückblick aber besonders hervorzuheben, gerade angesichts heutiger Diskussionen über erforderliche oder akzeptable Mindestqualitäten des Bildes auf der Leinwand: Coutard hat sich in all den Experimenten stets (und erfolgreich) um eine professionelle Qualität des Bildes gekümmert und wusste sich auch darin von Godard ohne Einschränkung unterstützt; mit der besonderen Ausdruckskraft seiner Fotografie waren auch regelmäßig außergewöhnliche Leistungen der Laboratorien verknüpft, die Coutard ihnen mit akribischer technischer Vorbereitung seiner Dreharbeiten abrang. Ich habe bisher sonst keinen Kameramann getroffen, der selber seine Objektive mit dem Filmmaterial, mit dem er gerade dreht, unter verschiedenen Lichtbedingungen und Farben auf ihre Qualitäten prüft und sie aufgrund dieser Ergebnisse beim Dreh einsetzt.

Die tiefgreifendsten Veränderungen gegenüber der Zusammenarbeit mit anderen Regisseuren ergaben sich für Coutard aber aus der Tatsache, dass es für ihn bei den Dreharbeiten mit Godard (außer bei LE MÉPRIS) niemals ein Drehbuch gab, sondern nur eine tägliche Besprechung des Regisseurs mit allen Beteiligten über die Dreharbeiten des jeweiligen Tages, und dazu einige Aufzeichnungen Godards zu Dialogen und Szenen. Die schnelle Entscheidung über die Lichtführung, vornehmlich aufgrund des Tageslichtes am (danach ausgesuchten) Motiv, war entscheidend für den Aufbau der Szene, und die damit gegebenen Möglichkeiten für die Schauspieler spielten dabei immer eine große Rolle. Kamera- und Regiearbeit sind in den Filmen Godards außerordentlich eng miteinander verbunden, aber dadurch wird die Zusammenarbeit nicht unbedingt weniger schwierig. Denn in seinen Filmen werden selten Geschichten im klassischen Sinne erzählt, mit Anfang, Mitte und Schluss, „jedenfalls nicht unbedingt in dieser Reihenfolge", wie Godard anmerkt, und damit wird für den Kameramann die Frage der Szenen- und Lichtanschlüsse kompliziert.

> *„Godard, das ist schon fast wie ‚Fait divers' in den Zeitungen; es gibt Momente, Augenblicke des Lebens, aber nie in einer logischen Folge [...] Das sind Dinge, kleine Momente, die einfach so erscheinen, und die so, wie sie erscheinen, zerrissen wirken. Deshalb müssen sie auch im Licht zerrissen wirken und im Ton."*[13]

Die Zerrissenheit ist kompositorisch betrachtet der Kontrapunkt zur geforderten Einfachheit des Stils und wird zum elementaren Bestandteil der Filmerzählungen Godards. Statt der einen Geschichte gibt es in seinen Filmen viele zu erzählen, miteinander verwobene, gleichzeitig und ungleichzeitig, zu früh, zu spät oder nur einen Augenblick lang. Gegen die Eindeutigkeit der Fiktion setzt Godard die Vielschichtigkeit unserer Wahrnehmung in jedem Moment – aus dem Zustand des modernen Bewusstseins entsteht die zeitgemäße Sprache des Kinos und der eigentliche reale Berührungspunkt mit dem Zuschauer. Die Erfahrung vollzieht sich als unerklärte Synthese vieler Ebenen, entstanden aus den Eindrücken von Licht und Farbe, Geräuschen und Tönen, Bildern und Musik. Aus Bruchstücken bauen sich Geschichten zusammen; man verwirft sie und ersetzt sie durch neue Versionen. Diesem andauernden Prozess des Begreifens muss sich das Kino aussetzen; die Wirklichkeit ist ebensowenig in sich schlüssig, wie die Geschichten in Godards Filmen eindeutig sind. Das bringt Godard zur Notwendigkeit eines Stils, der die momentane Idee, die Montage der Gedanken und die Improvisation des Spiels nicht zum Problem, sondern zu einem produktiven Kern des Kinos macht. Das hat für die Fotografie selbstverständlich massive Auswirkungen auf die Continuity der Einstellungen und der Lichtführung. Godard betrachtete die Regeln des Films als etwas, das radikal in Frage zu stellen sei. Das Gemeinsame ihrer Arbeit bestand nach Coutards Aussage über viele Jahre hinweg in der Fragestellung, wie sie beide, eine Idee Godards als Ausgangspunkt nehmend, neue Wege finden konnten, um diese Idee in den Filmen auch sichtbar werden zu lassen. Stets gab es das Bedürfnis, etwas radikal Neues zu machen. Und es gab bei der Suche danach kein Aufgeben.

13 RAOUL COUTARD – EIN BAUER DER FOTOGRAFIE. Film von Jürgen Heiter und Hans-Heinz Schwarz. 33 Min. Farbe. WDR 1982. Vgl. dazu Jürgen Heiter: Gespräche mit Raoul Coutard. In: *Filmkritik* Nr. 319 / Juli 1983.

Raoul Coutard hat Godards Arbeitsweise in einem erst kürzlich gegebenen Interview im Rückblick so dargestellt:

> *„Jean-Luc hatte eine einfache Philosophie: In der Praxis hatten wir etwas zu versuchen und zu tun, das sich radikal von allen anderen Filmemachern unterschied. Die Idee war, dass wir wie eine live-Reportage filmten. Eine live-Reportage bedeutet Handkamera und kein zusätzliches Licht. Dies war die klare Aufgabe. Ich konnte sie übernehmen oder ablehnen [...] Erfahrenere Studio-Kameraleute hätten das nicht gemocht. Eine Problem war die Tatsache, dass es kein wirkliches Drehbuch gab. Jean-Luc würde mit dem erscheinen, was immer er für den Drehtag geschrieben hatte. Wir würden immer nur dies drehen. Wenn er nichts geschrieben hätte, würden wir nicht drehen. Was die Fotografie betraf, gab es keine spezifischeren Regeln als die, es zu versuchen und so gut wie möglich zu machen, aber innerhalb des Kontextes der live-Reportage.“* [14]

Dabei lässt die Ungeduld Godards bei den Dreharbeiten keine langen technischen Vorbereitungen zu. Coutard erfährt Godards Vorstellungen zur Cadrage meist durch die Angabe dessen, was alles nicht im Bild zu sehen sein sollte. Und er denkt dabei hauptsächlich an die möglich erscheinenden Bewegungen der Kamera. Hält Coutard ein aufwendigeres Licht zusätzlich zum natürlichen Licht des Drehortes für erforderlich, ändert Godard durchaus auch die Szene, um möglichst ohne dies Zusatzlicht auszukommen und die Schauspieler nicht mehr als nötig durch die Beleuchtung festzulegen.

> *„Godard sitzt mir bei den Dreharbeiten im Nacken; ich kann nicht viel selbst entscheiden, und Licht gibt es auch meistens keins. Godard hat stets eine generelle Linie vor Augen, aber die einzelnen Einstellungen sind im Gesamtzusammenhang oft schwer unterzubringen. Ich glaube, er selbst weiß den Aufbau des Films und die Reihenfolge der Szenen beim Drehen auch nicht vollständig, sondern er findet sie erst später, beim Schnitt des Films. Jeder andere Regisseur würde damit baden gehen, aber Godard ist ein Genius.“* [15]

14 Raoul Coutard: Interview auf der DVD BAND OF OUTSIDERS: The Criterion Collection, USA 2003 (Übersetzung des Verf.).

15 Raoul Coutard, Kameraseminar dffb 1993.

3

Zurück zum Licht Coutards. Er hat sich, wie der vorangegangene Einblick in die Arbeitsweise Godards deutlich macht, in der Entwicklung seiner Lichtführung in bemerkenswerter Weise auf seinen wichtigsten Regisseur eingelassen. Doch sie geht darin nicht einfach auf. Unterschiedliche Wurzeln, die in Coutards Idee einer impressionistischen Lichtführung zusammenlaufen, sind sichtbar geworden. In seinem Aufsatz *Licht des Tages* (erschienen 1965), in dem sich Coutard ironisch-kritisch mit dem „Style Harcourt", dem artifiziellen, zur hohen Schule des Lichts avancierten Ausleuchtungsstil in den französischen Ateliers noch zu Beginn der Nouvelle Vague auseinandersetzt, schreibt er:

> *„Doch die Bilder, die beeindrucken, die eine beliebig lange Zeit mit Interesse oder mit Emotion betrachtet werden können, sind nicht nur diejenigen von Cartier Bresson, sondern auch die altmodischen Portraits, die Petit und Nadar gemacht haben. Sie machten diese Bilder in Studios, die von einem einzigen großen Fenster beleuchtet wurden – vom Licht des Tages, aber diesem schönen im Raum allgegenwärtigen Licht, welches das Tageslicht darstellt. Und ein Filmkameramann sollte für sich niemals vergessen, dass das Auge des Betrachters naturgemäß an das volle Tageslicht gewöhnt ist. Tageslicht hat ein unmenschliches Vermögen, immer perfekt zu sein, und das zu jeder Zeit des Tages. Tageslicht gibt die lebendige Textur des Gesichtes oder die Wahrnehmung eines Menschen wieder. Und der Mensch, der sieht, ist an das Tageslicht gewöhnt."*[16]

Doch diese Arbeit mit dem Tageslicht bedeutet für ihn mehr als die Herstellung einer natürlichen Lichtempfindung. Coutard möchte weder ein „poetisch realistisches" noch ein „naturalistisches" Licht leuchten – es genügt ihm nicht, die natürliche Lichtführung nachzubilden. Vielleicht liegt der entscheidende Unterschied seines Lichts zum angeblichen „Stil Coutard"[17] darin, dass Coutard keine Nachkonstruktion eines nach der eigenen Erfahrung definierten Ta-

16 Raoul Coutard: *Light of Day*. (Anm. 2) Übersetzung des Verf.

17 Raoul Coutard hat sich mehrfach gegen die Idee eines „Lichtstils" gewandt. „Nachdem ich À BOUT DE SOUFFLE und einige andere Filme gemacht hatte, sagten die Leute, es gäbe einen „Stil Coutard". Ich hätte gern, dass sie mir das erklären würden, was das ist, weil ich davon keine Ahnung habe." In : Raoul Coutard, Interview auf der DVD CONTEMPT, The Criterion Collection, USA 2003 (Übersetzung des Verf.). „Ich bin immer gegen diese Idee eines Stils gewesen, und damit meine ich auch das, was man immer wieder den ‚Stil Coutard' nennt. Das alles finde ich lächerlich. Hätte ich wirklich einen Stil, dann müssten alle Filme, die ich gemacht habe, ähnlich aussehen. Also ich habe keinen Stil, und das ist mein Stil, wie Godard sagen würde". In: KAMERA: RAOUL COUTARD. Film von Sabine Eckhard und Nikos Ligouris. 45 Min. Farbe. WDR 1987.

geslichts anstrebt, sondern auf die Unmittelbarkeit des natürlichen Lichtes als einem Ereignis der Natur setzt, also auf das Besondere, Nichtidentische, seine „inhuman faculty"; kurz auf all das, was die Schönheit des natürlichen Lichtes ausmacht, und das in der eigenen Ausleuchtungsplanung nicht einfach aufgeht.

Aber wie erscheint diese Idee im komponierten Filmbild und im Auge des Betrachters?

Das Licht, in einem Bild wahrgenommen, vollzieht sich in den zwei Dimensionen der Cadrage, aber nicht in seinem ursprünglichen Raumbezug. Wir können uns nicht in dieses Licht drehen oder uns von ihm abwenden; seine Richtung ist nicht intuitiv an der Bewegung des Schattens zu erfassen. Der in unserer Vorstellung entstandene Filmraum ermöglicht keine vollständige Erfahrung des Lichts durch unseren Körper und seine Sinne. Daraus ergibt sich für Coutard die Notwendigkeit einer spezifischen Darstellungsweise der Charaktere des Lichts. „Impressionistische Fotografie" heißt, sich beim Licht auf das Wesentliche und das den Eindruck des Bildes Entscheidende zu konzentrieren: was die Stimmung der Szene ausmacht, was das Bild für den Zuschauer ausmacht. Das möchte Coutard mit deutlich gesetzten Elementen erreichen – ein, wenn man es mit den Worten Arnheims ausdrücken wollte, „übersichtlicher", auf das Wesentliche begrenzter Einsatz der Mittel:

> *„Wenn man warme Farben haben möchte und das Licht filtert, ist es wie beim Ton: Wenn man großen Lärm haben will, muss es vorher ganz leise sein. Deshalb muss die Farbe vorher sehr neutral sein, um dann diesen Eindruck haben zu können.*
> *Das Problem bei den Morgen- und Abenddämmerungs-Stimmungen: Die Schatten sind sehr weich. Am Abend, bei Sonnenuntergang, wird zwar das Gesamtlicht rot, aber die Schatten werden blau und verschwommen. Darum verstärke ich dann das Blau der Schatten mit einer Lampe und setze auch mit rötlichem Licht etwas dagegen. Das große Problem mit den Schatten ist, dass sie sich ändern. Das rotere Licht bekommt man noch hin, wenn man später dreht, aber mit den Schatten ist es dann nicht mehr möglich, sie so anzugleichen, dass sie wirklich stimmen. Auch wenn man dann am nächsten Tag etwas zusätzlich dazu dreht, ist es kaum möglich, die Schatten anzugleichen.*
> *Wenn die Sonne schon untergegangen und die Lichter angegangen sind, also in der ‚Magic Hour', ist es wichtig, beim Drehen den Eindruck zu vermitteln, dass es schon fast Nacht sei. Und es ist wichtig, dass man mit dem Rücken zum Westen steht, weil es im Osten schon viel dunkler ist und der Westen einem noch ein bisschen Licht gibt. Sonst würde man wie ins Gegenlicht drehen, was bei der Dunkelheit nicht geht."*[18]

18 Raoul Coutard: Kameraseminar dffb 1993

Natürlich muss bei jeder Arbeit mit dem natürlichen Licht die Fortführung der Lichtstimmung besonders sorgfältig geplant werden; möglicherweise braucht man wegen einer besonderen Situation ein oder zwei weitere Drehtage, um die begonnene Szene mit dem gleichen Licht des Tages fortsetzen zu können. Coutard hält es aber für falsch, sich akribisch an dem Anschlussdenken festzuklammern: Es muss nicht unbedingt ein exakter Anschluss sein – viel wichtiger ist, dass man für den Zuschauer die Illusion eines Anschlusses schafft. Mit Godard gab es dazu ohnehin nicht viel Zeit, weil er „von solchen Sachen genervt war“: Coutard musste immer eine relativ schnell zu realisierende Lösung finden.

Dass diese Lösungen dann doch sehr sorgfältig geschaffen werden, bemerkt man, wenn Coutard seinen Drehort einleuchtet: Was beim Licht auf den ersten Blick sehr einfach aussieht, stimmt meist auf den Millimeter. Coutard spricht nicht darüber, welchen Effekt er gerade im Auge hat, aber er beurteilt alle Ausleuchtungselemente sehr genau in Bezug auf ihre Wirkung – mit dem Kontrastglas. Was mich dennoch überraschte, war, dass er seine Aufhellungen statt über Reflektoren, die einen genaueren Winkel für das Aufhelllicht ermöglichen, über die weißen Wände des Drehortes herstellte. Die Führungen setzte er sehr direkt, mit wenigen oder gar keinen Diffusoren vor den Fresnels, obwohl es sich um eine Innenszene mit einem relativ weichen, dezenten Nachmittagslicht handelte. Auf diese Weise erschien das Licht am Ende sehr einfach und klar.

Unter dieser Idee von Lichtführung ist also zu verstehen, ein Beleuchtungskonzept zu entwickeln, das dem Zuschauer einen kurzen und elementaren Eindruck von der Situation in einer bestimmten Szene geben kann, sich dabei aber nicht in Details verliert. Mit einem Licht, das nicht nur ausreicht, um die Szene zu beleuchten oder ihr eine Stimmung zu geben, sondern das auch die ganz spezifischen Eigenschaften des Tageslichtes besitzt. Sie ändern sich über den ganzen Tag, sie ändern sich mit den Jahreszeiten und mit dem Kontinent, in dem man dreht. Diese spezielle Qualität des Lichtes ist das, was uns an den jeweiligen Ort und den Moment bindet, und wir versuchen in der Fotografie, diese Qualitäten zu benutzen. Im Kino sieht man diese Einstellung nur für einen kurzen Moment, und es gibt dort weder diese Zeit der Bildbetrachtung noch die tatsächliche Präsenz des Ortes. Also muss in der Fotografie betont und entwickelt werden, was zum Besonderen dieses Momentes in unserer Anschauung werden kann.

Ich möchte anhand einiger Bilder, Einzelkadern aus Filmszenen, Beispiele geben, wie Raoul Coutard die Idee einer impressionistischen Fotografie in seiner Bildgestaltung verwendet.

4
Das Licht der Malerei als Imagination der Fotografie

Die ersten Bilder stammen aus dem Film PASSION (1982, R: J.L.Godard). Godard wollte für den Film mehrere Gemälde – Bilder von Eugene Delacroix (*Die Eroberung Konstantinopels*, 1840), Rembrandt van Rijn (*Die Nachtwache*, 1642), Francisco Goya (*Die Familie Karls des IV. von Spanien, 1800* und *Der 3.Mai 1808*, 1814-15), Jean-Auguste Ingres (*Die Badende*) und El Greco (*Die Jungfrau von der unbefleckten Empfängnis*, 1607-13) – nachbilden und einen intensiven Blick auf die Details, Gesichter, Gesten der dargestellten Szenerien schaffen. Für Coutard entstand durch Godards Idee die Aufgabe, die sehr unterschiedlichen Stimmungen dieser Bilder im Licht der nachgestellten Szenen bis in die Details wiederentstehen zu lassen, nun jedoch mit den Gesichtern lebender Personen, mit ihren Körpern, in ihren Gesten, in der Szenografie des gesamten Werkes. Bei der Rekonstruktion der Szenen ging es Godard nicht um die exakte Übereinstimmung mit den Szenerien der Gemälde, sondern um die Aura, die von ihnen ausgeht, und den Gestus dieser Bilder, der den Betrachter schon im ersten Moment faszinieren kann. Dieses aber nun verifiziert anhand von Filmbildern, die keine Identität mit den Vorbildern anstreben, sondern durch Fotografie und Bewegung einen neuen Blick auf das Gemälde ermöglichen sollen. Godards zentrale Idee für die Fotografie dieser Sequenzen war, die Möglichkeiten der bewegten Kamera einzusetzen (er führte die Kamera bei den meisten Einstellungen selbst).

Die Nachbildung des Gemäldes von Eugène Delacroix *Die Eroberung Konstantinopels* erforderte, der großen Tiefe des Gemäldes entsprechend – noch die ganze brennende Stadt ist im Hintergrund des Bildes zu sehen – einen großen Aufbau im Studio und für die Szenerie das Licht einer weiten Landschaft. Die Kamera bewegt sich schwebend über den Aufbauten der Stadt und zwischen den Protagonisten hindurch – das weiche, allumfassende Licht hilft, sowohl diese Travellings durchzuführen als auch die Stimmung des Bildhintergrundes herzustellen. Im Gegensatz zur Lichtführung des Malers setzte Coutard das Licht des Vordergrundes aber aus einer einzigen definierten Richtung. Zum Bild von Eugène Delacroix erläutert Coutard:

> *„Interessant ist hier zu sehen, wie manche Maler das Licht manipulieren. Nehmen wir zum Beispiel die Figuren im Vordergrund des Gemäldes: Die Figuren links stehen in einem Licht, das von links kommt, aber das Mädchen rechts unten ist in einem*

Eugène Delacroix: Die Eroberung Konstantinopels

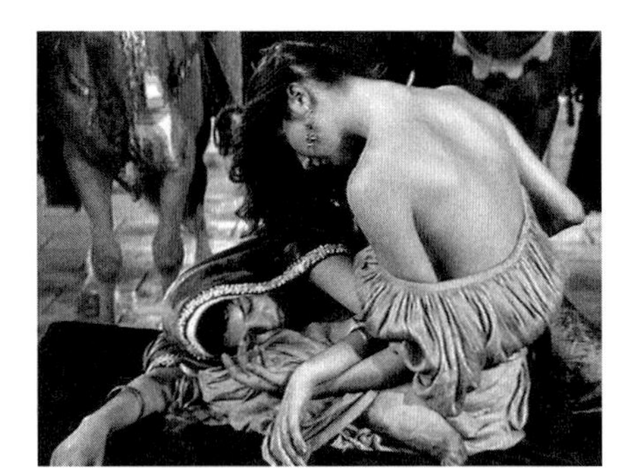

Zwei Szenenbilder aus PASSION

> *Licht, das von rechts kommt. Und im Gegensatz zu der Person links im Vordergrund, die von links ausgeleuchtet ist, sind die Personen im Hintergrund von rechts ausgeleuchtet. Das heißt, die Maler hatten nicht die Sorgen der Kameramänner, die ein realistisches Tageslicht nachahmen müssen. Sie machten das Licht, wie sie wollten. Sie änderten die Lichtrichtung in Hinsicht auf das bildliche Gewicht ihrer Darstellung.«*[19]

In der Nachbildung des Gemäldes *Die Nachtwache* (Rembrandt van Rijn, 1642) dagegen arbeitete Coutard nur mit einer einzigen Lichtquelle als Führungslicht, das allen innerhalb der Kamerafahrten entstehenden Detailansichten der

19 KAMERA: RAOUL COUTARD. Film von Sabine Eckhard und Nikos Ligouris. 45 Min. Farbe. WDR 1987.

Szenerie eine Lichtimpression gibt, die in großartiger Weise den Betrachter auf die Stimmungen des Rembrandtschen Bildes zurückführt. Die Lichtquelle in Rembrandts Gemälde könnten die Sonnenstrahlen eines späteren Nachmittags gewesen sein; erst durch das Nachdunkeln der Farben seit der Entstehung des Bildes hat sich mittlerweile der nächtliche Eindruck der Szenerie ergeben. Ein breiter, aus angemessener Entfernung kommender Lichtstrahl im Winkel der tiefstehenden Sonne und mit Schattenbildungen wie beim Sonnenlicht, in der Stärke zurückgenommen wie das nachgedunkelte Bild, schafft für Coutard diese Impression, die sich dem Betrachter über die Wirkung dieses Lichtes in den Gesichtern der Protagonisten darstellt. „In der holländischen Malerei gibt es eine wirkliche Lichtrichtung“, sagt Coutard zum Licht Rembrandts. – Dem Gemälde entsprechend wird diese Lichtanordnung jedoch durch ein anderes, ganz nah und diffus von unten gesetztes Licht gestört, das nur für eine einzelne Person des Bildes (einer zwischen den Personen stehenden kleinen Frau) gilt, die durch diese besondere Betonung herausgehoben wird. Dieser Eindruck wird dadurch verstärkt, dass dieses Licht mit der jetzigen Nachtstimmung des Bildes stärker im Widerspruch steht als mit der ursprüngliche Szenerie, die ja in einem helleren Licht gemalt war.

Godard karikiert in PASSION ironisch die Komplexität des Lichtsetzens mit einem Erklärungsversuch, den der Kameramann (im Film) an seinen Regisseur richtet, um ihm das Licht der Szene und den Aufwand, den er dafür aufgeboten hat, zu erläutern; als Demonstration für Regisseur und Zuschauer wird die kleine Lampe ein- und ausgeschaltet. Godard erinnert damit an das, um was er Coutard zu Beginn ihrer gemeinsamen Arbeit gebeten hatte: in der Fotografie wieder einfach zu werden.

> *[Kameramann im Film:] „Sehen Sie genau hin, Monsieur, dann erkennen Sie, dass in einer der dunklen Ecken des Gemäldes, ein bisschen weiter unten, im Hintergrund, zwischen einem dunkelrot gekleideten Herrn und dem schwarzgekleideten Hauptmann, dass dieses exzentrische Licht dort dadurch lebendiger wirkt, dass der Kontrast zu seiner Umgebung schärfer hervorgehoben wird, und dass, hätte man nicht sehr genau aufgepasst, diese zufällige Lichtexposition genügt hätte, um die Einheit des Bildes zu stören.“*
>
> *[Regisseur im Film:] „Hören Sie auf mit Ihren Geschichten!“.*

Der Zuschauer soll in PASSION den Eindruck erhalten, an dieser Stelle des Films einen Delacroix und an jener einen Rembrandt zu sehen, mit all dem unverwechselbaren Ausdruck, der sich ihm in diesen Bildern nicht zuletzt durch die von den Malern gefundene Lichtführung erschließt. Dies aber nicht auf dem Weg der akribischen Bildrekonstruktion, sondern durch die Darstellung wesentlicher Elemente dieser Bilder – wesentlich in Bezug auf das Licht und die Farbe.

Raoul Coutard, so sieht man nicht nur in PASSION, möchte unbedingt bei der Wirkung des natürlichen Lichtes als seinem grundlegenden ästhetischen Prinzip bleiben, doch er möchte auch eine Betonung bestimmter, intuitiver Eindrücke des Lichtes hinzufügen, die aus der besonderen subjektiven Erfahrung des einzelnen Menschen stammen. Indem dies zusammengefügt wird: die Qualität des natürlichen Lichtes und die Betonung bestimmter intuitiver Momente, entsteht das, was er die impressionistische Zielsetzung seiner Fotografie nennt. Worin liegen die bildbestimmenden intuitiven Eindrücke des Lichtes? Wenn man Raoul Coutard bei der Arbeit zuschaut, sieht man, dass dies sehr einfache, sehr klar gesetzte Lichter sind, keine Hintergrundillustrationen oder „gedrechselten Ausleuchtungen", wie er dies an anderer Stelle genannt hat. Es ist die Abwesenheit jener zusätzlich eingeführten Lichtquellen, jener fiktiven Lichter, welche die Studiofotografie der 50er Jahre ausmachen; stattdessen gibt es nun die Konzentration auf einige wesentliche Elemente des Lichts, die den

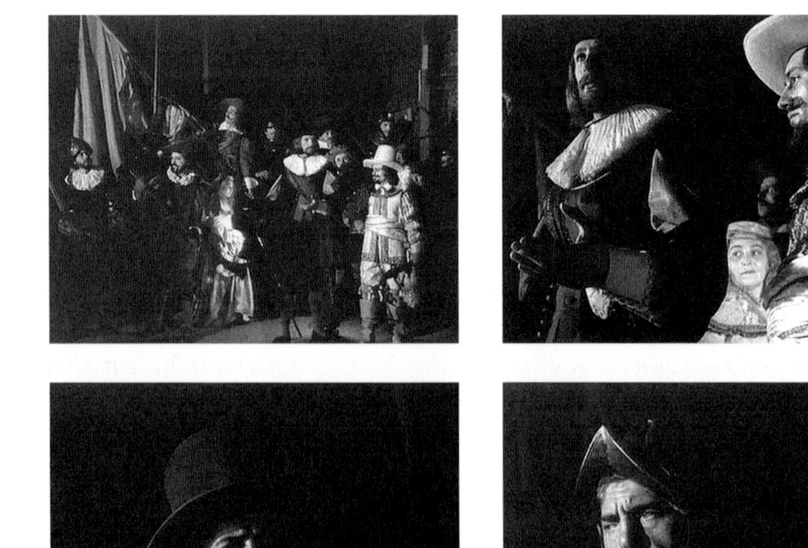

Nach Rembrandt van Rijn: Die Nachtwache

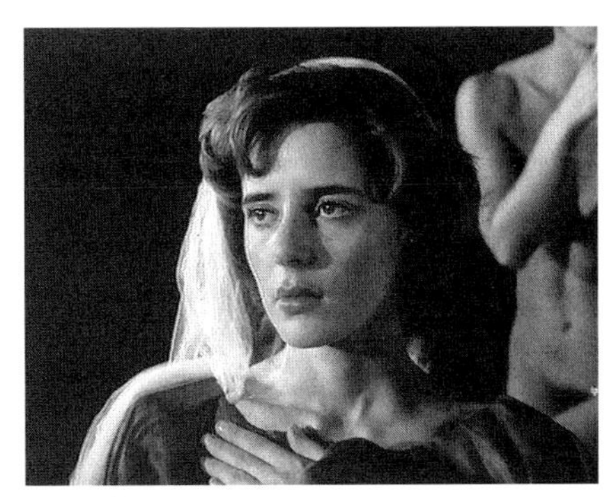

Nach El Greco: Die Jungfrau der unbefleckten Empfängnis

entscheidenden Eindruck der Szene herstellen, Impressionen des ersten Augenblicks in der Wahrnehmung des Bildes.

Einen anderen interessanten Lichteindruck hat Coutard – auch im Film PASSION – in einem Tableau gestaltet, das dem Altargemälde *Die Jungfrau der unbefleckten Empfängnis* von El Greco nachempfunden ist. Ein weicheres Licht, das gegenüber der streng logischen Lichtführung der *Nachtwache* seinen Ursprung magisch verklärt, trifft auf die in spiritueller Ergriffenheit verharrenden Gesichter der vom Maler festgehaltenen Szene.

5
Impressionen des Tageslichts als Bausteine des Bildes

Im 1964 gedrehten Film BANDE À PART (DIE AUSSENSEITERBANDE, R: J. L.Godard, nach der amerikanischen Novelle *Fools' Gold* von Dolores Hitchens) verwendete Coutard zum ersten Mal die Handkamera in Verbindung mit Originalton; Godard wollte möglichst alle Aufnahmen aus der Hand und mit Direktton drehen, und es sollte ein „leicht zu verstehender", schnell zu drehender Film werden. Coutard hatte hierfür einen tragbaren Blimp für die Arriflex IIc konstruieren lassen; es wurde ein ziemlich großes Gehäuse mit von außen zugänglichen Bedienungsmöglichkeiten für Blende und Schärfe, um das Kamerageräusch soweit abzuschirmen, dass die Schnelligkeit und Flexibilität der Handkamera auch bei Aufnahmen mit Originalton zu verwenden sein würde. Coutard hatte die geliebte und bewährte Cameflex gegen eine stumme Arriflex ausgetauscht, weil die Cameflex für dieses Vorhaben einfach viel zu laut war und es noch keine geblimpte 35 mm-Handkamera gab. Doch stellte sich schnell heraus, dass auch die umbaute Arri noch deutlich zu hören war, sodass sich ihre Verwendung auf die Außenaufnahmen zu beschränken hatte und für die Innenaufnahmen wie bisher wieder die Mitchell zum Einsatz kam. Um aber auch beim Innendreh wenigstens einen Teil der Bewegungsfreiheit zu behalten, entwickelte Coutard mit seinem Team einen dreirädrigen, luftbereiften Dolly, mit dessen Hilfe Kamera und Kameramann, ohne an Schienen gebunden zu sein, in der Drehwohnung umherfahren konnte. (Vgl. Coutard in diesem Band S. 140f.)

Es ging bei diesem Projekt um die Idee der Reportage, was für Coutard bedeutete: Mit der Handkamera und dem vorhandenen Licht, und was ganz Godards Arbeitsstil entsprach, nämlich mit einem Buch, das an jedem Tag mit neuen Ideen und Texten fortgeführt werden würde, zu drehen.

Um die Anforderungen an die gewünschte Kameraarbeit besser zu verstehen, sollte man Godards Begründung seiner eigenen Arbeitsweise lesen:

> *„In der Tat mache ich keine Unterscheidung zwischen der Realität und ihrem Bild. […] Ein Wissenschaftler, ein Physiker ist nur solange Physiker, wie er forscht, solange er mit der Physik arbeitet, aber nicht, wenn er zu Hause ist. Ich dagegen sehe keinen Unterschied zwischen der Realität und einem Bild der Realität. Für mich sind beide dasselbe. Ich sage immer: ‚Ein Bild ist das Leben, und das Leben ist ein Bild'. Und wenn ich Bilder mache, heißt das, zu leben, und deshalb ist es für das Team sehr hart, dem zu folgen, und das ist der Grund, warum ich es klein halten möchte."*[20]
>
> *„Ich schreibe meine Drehbücher nicht auf. Ich improvisiere in der Weise, wie die Dreharbeiten vorangehen. Aber diese Improvisation kann nur das Resultat einer vorangegangenen inneren Vorbereitung sein, die Konzentration erfordert. Und tatsächlich mache ich meine Filme nicht nur, wenn ich drehe, sondern wenn ich träume, esse, rede, mit Ihnen spreche."*[21]
>
> *„Ich habe genaue Notizen, aber man findet die Präzision erst in letzter Minute. Und wenn man sie nicht findet, dann dreht man nicht und fängt noch mal von vorn an."*[22]

Coutard hat seine Haltung zur Zusammenarbeit mit der Regie so formuliert :

> *„Der Schlüssel zur fotografischen Stimmung eines Films ist meine Beziehung zum Regisseur. Wir müssen gemeinsam entscheiden, wie der Film aussieht.*

20 Colin McCabe: *Godard: Images, Sounds, Politics*. London 1980. S.132 (Übersetzung des Verf.).

21 *Godard on Godard*. Hrsg. von Jean Narboni und Tom Milne. London 1972. S. 238 (Übersetzung des Verf.).

22 *Jean Luc Godard*. München 1979. Reihe Film 19. S. 45.

Übereinstimmung mit dem Regisseur zu erzielen ist der wichtigste und der schwierigste Teil des Jobs. [...] Trotzdem wird der Tonfall des ganzen Films erst zu Beginn des Drehs bestimmt, und dann zeigt sich auch, ob man sich tatsächlich verstanden hat.“[23]

Die vielfältige, von Coutard für BANDE À PART entwickelte Technik gab Godard wie den Schauspielern eine große Bewegungsfreiheit und dem Film seinen unverwechselbar lebendigen, temperamentvollen und dabei organisch fließenden Rhythmus. Coutard hatte bei den Dreharbeiten allerdings mit dem Problem häufig schlechten Wetters, verbunden mit zu dunklen Lichtverhältnissen, zu kämpfen; er musste daher in den Innenszenen ganz gegen Godards eigentliche Diktion zusätzliches Licht setzen, da die Fenster nicht genügend Tageslicht spendeten. Da die Kamera aber gleichzeitig ihre Mobilität behalten sollte, wären beim Einsatz gerichteten Lichts schnell die Lampenstative und der Schatten der Kamera zu sehen gewesen, und Coutard entschied sich daher für sehr weiches, über (manchmal mit Aluminiumfolie beklebte) Decken und Wände reflektiertes Licht von innenverspiegelten Spotlampen aus dem Fotoamateur-Zubehör. Dieses weitgehend schattenfreie Licht unterstützte einerseits die geforderte Aktionsfreiheit der Schauspieler in den Innenszenen des Hauses, konnte andererseits aber auch gestalterisch den vorherrschenden Eindruck des diffusen Außenlichtes aufgreifen. Da in Schwarz-Weiß gedreht wurde, spielte die Frage der unterschiedlichen Farbtemperaturen von Tageslicht und handelsüblichen Glühlampen keine größere Rolle. Auf dieser Grundlage war es dann möglich, durch den Einsatz partieller Lichteffekte den recht neutralen Innenräumen für bestimmte Momente ganz spezifische Lichtstimmungen zu verleihen. Die Einzelbilder auf Seite 76 aus einer Innenszene geben eine Vorstellung von Coutards Arbeitsweise bei BANDE À PART.

ALPHAVILLE, UNE ÉTRANGE AVENTURE DE LEMMY CAUTION (1965, R: J. L.Godard) erzeugt eine albtraumhafte Fiktion einer anonym-totalitären Gesellschaft der Zukunft und wurde doch nur an Originaldrehorten mitten in Paris gedreht, das in eine unglaublich fremde, futuristisch anmutende Welt verwandelt wird. Der Film folgt dabei der These Godards, dass sich Kino und Leben nicht trennen dürfen, dass die Fiktion auch immer dokumentarisch behandelt werden muss. ALPHAVILLE ist ein vollständig fiktiver Film, aber auch ganz wie ein Dokumentarfilm gedreht, an Orten in Paris wie La Defense, dem Esso-Hochhaus, den Studios des Rundfunks. Coutard drehte mit hochempfindlichem Ilford-Material (HPS), das es ihm erlaubte, mit wenig und sehr pointiertem Licht zu arbeiten, anders als bei BANDE À PART, und mit sehr geringer Tie-

23 Peter Ettedgui: *Filmkünste: Kamera*. Reinbek bei Hamburg 2000. S. 58.

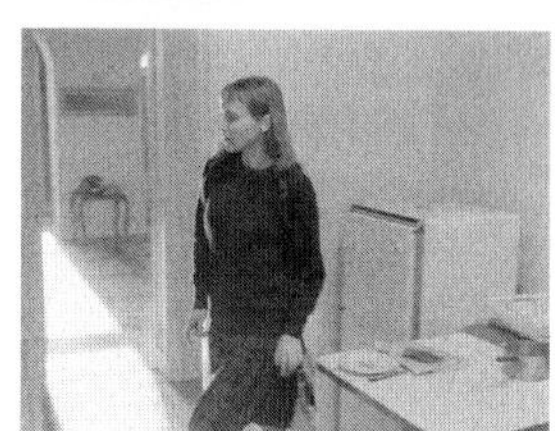

fenschärfe. Coutard schaffte für die unterschiedlichen Drehorte mit wenigen hell-diffusen oder hart-kontrastierenden Lichtern eine unwirkliche Stimmung, vervollständigt durch eine mobile Kamera, die mit aus der Hand gedrehten Gängen durch endlose Flure und durch Räume, die durch enge Bildwinkel und auf Details eingegrenzte Schärfentiefe in Bestandteile zerlegt werden, ganz außergewöhnliche Filmräume erschafft. Alpha 60, der alles beherrschende Supercomputer, ist als geschickt beleuchteter Philips-Ventilator überzeugender als die futuristischen Bilder gigantischer Rechenmaschinen, die man im Film vielleicht erwartet hätte. Die einfachsten Dinge und Orte, wie im Dokumentarfilm gedreht, werden mit dem Spiel von Eddie Constantine und Anna Karina und dem Licht von Coutard zu Metaphern einer unheilvollen Welt, der Fiktion einer bedrückenden Gegenwart. ALPHAVILLE kommt der Vorstellung Coutards von der Funktion einer vollkommen impressionistischen Fotografie sehr nahe. Auf der folgenden Seite Momentaufnahmen aus zwei Szenen des Films.

6
Die Impression des Raums als Perspektive und Bewegung

Ein anderer Film, den Godard und Coutard zusammen gedreht haben, geht ebenfalls meisterhaft mit der impressionistischen Lichtführung um – hier vornehmlich für die Nutzung des CinemaScope-Formats zur Thematisierung des Raumes im Film: LE MÉPRIS (DIE VERACHTUNG, R: J. L. Godard, 1964, nach

einem Roman von Alberto Moravia). Dieser Film, im gleichen Jahr wie BANDE À PART fertiggestellt, aber doch grundlegend verschieden von diesem, wird aufgrund der Produzenten abweichend von Godards sonstiger Arbeitsweise mit einem vollständig fertiggestellten Drehbuch und festem Drehplan gedreht; es ist ein Auftragsfilm mit einem größeren Budget, großer Besetzung und in Farbe. Für Godard gab es zu dieser Zeit ein festes Prinzip: Schwarz-Weiß-Filme werden im Normalformat (Academy 1.37:1) gedreht, Farbfilme dagegen in CinemaScope (hier 2.35:1); er arbeitete nach diesem Prinzip bis zur zeitweiligen Unterbrechung seiner Arbeit für das Kino im Jahr 1968.

Mit LE MÉPRIS wollte Godard einen Film über das „klassische Filmmilieu" und dessen Mythos machen und in diesem Film zeigen, was Truffaut in LA NUIT AMÉRICAINE „weggelassen hatte"; er beginnt mit dem treffenden Satz von Bazin: „Das Kino schafft für unsere Augen eine Welt nach unseren Wünschen."[24] Entstanden ist eine klassische Arbeit, die ganz dem Konzept des aristotelisches Dramas folgt, aber in einer für einen klassischen Film sehr interessanten, ungewöhnlichen Weise in Bilder umgesetzt ist, erzählt in nur 149 Einstellungen und mit großen Plansequenzen auf der Leinwand, die in ihrer Fotografie die Sprache des Kinos selbst reflektieren. Unterstützt wird dieser Eindruck durch die Filmmusik von Georges Delerue, die mit ihren Leitmotiven und ih-

24 „LE MÉPRIS kann keine Vorstellung vom Kino geben, es kann, jedenfalls habe ich das versucht, eine Vorstellung von Leuten im Kino geben, und das finde ich weniger unehrlich als eben zum Beispiel den Film von Truffaut, der den Leuten zu sagen versucht : So läuft es beim Film." In: Jean-Luc Godard: *Einführung in eine wahre Geschichte des Kinos*. München 1981, S. 86.

rem dramatischen Gestus diese Anlage des Films, wie sie sich in der Verwendung der Farben und der Cadrage der Bilder manifestiert, in faszinierender Weise unterstützt.

Gleichzeitig ist LE MÉPRIS eine Auseinandersetzung mit unserer „professionellen Filmkultur“ und ihren modernen Formen des Verrats, dem intellektuellen, künstlerischen und persönlichen, reflektiert vor dem Hintergrund der antiken Tragödie und in eine antagonistische Beziehung zur Welt der klassischen Bilder Fritz Langs und der Dichtung Friedrich Hölderlins gesetzt. Viel von der Wirkung des Films beruht auf der außerordentlich gelungenen Synthese dieser ganz unterschiedlichen Ebenen von LE MÉPRIS.

> *„Während die Odyssee des Ulysses ein physisches Ereignis war, filmte ich eine geistige Odyssee: Das Auge der Kamera, das diese beiden Charaktere bei ihrer Suche nach Homer beobachtet, ersetzt das Auge der Götter, die über Ulysses und seine Gefährten wachen.*
> *Als ein einfacher Film ohne Mysterium [...] beweist* LE MÉPRIS *in 149 Einstellungen, dass es im Kino wie im Leben kein Geheimnis gibt, nichts ans Licht zu bringen außer der Notwendigkeit zu leben – und Filme zu machen.“*[25]

Zum ersten Mal drehten Godard und Coutard einen größeren Film in Farbe und entsprechend Godards Prinzipien in CinemaScope. Da der Film in Italien mit viel Sonnenlicht gedreht wurde, bezog sich Coutard auch in den Innenszenen auf den von diesem Licht geprägten Stil und verwendete an den Originaldrehorten neben der natürlichen Beleuchtung nur unterstützendes Licht, möglichst reduziert durch die Verwendung empfindlicher Emulsionen.[26] Godard hatte genaue Vorstellungen zur Bedeutung der Farbe in diesem Projekt; er wollte extensiv mit der Farbe arbeiten und sie zu einem wichtigen dramaturgi-

25 *Godard on Godard*. (Anm. 21), S. 201.

26 Wegen der seinerzeit für CinemaScope erforderlichen Objektivkombinationen benötigte Coutard eine insgesamt stärkere Ausleuchtung; um dennoch dem von Godard gewünschten Reportagestil der Fotografie nahezukommen und möglichst viel natürliches Licht einsetzen zu können, ersetzte er als Grundobjektive für das CS in einigen Innenaufnahmen die Standardobjektive (Cooke) durch lichtstarke Canon-HS-Objektive. Aus der Verwendung des Scopes ergaben sich Probleme, auf die Coutard hinweist, und die gerade in den hier abgebildeten Einstellungen von Bedeutung sind: „Scope [hat] eine Anzahl von Fehlern, vor allem wenn es zu horizontalen Plansequenzen kommt... Wenn die Horizontale in der Mitte des Bildes liegt, erscheint sie gerade. Wenn Du nach oben schwenkst, krümmt sie sich nach oben, und wenn Du nach unten gehst, krümmt sie sich nach unten. Man muss das im Kopf haben, wenn man die Cadrage macht... Eine Wand am Rand des Bildes ist niemals wirklich senkrecht. Sie ist entweder gekippt oder nach außen oder nach innen gewölbt. Wenn man Scope auf diese Weise verwendet, muss man mit bestimmten Cadrierungen vorsichtig sein und sich nicht selbst in eine solche spezielle Situation bringen.“ In: Raoul Coutard: Interview auf der DVD CONTEMPT. The Criterion Collection. USA 2003 (Übersetzung des Verf.).

schen Element des Films machen. Er bemalte die antiken Skulpturen der im Film von Fritz Lang verfilmten Odyssee mit kräftigen Vollfarben und sorgte auch bei der Kleidung der Schauspieler und der Ausstattung der Innensets für die Verwendung intensiver Farben wie Gelb, Rot und Blau. „Godard hatte dem italienischen Ausstatter erklärt: ‚*Damals gab es doch Statuen, die bemalt waren, also warum kann ich sie jetzt nicht anmalen, wie ich es will?*‘“[27] Coutard nahm diese Verwendung von Farbe bei wichtigen Bildelementen auf, indem er Godards Farbdramaturgie mehrfach auch für die Grundstimmungen seiner Szenenausleuchtungen verwendete.

Godard schrieb vor den Dreharbeiten von LE MÉPRIS seine Vorstellung von der Licht- und Farbdramaturgie des Films für seinen Kameramann auf – der Text ist ein interessantes Beispiel für seine Sicht einer impressionistischen Fotografie:

> *„Der Stil der Fotografie wird der der aktuellen Nachrichten sein, als ob sie in CinemaScope und in Farbe gefilmt würden. Es soll keine Beleuchtung und kein zusätzliches Außenlicht geben; innen sollen nur Fluter verwendet werden, soweit sie unvermeidbar sind, um noch eine gute Durchzeichnung zu erzielen. Gar keine oder ganz wenig Schminke. In einigen Innenräumen könnte man das hochempfindliche Ektachrome verwenden, auch wenn dadurch die Farben verändert werden könnten.*
> *Die Sequenz, wo Odysseus in dem Film von Fritz Lang gedreht wird, wird anders aufgenommen als unser Film selbst. Hier sind die Farben knalliger, lebendiger, kontrastierter, und auch viel stärker organisiert ... Diese Szenen müssen vom fotografischen Standpunkt aus wie Anti-Reportagen gedreht werden. Sehr viel Schminke.*
> *Das Licht der antiken Welt wird auch schneidend sein durch seine Schärfe, seine Klarheit, während das Licht der modernen Welt, in der unsere Helden agieren, das Licht von heute, diffuser sein wird, disparater, ungenauer, in einem Wort: weniger definiert.“*[28]

LE MÉPRIS ist gleichzeitig eine hochinteressante Reflexion über die Sprache des klassischen und des modernen Kinos: über den Prozess der Erschaffung eines Filmraumes mit den Möglichkeiten des zweidimensionalen Filmbildes, genauer: über die Bedeutung der Farbe, des Lichtes und der Cadrage in diesem Prozess der Verbindung verschiedener Elemente zu einem Bild auf der Leinwand. Godard gelang es, die Chance zu einem bedeutenden Film mit zwei großen Themenstellungen, gleichzeitigen Blicken auf zwei ganz unterschiedli-

27 *Bilder verstehen, ohne etwas zu hören*. Interview mit Raoul Coutard. In: *Film & TV-Kameramann* Nr. 1/Januar 1989. S. 55-64.

28 Die Quelle des Textes, der sich in meinen Unterlagen befindet, ist leider zur Zeit nicht zu ermitteln.

che Dimensionen des Filmemachens, zu verbinden und hat dabei ein Werk von beindruckender künstlerischer Geschlossenheit geschaffen.

Coutard seinerseits hat mit seiner Fotografie den künstlerischen Möglichkeiten des CinemaScope-Formats eine eigenwillige und mutige Interpretation hinzugefügt und thematisiert, wie die verschiedenen stilistischen Ebenen des Lichtes, der Farbe, der mobilen Kamera mit ihrer vielfachen Perspektive den Eindruck des Raumes in einem impressionistischen Ansatz darstellen können. Hierzu möchten die Bilder aus zwei Sequenzen des Films auf Seite 81 und 82 ein Beispiel vermitteln.

Die erste Szene, eine Außenszene mit Camille und Paul (eine Plansequenz ohne Schnitt), spielt auf dem Dach einer italienischen Villa; beide Protagonisten beherrschen mit ihrer Präsenz den Ort, sie prägen durch ihre Auftritte die Szene. Sie suchen sich dort, treffen sich aber nicht. Die Kamera folgt wie gewohnt den Darstellern, bewegt sich dann aber mit ihrem Travelling wie bei einer experimentellen Erkundung des Ortes. Sie fährt in einer Parallelfahrt entgegen der Bewegung der Schauspieler und führt dabei so etwas wie die Möglichkeiten vor, eine Fläche durch die verschiedenen Winkel des Blicks in ihren Ausmaßen, in ihren Formen zu beschreiben und im Bild zu verändern. Hier geschieht etwas, das es auf der Leinwand zu experimentieren gilt, auf der die dritte Dimension nicht präsent ist, und die wir nur zeigen können, indem wir mit den beiden vorhandenen Dimensionen spielerisch und experimentell umgehen.

Einerseits gibt es in dieser Szene von LE MÉPRIS die fast übertriebenen Farben des Meeres und der Berge, zeitlose Elemente der Verbindung von Antike und Gegenwart mit dem von Godard so gekennzeichneten „Licht der Antike“, das schneidend und klar ist. Anderseits gibt es aber auch die Diffusität der Gegenwart in den Gefühlen der beiden Protagonisten, die Leere und die Verlorenheit dieses Momentes. Mir gefällt diese Szene ganz besonders gut, weil viele Elemente des modernen Kinos in dieser einen Plansequenz aufeinandertreffen und in einer künstlerisch interessanten Weise miteinander verbunden werden.

Die zweite Szene spielt in der gerade neu bezogenen, noch nicht eingerichteten Wohnung von Camille und Paul; die Szene stellt den entscheidenden Wendepunkt für die Geschichte des Paares dar und markiert den Beginn der Tragödie, um in der Sprache des aristotelischen Theaters zu bleiben. Mit knappen Fahrten (das Appartement war ein realer Drehort und trotz der Größe der Wohnung recht eng für Kamera und Dolly) und einer Cadrage, die das Tageslicht in seinen vielfältigen Abstufungen auf weißen Wänden zur Gestaltung des Raumes nutzt, vollzieht Coutard eine einfache Form der Beschreibung eines Ortes, mit einer Form der impressionistischen Lichtführung, die mit sehr ein-

fachen, natürlichen Lichtern arbeitet und das Licht der Wohnung mit wenigen Elementen charakterisiert. Auf diese Weise wird ein Licht geschaffen, das dem Betrachter einen natürlichen Eindruck von den Räumen gibt, obwohl das vorhandene Licht des Ortes dazu nicht ausreicht; in Wirklichkeit ist es ein gesetztes Licht. Einerseits ist es sehr viel einfacher gesetzt als das Tageslicht aus den Fenstern, anderseits aber doch so reich, dass es auf den Flächen und Wänden reale Strukturen gestalten und einen wirklichen Filmraum herstellen kann. In seiner verhaltenen Abstraktion schafft es ein Gefühl von undramatischer Präsenz, gleichsam gegen die Dramatik des Augenblicks der Geschichte gesetzt. Mit diesem diffusen, wenig definierten Licht der Moderne führt Coutard den Zuschauer durch das irritierende Hin und Her der Dialoge des Paares. Wenn man überhaupt vom Licht der Nouvelle Vague sprechen wollte – hier wäre es am ehesten zu finden. Beide Szenen beweisen auch, wie eng die impressionistische Fotografie mit den Elementen von Perspektive und Bewegung in der Kameraarbeit Coutards verbunden ist.

7
Das Licht des Tages als Inspiration der Fotografie

PRÉNOM CARMEN (VORNAME CARMEN, R: J. L. Godard 1983) ist ein eindrucksvolles Dokument davon, was ein Regisseur und ein Kameramann zusammen erreichen können, sowohl in Bezug auf das Erforschen und tendenzielle Überschreiten technischer Grenzen als auch im Blick auf die künstlerische Reife eines gesamten Werkes, wenn sie sich darin einig sind, neue Wege zu beschreiten und dafür gemeinsam Risiken einzugehen. Kameraleute tragen dabei immer das besondere Risiko unerwarteter Probleme, die bei Experimenten mit dem Material und dessen Bearbeitung im Labor entstehen können. Coutard über seine Zusammenarbeit mit Godard:

> *„Wenn ich als Kameramann eine Tür ins Unbekannte öffnen möchte, dann wird es Godard immer mitmachen, mit eintreten ins Unbekannte. Er wird sich nicht wie andere Regisseure benehmen, welche mich allein durch diese Tür treten lassen. [...] Also Godard ist wirklich einer der wenigen Regisseure, die imstande sind, Risiken einzugehen. Wenn ich ein Risiko mit ihm zusammen eingehe, dann ist er immer voll dabei und unterstützt mich."*[29]

29 KAMERA: RAOUL COUTARD. Film von Sabine Eckhard und Nikos Ligouris. 45 Min. Farbe. WDR 1987.

Mit Entschiedenheit und Radikalität führt Godard nach PASSION mit PRÉNOM CARMEN seinen hartnäckigen Kampf gegen die Traditionen des Geschichtenerzählens im Kino fort, aber mit diesem Film riskiert er mehr als jemals zuvor den Bruch mit Handlung und „Story“. Was den Film in die Nähe seiner musikalischen Grundstruktur bringt, ist sein tiefer und klarer Blick auf Momente, Gesten, innere Entwicklungen seiner Protagonisten. Ein Film kann Godard dazu dienen, „die Dinge zu sehen, bevor sie einen Namen haben.“ Die Sanftheit, Impulsivität und Härte des Beethovenschen Streichquartetts, das den Ausgangspunkt für die Musik des Films und die Parallelmontagen des Bildes gibt, verleiht dem Film seinen Rhythmus und befreit ihn vom Zwang zur Vollständigkeit des Geschichtenerzählens. Was sich in PRÉNOM CARMEN an kompromissloser Konsequenz bei der Dramaturgie und der Schauspielführung ereignet, findet sich ebenbürtig auch in seiner Fotografie wieder.

Godard und Coutard trafen sich bei diesem Film in einer besonderen Weise auf dem gemeinsamen Terrain der Fotografie, und Godard, der nach Meinung Coutards mit seinen guten Fachkenntnissen durchaus zur Arbeit des Kameramanns in der Lage wäre, arbeitete an der Seite Coutards an den fotografischen Ideen des Films, vornehmlich des Lichts: *„Seine Idee bei* PRÉNOM CARMEN *war, das Licht zu filmen. Alles war aufs Licht ausgerichtet, wie es ist, wie es strömt, aus einer Richtung kommt ...“*.[30] Programmatisch trägt der Film im Titel einen Zusatz: „In memoriam small movies“. Godard wollte mit PRÉNOM CARMEN ganz offensichtlich zurück zu einer Form des Filmemachens, die ihm durch weniger äußere Zwänge möglichst kreative Bedingungen für seine Art des Drehens ermöglichen könnte: eine kleines Team für eine flexible Durchführung der Dreharbeiten, eine Lichtführung, die einen möglichst großen Spielraum für die Arbeit mit den Schauspielern ergibt, und Drehorte, die solche Möglichkeiten zur Verfügung stellten.[31] Die zentrale Idee des Films bestand darin, auf das Studium des natürlichen Lichtes als dem grundlegendsten Element zurückzukommen, das der Wahrnehmung des Menschen und allen Stimmungen in der Fotografie zugrundeliegt, und sie kam von Godard selbst. Coutard sollte möglichst

30 *Coutard - Art – Godard*. Von Sabine Eckhard und Nikos Ligouris. In: *CICIM – Revue pour le Cinema Francais* – Nr. 22/13. Juni 1988.

31 „Wenn man mit Godard arbeitet, ist man normalerweise zu zehnt oder zu zwölft, und wenn etwas verschoben wird, kann man sich verständigen. Bei dreißig Leuten geht das nicht. Da muss alles aufgeschrieben sein.“ Jürgen Heiter, Gespräche mit Raoul Coutard. In: *Filmkritik* Nr. 319 / Juli 1983. Coutard erzählte mir, dass ihm Godard vor Beginn der Dreharbeiten zu PRÉNOM CARMEN angekündigt hatte, dass die gesamte Ausrüstung für den Film in den Kofferraum seines Peugeot 504 hineinpassen müsse. Coutard hatte die ganz neue Aaton 35 mm, die sehr klein ist, und dazu ein leichtes Stativ, eine Tonausrüstung, kein Licht – es hätte also geklappt. Am Ende wurde dann aber doch fast alles mit der Arri BL gedreht, weil die Aaton zu laut war.

ohne zusätzliches Licht drehen und alle Möglichkeiten des natürlichen Lichtes nutzen, und wenn der Film dann andererseits eine ganz und gar künstlich auszuleuchtende Szene wie die Schlussszene benötigte, dann sollte sie auch entsprechend deutlich mit großem Licht gedreht und als Sequenz in ihrer Ästhetik von den anderen Bildern abgesetzt sein. PRÉNOM CARMEN sollte ein konsequentes Experiment mit den Ursprüngen des Kinos werden, ein Zurückgehen auf die einfachsten und für Godard zugleich kreativsten Mittel des Films, auf das Licht, die Musik und die Kraft der schauspielerischen Darstellung. Coutard hat seine Aufgabe in dieser zweifellos besonderen Form der Zusammenarbeit mit der Regie bei der Gestaltung des Lichts folgendermaßen beschrieben:

> *„Entscheidend ist immer die Idee des Regisseurs. Es ist seine Idee, um die es bei meiner Arbeit an der Kamera geht. Bei* PRÉNOM CARMEN *war das Licht die zentrale Idee Godards, bei* PASSION *war es die Bewegung. Godard ist in dieser und anderer Hinsicht überhaupt nicht typisch für das Kino. Er ist praktisch der Einzige, der so mit dem Licht arbeitet ... Im Falle der Hausszene von* PRÉNOM CARMEN *ist es nicht eine Frage der Schwere der Szene, man hätte sie auch anders drehen können, sondern hier kam die Idee des Lichtes von Godard selbst.“*[32]

PRÉNOM CARMEN enthält gegen Ende des Films eine lange Sequenz in einem Hotelzimmer; sie reicht vom Nachmittag bis zum nächsten Morgen. Die noble Suite ist mit dem warmen Licht von Schirmlampen beleuchtet; vor den großen Fenstern gibt es das Licht des frühen Abends, morgens das des anbrechenden Tages. Coutard gleicht das Tageslicht vor den Fenstern nicht an die Innenbeleuchtung an, dreht die Szene ohne Filter und macht keine weiteren Korrekturen. Er belässt das Licht der Lampen in ihrem gelben Farbton und das der Fenster in sehr präsentem Blau; eine Farbdramaturgie, die auch in den nachgestellten Bildern von PASSION zu finden ist – es ist das Gelb van Goghs, das Godard in diesen Szenen wiederfinden wollte.

Eine andere Szene spielt in einem ungenutzten Haus, in das sich Carmen mit Joseph, dem Wachmann der Bank, die sie mit ihren Komplizen kurz zuvor überfallen hatte, geflüchtet hat. Die Stimmung ist geprägt vom Nachmittagslicht in den teilweise abgedunkelten, teilweise vom Licht durchfluteten leeren Räumen und der seltsamen *amour fou* der auf der Flucht befindlichen Protagonisten. Die Szene erforderte eine große Improvisationsfreiheit für die Schauspieler, und Godard wollte diese Szene ganz in dieser Stimmung, geprägt vom

32 Gespräch des Verfassers mit R.C. in Paris und Raoul Coutard: Kameraseminar dffb 1993.

Eindruck der unbewohnten Räume und der über den Nachmittag bis hin zur Nacht vergehenden Zeit, entwickeln.

Coutard hatte in Kenntnis des Hauptdrehortes – ein nur von einer Fensterseite vom Nachmittagslicht erleuchteter Raum – wegen der notwendigerweise hohen Kontraste ausgiebige Tests mit seinem Farbnegativ gemacht, um dessen sensitometrische Eigenschaften in Verbindung mit einem guten Labor soweit wie möglich ausschöpfen zu können. Als Führungslicht verwendete Coutard ausschließlich das abnehmende Tageslicht; es gab keine Lampen vor dem Fenster. Das Weiß in den Fenstern ist schon ausgebrannt, aber der Balkon ist noch schemenhaft zu erkennen, wie für ein vom hellen Licht geblendetes Auge. Da Godard auch innen kein eingerichtetes Licht wollte, und es damit keine Aufhellungen für die Schauspieler gab, würden die Personen manchmal im schmalen Band des direkten Sonnenlichts, meist aber in den halbdunklen Bereichen des Raumes sein. Die natürlichen Verläufe des Lichtes schaffen jedoch eine Fülle von Abstufungen und Lichtschichten zwischen Licht und Dunkelheit, die viel von der Ausdruckskraft des Tageslichtes ausmachen; die Cadrage des Bildes muss sie zur Geltung bringen. Mit seiner sorgfältigen Vorarbeit ging es Coutard vor allem darum, den Gesichtern von Carmen und Joseph auch in den Schattenbereichen des Raumes noch genügend Zeichnung zu geben, um für den Zuschauer die Impression eines im Licht abnehmenden Tages zu schaffen, ohne ihm den Kontakt zu den Protagonisten zu nehmen.

Auch die Großaufnahmen von Maruschka Detmers, am Fenster lehnend, entstanden auf diese Weise nur mit dem Licht des Tages; sie sind meisterhafte Porträts, die ihresgleichen im Film suchen. Coutard ist der Auffassung, dass man ein solches Resultat vorher aber nicht völlig planen könne; es liege im Geheimnis der Photogenität einer Person, und die erfahre man erst in einer solchen Situation, nicht vorher.

In den unten dargestellten Szenenbildern gibt es zahlreiche Elemente, die Coutards impressionistische Lichtführung kennzeichnen: ein Lichtstreifen auf der Wand, tiefes Schwarz auf den Körpern im Gegenlicht, ein Lichtschimmer auf der Haut, das eingestreute Blau des Tageslichts auf dem Rücken Josephs, auch wenn das Tageslicht dieser Szenen für das Auge nicht blau erscheint. Zum Licht dieser Szenen erläuterte Coutard:

> *„Es ist bei so einem dunklen Bild sehr wichtig, auch einen hellen Fleck – der nicht extra betont oder auffallend sein muss – hineinzubringen, ohne dass dieses Licht auf einer Person sein muss. Man braucht das, um den Raum überhaupt in den Griff zu kriegen. Dabei ist es unwichtig, wie groß das ist. Es kann auch ein kleiner Fleck im Gegenlicht auf einem Gesicht sein.*
>
> *Bei so einem Bild ist es wichtig, dass man mit so einem falschen Kontrast etwas fürs Auge hat, damit das Auge dies als Wahrnehmung annimmt, und zum anderen muss das Schwarz richtig schwarz wirken. Auch das erreicht man nur durch diesen falschen Kontrast; durch die Vermeidung überwiegender Grautöne.*
>
> *Für mich ist es jedenfalls sehr wichtig, dieses tiefe Schwarz zu erreichen; das Bild muss eine bestimmte Abstraktion und Deutlichkeit bekommen.“*[33]

Die Dreharbeiten in diesem Haus dauerten ungefähr eine Woche, doch wurde an zwei Tagen nicht gedreht, und Coutard musste praktisch alles in drei Tagen schaffen. Die nächtlichen Szenen drehte er am Nachmittag nur mit einem aus dem Nebenzimmer hereinscheinenden Licht und bei halbgeschlossenen Fenstern („an diesem Tag durften wir wegen Jean-Lucs Stimmung überhaupt keinen Versuch machen, irgendeine Lampe auszupacken“). Durch die Unterbelichtung und das partielle Licht erreichte er den Nachteindruck. Die letzte

33 Raoul Coutard: Kameraseminar dffb 1993.

der Szenen, im roten Licht der tiefstehenden Sonne, bei der nicht unbedingt an eine besondere Stimmung wie frühmorgens gedacht war, wurde bei Sonnenuntergang gedreht; allerdings gab es bei der Aufnahme noch wesentlich mehr Licht, als dies jetzt in der Szene erscheint. Durch die Herstellung eines tiefen Schwarz im Vordergrund und die dunkle Kopierung des Bildes, die das Sonnenlicht nur noch als Reflexe auf der Haut erscheinen lässt, ließ Coutard den andeutenden, intimen Charakter der Szenen entstehen. Der Eindruck des

Abends kommt von der tiefstehenden Sonne, aber im Labor musste noch ein Teil der rötlichen Stimmung hinzugefügt werden.

Coutard hat jene Elemente, die dem Auge die Impression dieses Augenblickes geben, mit den Eigenschaften des fotografischen Bildes hergestellt, ausgehend von den Möglichkeiten, die er mit dem Licht des Tages hat. Dabei ist für ihn die Logik des Lichtes nicht weniger, aber auch nicht mehr als eine handwerkliche Grundlage. Was beim Licht ganz einfach aussieht, wird mit großer Präzision hergestellt. So erscheint das ganze Licht am Ende sehr einfach und klar, aber seine Beurteilung geschieht für Coutard stets nach dem Eindruck für das Auge. Er möchte unbedingt bei der Wirkung des natürlichen Lichtes bleiben, dazu genügt es ihm jedoch nicht, nur die natürliche Lichtführung nachzubilden. Er fügt eine Betonung bestimmter intuitiver Eindrücke des Lichtes hinzu, die aus der subjektiven Erfahrung des Menschen sprechen; nur für diese Elemente benutzt er zusätzliches Licht. Dies ist es, was er die impressionistische Zielsetzung seiner Fotografie nennt.

Zu Beginn meiner Betrachtungen habe ich einen frühen Aufsatz von Coutard zitiert. Darin ist vorweggenommen, was er in diesem letzten, aber wohl auch bedeutendsten Film seiner Zusammenarbeit mit Godard verwirklicht hat:

> *„Das menschliche Auge dringt bis in die Tiefen des Raumes, sodann – innerhalb einer Sekunde – wendet es sich zum Fenster; doch es wird von diesem Übergang nicht gestört. Die Kamera aber wird gestört – oder, besser gesagt, das Filmmaterial. Die natürliche Schönheit des wirklichen Lichtes auf der Leinwand zu bewahren, das ist die Arbeit des Kameramannes."*[34]

Das beweisen Filme wie PRÉNOM CARMEN und LE MÉPRIS, die heute zu den großen künstlerischen Innovationen des modernen Films gehören. Ohne die Zusammenarbeit zwischen Coutard und Godard wäre es kaum zu den tiefgreifenden Veränderungen in der Filmfotografie gekommen, die Raoul Coutards Arbeiten seither bewirkt haben.

34 Raoul Coutard: *Light of Day*. (Anm. 2).

Literatur

Benjamin, Walter: *Das Kunstwerk im Zeitalter seiner technischen Reproduzierbarkeit.* Frankfurt am Main 2. Aufl. 1968

Coutard, Raoul: *Light of Day*. In: Toby Mussmann (ed.): *Jean Luc Godard. A critical Anthology*. New York 1968 und in: Sight and Sound, Winter 1965-66

Arnheim, Rudolf: *Film als Kunst*. Frankfurt am Main 1988

Ettedgui, Peter: *Filmkünste: Kamera.* Reinbek bei Hamburg 2000

Kamera: Raoul Coutard. Film von Sabine Eckhard und Nikos Ligouris. 45 Min. Farbe. WDR 1987

Eckhard, Sabine und Nikos Ligouris: *Bilder verstehen, ohne etwas zu hören*. In: Film & TV-Kameramann Nr.1/Januar 1989

Eckhard, Sabine und Nikos Ligouris: *Coutard – Art – Godard*. In: CICIM – Revue pour le Cinema Francais – Nr. 22/13, Juni 1988

Raoul Coutard – ein Bauer der Fotografie. Film von Jürgen Heiter und Hans-Heinz Schwarz, 33 Min. Farbe. WDR 1982.

Heiter, Jürgen: *Gespräche mit Raoul Coutard*. In: Filmkritik Nr. 319 / Juli 1983

McCabe, Colin: *Godard: Images, Sounds, Politics.* London 1980

Tom Milne, Tom und Jean Narboni (Hrsg.): *Godard on Godard* London 1972

Jean Luc Godard. Reihe Film 19. München 1979

Godard, Jean-Luc: *Einführung in eine wahre Geschichte des Kinos*. München 1981

Coutard, Raoul: Interview auf der DVD *Contempt., The Criterion Collection.USA 2003*

Coutard, Raoul: Interview auf der DVD *Band of Outsiders. The Criterion Collection. USA 2003*

Karina, Anna: Interview auf der DVD *Band of Outsiders.* The Criterion Collection. USA 2003

„Ich versuche, das zu machen, was der Regisseur wünscht ..."

Raoul Coutard im Gespräch über den Film PRÉNOM CARMEN (1984; Regie: Jean-Luc Godard)

Rolf Coulanges: *Raoul, wie machst Du Dein Licht? Brauchst Du dafür viel Technik oder machst Du es nach dem Auge?*

Wenn man mit Licht arbeitet, hat man eine genaue Vorstellung von der Leistungsfähigkeit der Lampen, es sei denn man arbeitet mit HMI-Leuchten, die nicht immer einen guten Farbwert haben, vor allem die 575, ich weiß nicht warum. Doch dies erkennt man mit zunehmender Erfahrung.

Die Abstufungen von Schwarz und Weiß sind allein schon mit dem bloßen Auge leicht zu erfassen, entweder mit einem Grauglas oder durch den Sucher. Es reicht völlig aus, die Blende ein wenig zu schließen, um das Bild abzudunkeln. So ist es möglich, die Kontraste zu vertiefen. Alles ist jedoch viel schwieriger, wenn es eine Szene zu drehen gilt, wie die, als der Mann im Flur der Wohnung die Stiefel anzieht, und das Bild auf der einen Seite dunkel, auf der anderen Seite hell ist. Das ist schon deshalb schwierig, weil gewährleistet sein muss, dass der Film im Labor stets in der gleichen Weise entwickelt wird. Darüber hinaus erfordert dies eine sehr sorgfältige Belichtung, um exakt den Punkt auf der sensitometrischen Kurve zu treffen. Dafür ist es notwendig, diese sensitometrische Kurve durch das Entwicklungslabor ausführen zu lassen und sich nicht mit der Kurve zu begnügen, die vom Hersteller vorgegeben ist, denn nicht jedes Labor ist auf die Normen eingestellt, auch wenn das Gegenteil behauptet wird. Im übrigen ist es klug, beim Drehen mit sehr genauen Belichtungen diese während der Dreaharbeiten zu verifizieren, damit es nicht zu Abweichungen kommt.

Für die Techniker unter Ihnen: Der Film, den wir hier benutzt haben, war ein Kodak 5295 mit 11 Blenden, um zwischen dem äußersten Schwarz und dem hellsten Weiß zu differenzieren.

Diese Szene wurde ohne zusätzliches Licht gedreht. Es war ungefähr 5 Uhr am Nachmittag, wir hatten also noch ungefähr drei Stunden Tageslicht vor uns. Hätte ich die Szene beleuchten müssen, hätte ich bestimmt zwei Stunden gebraucht, um das Licht einzurichten und wäre daher Gefahr gelaufen, dass das Tageslicht an Intensität verliert. Dies hätte bedeutet, das Innenlicht beständig

«J'essaie de faire ce que souhaite le réalisateur ...»

Dialogue avec Raoul Coutard sur le film PRÉNOM CARMEN (1984; Réalisateur: Jean-Luc Godard)

Rolf Coulanges: *Raoul, comment fais-tu ta lumière? As-tu besoin de beaucoup de technique ou bien fais-tu confiance à ton œil?*

Quand on éclaire, on connaît la qualité de la lampe, sauf quand on utilise des HMI's qui ne sont pas toujours de bonne couleur, surtout les 575, je ne sais pas pourquoi. Mais on le voit avec l'habitude.

Par contre, les balances de blanc et de noir sont faciles à faire à l'œil, soit avec le verre de contraste, soit en regardant dans le viseur de la caméra. Il suffit de fermer un peu le diaphragme pour assombrir l'image. Cela permet de creuser les contrastes. Tout est plus difficile quand on a des scènes comme celles où le gars remet ses bottes dans le couloir, dans le noir d'un côté et dans la lumière de l'autre. C'est plus compliqué, car il faut d'abord être sûr du laboratoire, qui doit développer toujours de la même manière. De plus, cela demande une mesure très précise sur l'exposition pour se situer de façon exacte sur la courbe sensitométrique. Pour bien se placer sur la courbe, il est nécessaire de faire exécuter cette courbe sensitométrique par le laboratoire, et ne pas se contenter de celle, excellente, du fabricant, parce que chaque labo n'est pas exactement calibré sur les normes, bien que le contraire soit prétendu. D'ailleurs si l'on a des tournages avec des expositions très précises à faire, il est prudent de vérifier, en cours de tournage, s'il n'y a pas de dérives.

Pour les techniciens: la pellicule utilisée à l'époque était une 5295 de Kodak avec 11 diaphragmes de différence entre le noir le plus noir et le blanc le plus blanc. Dans ce cas présent, on a tourné sans éclairage. Il était environ 5 heures de l'après-midi. On avait donc encore trois heures de jour devant nous. Si j'avais dû éclairer le décor, cela m'aurait certainement pris deux heures pour installer les lumières et on aurait couru le risque que le jour change d'intensité. Cela signifie alors modifications en permanence à l'intérieur. J'ai donc tenté le coup: je l'ai fait directement, sans éclairage. Il y a juste une seule lampe dans la cuisine qui donne une tache blanche qu'on voit devant les comédiens, un peu bleutée, certainement un quartz. J'ai dit à Jean-Luc, qu'on pouvait tourner comme ça. Il a été un peu surpris, un peu embêté aussi, car il aurait peut-être voulu réfléchir. Il était pris au piège!

modifizieren zu müssen. Also habe ich es gewagt: Ich habe direkt und ohne zusätzliche Beleuchtung gedreht. Es gab nur eine einzige Lampe in der Küche, die man als weißen, etwas bläulichen Fleck vor den Schauspielern sieht. Dies war sicherlich eine Quarzlampe. Ich habe Jean-Luc signalisiert, dass wir ohne Licht drehen könnten. Er war ein wenig überrascht, vielleicht sogar besorgt, denn er hätte noch Zeit gebraucht, um nachzudenken. Er saß aber in der Falle.

Um das Thema Licht abzuschließen: Bei Godard gab es zu dieser Zeit die beiden Möglichkeiten, entweder ohne Licht oder mit Licht zu drehen, dann aber mit einer großen Menge von Licht. In der Schlussszene beispielsweise arbeiteten wir mit 5 Bruts (mit Lichtbogen für Tageslicht, 5400) außen und auch innen gab es einige klassische Scheinwerfer mit 3200. Also hatten wir viel Licht, vielleicht mehr als nötig. So bekamen wir ein Problem mit der Balance der Farben zwischen dem Blau des Tageslichts, das durch das Fenster hereinfiel und dem Gelb des beleuchteten Innenraums. Dies hatten wir bereits in einer anderen Szene ausprobiert, in einem Schlafzimmer: Vor den Fenstern war das Innenlicht ganz gelb. Obwohl der Dekor in diesem Fall sehr viel ausgedehnter war, sind wir das Risiko eingegangen und haben das Blau ohne Filter durch das Fenster eindringen lassen und dieses Blau als Basiswert genommen. Das Außen, das demnach blau sein sollte, wurde so zum Weiß. Das Licht innen, das Weiß sein sollte, wurde gelb. So erhielten wir diese goldene Umhüllung im Interieur.

Noch eine kleine Anekdote, die die besondere Stimmung während der Dreharbeiten gut wiedergibt: Die Schlussszene des Films spielt im Hotel Intercontinental. Ein paar Tage vor dem Dreh hatten wir das Dekor besichtigt. Die Oberkellner waren gerade dabei, ein großes Abendessen vorzubereiten mit einem festlichen Gedeck, mit mehreren Tellern übereinander, mit verschiedenen Sorten von Gläsern, mit vielfältigem Besteck... Das gefiel Jean-Luc auf Anhieb. Wir hatten schon beschlosssen, mit 5 Bruts, die außen plaziert waren, zu drehen, genau so, wie ich dies eben beschrieben habe. Alles war also geklärt. Als ich am Drehtag den Dekor betreten wollte, wurde mir gesagt, das sei nicht möglich. Daraufhin ging ich in den großen Saal, in dem die Komparsen gerade dabei waren, sich anzuziehen und sich zu schminken. Dort erklärte mir der Produktionsleiter, dass Jean-Luc das Betreten des Dekors verboten hatte. Er hatte erklärt: „ Mein Dekor ist ein weißes Blatt, auf dem ich zeichnen möchte und daher will ich nicht, dass Idioten darauf herumtrampeln.“

Aber schließlich musste man doch reinkommen! Also hat mich der Produktionsleiter zu Jean-Luc geschickt, um mit ihm zu sprechen. Ich ging zu ihm hinein und traf Jean-Luc an, wie man ihn kennt, mit seiner schwarzen Brille. Das ist immer ein schlechtes Zeichen. Als ich ihn fragte, was es für ein Problem

Pour en terminer avec la lumière: il y a plusieurs possibilités avec Jean-Luc. Ou bien, on tourne sans lumière, ou bien on tourne avec de la lumière, mais alors en grande quantité. Par exemple, pour la scène de la fin, il y avait à l'extérieur 5 brutes (des arcs en lumière du jour, 5400), et à l'intérieur des projecteurs classiques en 3200. Cela faisait beaucoup de lumière, bien plus que ce qui aurait été nécessaire. On s'est donc retrouvé avec un problème de balance de couleurs entre la lumière qui entrait par la fenêtre et qui était bleue (lumière du jour) et l'intérieur qui était bien sûr éclairé en jaune, 3200. On l'avait déjà fait dans une autre scène, dans une chambre: Devant les fenêtres, la lumière à l'intérieur était toute jaune.

Bien que cette fois le décor soit plus vaste, on a tenté le coup: on a laissé entrer la lumière bleue normalement, sans mettre de filtres sur les fenêtres, en disant que ce bleu qui entre, c'est la couleur de base. L'extérieur qui aurait dû être bleu devenait blanc. Tout l'intérieur au lieu d'être blanc, devenait jaune. On a donc cette enveloppe dorée à l'intérieur.

Encore une petite anecdote qui montre l'ambiance du tournage du film. Le décor de la fin du film est à l'Hôtel Intercontinental. Quelques jours avant, nous avions regardé le décor. Les maîtres d'hôtel préparaient justement un dîner: les assiettes les unes sur les autres, les verres de différentes sortes, les couverts ... Jean-Luc avait dit, c'est très bien ainsi. On avait déjà décidé de tourner avec les 5 brutes à l'extérieur, comme je viens de l'expliquer. Le jour du tournage, lorsque je veux entrer dans le décor, on me dit que ce n'est pas possible. Alors, je fais le tour et j'entre dans la grande salle où se trouvaient les figurants à habiller et à maquiller. Le directeur de production m'explique que Jean-Luc ne veut pas qu'on entre dans le décor. Il a déclaré: «Mon décor est une page blanche sur laquelle je veux dessiner et je ne veux pas que des cons marchent dessus!»

Mais il fallait bien entrer! Alors le directeur de production m'a envoyé voir Jean-Luc pour lui parler. Je rentre, donc. Jean-Luc est là, avec ses lunettes noires, comme on le connaît. C'est toujours mauvais signe! Je lui demande ce qui ne va pas. Il me répond: «Regarde les tables, là, il n'y a qu'une assiette et des verres avec du jus d'orange. Comment ont-ils su que les gens allaient boire du jus d'orange?» Je lui dis qu'il avait demandé un petit déjeuner. Jean-Luc me répond que l'autre jour quand on était venu, ce n'était pas comme ça. Je lui explique que c'était alors un dîner, qu'il n'y avait rien dans les verres parce qu'on ne savait pas ce que les gens allaient boire, de l'eau ou du vin. Mais tout cela, il le savait déjà très bien. En fait, il voulait trouver une raison pour ne pas tourner! Je lui propose de faire changer le décor. J'appelle la décoration, les assistants et la régie. Quand

gäbe, antwortete er: „Schau Dir die Tische an. Es gibt nur einen einzigen Teller und die Gläser sind mit Orangensaft gefüllt. Wie konnte man wissen, dass die Leute Orangensaft trinken wollen?“ Ich erkläre ihm, dass er ein Frühstück verlangt habe. Bei unserer Besichtigung am Tag vorher habe es anders ausgesehen, weil es sich um ein Diner gehandelt habe. Die Gläser seien leer gewesen, da man vorher nicht wissen konnte, ob Wasser oder Wein getrunken würde. All das wusste Jean-Luc sehr genau. In Wirklichkeit suchte er nur nach einem Vorwand, um nicht drehen zu müssen. Daraufhin schlug ich ihm vor, doch den Dekor zu wechseln und rief die Ausstatter, die Assistenten und den Aufnahmeleiter herbei. Als die ankamen, erklärte Jean-Luc: „Ich habe kein *petit déjeuner* (Frühstück), sondern ein *déjeuner petit* (eine kleine Mahlzeit) verlangt!“

Die Dreharbeiten wurden unterbrochen und die Kellner wechselten die Gedecke. Schließlich war alles drehfertig. Also ließ Jean-Luc Maruschka Detmers kommen. Sie trug ein schwarzes Kleid, das er selbst ausgesucht hatte. Da bekam er einen Wutanfall und verlangte ein weißes Kleid! Erst am folgenden Tag wurden die Dreharbeiten fortgesetzt. Das fand der Produzent aber gar nicht lustig!

Rolf Coulanges: *Du hast gesagt, dass Du drehst, was der Regisseur möchte. Ist dies unter solchen Umständen überhaupt möglich?*

Wenn ein Kameramann für einen Film engagiert wird, dann arbeitet er normalerweise mit einem Regisseur zusammen, der Ideen hat. Sie treffen sich, sie diskutierten über eine Geschichte, die sie gemeinsam erzählen möchten, zusammen mit den Schauspielern. Ein Regisseur, der einen Film drehen will, hat bereits mehr als ein Jahr daran gearbeitet. Er hat am Drehbuch gearbeitet, er hat vor den Schauspielern Pirouetten gedreht, damit sie mitmachen, er hat einen Produzenten, welch eine Herausforderung, überzeugen müssen, dass er ihm Geld gibt. Er hat also eine Vorstellung von dem Film, den er machen will. Schließlich hat er eine Mannschaft zusammen: Ausstatter, Chefkameramann, Tonmeister, Kostümbildner. Zu diesem Zeitpunkt erläutert der Regisseur uns seine Vision des Films. Jeder von uns hat aber schon das Drehbuch gelesen und hat daher seine eigene Vision des Films. Die Vision des Regisseurs wird unsere Vision nicht ersetzen, sie wird vielmehr hinzugefügt. Daher rühren die großen Schwierigkeiten der Verständigung. Deshalb ist auch das Nicht-Gesagte wichtig, denn darin nistet die Emotion. Ich mag dieses Wort: Emotion. Lorenz hat einmal gesagt: „Alles, wozu wir Lust haben, zu leben, fängt mit einer Emotion an.“ Dies versuchen wir in einem Film entstehen zu lassen. Wir müssen also versuchen zu verstehen, was der Regisseur

ils arrivent, Jean-Luc déclare: „Je n'ai pas demandé un *petit déjeuner*, j'ai demandé un déjeuner *petit*!"

On a dû arrêter le tournage, les serveurs sont venus pour changer les assiettes etc. ... Enfin, le tournage pouvait commencer. Alors, Jean-Luc a fait venir Maruschka Detmers, vêtue d'une robe qu'il avait choisie lui-même, une robe noire. Et là, il a piqué une colère épouvantable et déclaré qu'il voulait une robe blanche. Alors on a remis le tournage au lendemain! Ce qui n'a pas fait rire le producteur ...

Rolf Coulanges: *Tu viens de dire que tu tournes ce que souhaite le metteur en scène. Comment cela est-il possible dans de telles circonstances?*

Quand on est engagé dans un film, on travaille normalement avec un réalisateur qui a des idées. On se rencontre, on discute d'une histoire qu'on a envie de faire ensemble, avec le réalisateur et les comédiens. Un réalisateur qui veut faire un film y a déjà travaillé depuis plus d'un an, il a travaillé à l'écriture, a montré ses fesses aux acteurs pour qu'ils acceptent de faire le film. Il est allé voir un producteur, quelle épreuve, qu'il a fallu convaincre afin qu'il donne de l'argent. Il a une idée du film qu'il veut faire. Finalement, l'équipe arrive, la décoration, le chef opérateur, le son, les costumiers. A ce moment, le réalisateur nous explique sa vision du film, mais chacun a déjà lu le scénario et a donc sa vision du film à lui. Ce que nous explique le réalisateur ne remplace pas notre vision mais se superpose à elle. Delà naît la grande difficulté de la communication et de ce fait, l'importance du non-dit, qui peut être là où se niche l'émotion. J'aime beaucoup ce mot: émotion. Lorenz a dit: «Tout ce pourquoi nous avons envie de vivre, commence par une émotion.» C'est ce que nous essayons de faire naître dans un film. Il nous faut donc essayer de comprendre ce que le réalisateur pense depuis plusieurs mois alors que nous n'y pensons que depuis quelques jours. On a donc une idée à nous du film, mais le réalisateur a la sienne. Il faut l'écouter. Le tournage est la phase active

seit Monaten denkt, woran wir jedoch erst seit einigen Tagen denken. Wir haben also eine bestimmte Vorstellung vom Film, und der Regisseur hat die seine. Man muss auf den Regisseur hören. Danach findet die Montage statt, die Musik wird angelegt, die Endfertigung. Natürlich wird der Film nicht so, wie der Regisseur ihn erträumt hat, denn es entstehen immer unvorhersehbare Probleme. Er muss daher einiges verändern. Wenn in einem Film mit einem kleinen oder mittleren Budget (in einem Film mit einem großen Budget laufen die Dinge anders) die Mitarbeiter ständig mit ihren Ideen und Problemen ankommen, dann verwirren sie den Regisseur, stören ihn beim Nachdenken über das, was er ausdrücken möchte.

So versuche ich, das zu machen, was der Regisseur wünscht, und er überlässt mir einen Teil der Verantwortung, was die Emotion angeht. Dies muss aber nicht unbedingt seiner Traumvorstellung entsprechen. Bei dem Film *Z* (1969) beispielsweise haben wir in Algerien gedreht und bekamen die Muster erst drei Wochen später zu sehen. Costa Gavras sagte mir dann, es sei nicht das, was er sich vorgestellt hatte. Ich habe ihn beruhigt: Was ich gemacht hätte, würde sich sehr gut in seinen Film einfügen. Dies muss ihn wohl überzeugt haben, da wir später noch einen Film zusammen gedreht haben.

Ein weiteres Beispiel für ein Missverständnis: Am Anfang meiner Karriere hatte ich einmal mit dem Regisseur Jean Valère zu tun. Er hat einen Film über die Résistance (JERICHO) und andere bekannte Filme gemacht. Er hatte mich angerufen und wir haben uns danach ungefähr zehn mal getroffen. Jedesmal fragte er mich nach À BOUT DE SOUFFLE, sogar während der Vorbereitungen sprach er nur davon. Schließlich haben wir zu drehen begonnen. Drei Tage später haben wir uns die Muster angeguckt. Er nahm mich zur Seite und sagte, dass er mich sprechen wolle: „Das ist eine Katastrophe, es sieht aus wie À BOUT DE SOUFFLE.“ Und ich hatte fest geglaubt, dass er dies genau haben wollte. Bei jedem unserer Treffen hatten wir doch über diesen Film gesprochen. Ganz im Gegenteil: Er wollte, dass ich eine ganz klassische Fotografie à la Christian Matras mache. Damals brachte ich nicht den Mut auf, ihm zu sagen: „Na gut, dann gehe ich!“ Es war ein Fehler, denn ich habe viel darunter gelitten, weil ich ein Bild machen musste, das ich nicht machen konnte. Matras macht eine wunderbare Fotografie, aber nicht für diese Art von Filmen.

Rolf Coulanges: *Die besondere Arbeitsweise von Godard, erst am Drehtag den Ablauf festzulegen, beim Drehen beständig zu improvisieren und damit Risiken auf sich zu nehmen – ist das eine Unterstützung für Deine Arbeit oder empfindest Du dies als eine Schwierigkeit?*

du film. Mais pour l'émotion que souhaite faire naître le réalisateur, c'est déjà la plus grosse tranche du film. Après il y aura le montage, la musique, les finitions. Bien sûr, le réalisateur ne fera pas le film comme il l'a rêvé, car il y a toujours des difficultés qui vont se présenter. Il y aura donc des choses qui vont bouger. Il est évident que dans un film à petit ou moyen budget (dans un film à gros budget, les choses sont différentes), si on vient sans cesse apporter nos idées, parler de nos problèmes, on trouble le réalisateur, on le dérange dans sa réflexion par rapport à ce qu'il veut exprimer. J'essaie donc de faire ce que le metteur en scène souhaite et il me laisse une part de responsabilité sur ma partie «émotionnelle». Parfois, ce n'est pas forcément ce dont il avait rêvé. Par exemple, quand on a tourné Z (1969), nous avons tourné en Algérie les premiers rushes qui ont été projetés trois semaines plus tard. Alors Costa m'a dit que ce n'était pas ce qu'il voulait.. Je lui ai dit de ne pas s'inquiéter, que ce que j'avais fait irait très bien avec son film. Cela a dû le séduire puisque nous avons fait ensuite un autre film ensemble.

Autre situation de confusion: j'ai rencontré, au début de ma carrière, un metteur en scène, Jean Valère. Il avait fait un film sur la Résistance (JÉRICHO) et d'autres films bien connus. Il m'avait appelé et nous nous sommes rencontrés environ une dizaine de fois. A chaque fois, il me posait des questions sur A BOUT DE SOUFFLE, même pendant la préparation il ne me parlait que de ça. Finalement, on commence le tournage. Trois jours plus tard, on voit les rushes. Il me prend à part et dit qu'il veut me parler: «C'est une catastrophe, on dirait A BOUT DE SOUFFLE!» Je croyais que c'était ce qu'il voulait. On avait parlé à chacune de nos rencontres de ce film. Pas du tout! Il voulait que je fasse de la photo comme Christian Matras, de la photo classique. A l'époque, je n'ai pas eu le courage de lui dire: «Bon, je m'en vais!» J'ai eu tort, car j'ai beaucoup souffert à faire une photo que je ne sais pas faire. Matras fait une photo superbe, mais pas pour ce genre de mise en scène.

Rolf Coulanges: *Cette façon très particulière de travailler de Godard, décider du tournage au jour le jour, improviser continuellement pendant le tournage et par suite courir plus d'un risque – est-ce là un soutien pour ton travail ou bien y vois-tu une difficulté?*

Raoul Coutard bei den Dreharbeiten zu dem Film LE CŒUR FANTÔME *(1995)*

Ich schätze das Risiko, sonst würde ich es nicht tun. Außerdem ist es mit Jean-Luc einfach, ein Risiko einzugehen, wie ich schon sagte. Jean-Luc übernimmt die Verantwortung, und wenn das Ergebnis nicht gut ist, machen wir es noch einmal.

Um auf PRÉNOM CARMEN zurückzukommen: Jean-Luc war beleidigt, weil er gezwungen war, die Hauptdarstellerin zu wechseln. Er hasste Maruschka, die arme, ich weiß nicht warum. Mit allen hatte er Probleme, jeden brüllte er an. Als er die Muster ansah, kam er aus dem Saal und ging in die Projektionskabine: „Ich ertrage Eure Nähe nicht mehr! Ihr kotzt mich an!" Ich war an so etwas gewöhnt, das machte mir nichts aus. Bei den Besprechungen schrie er jeden an, die Schauspieler, die Techniker, alle, die ihm in die Hände fielen. An dem Tag, als wir an dem Haus am Meer ankamen – es war zugleich der erste Drehtag -, sollten wir um 5 Uhr nachmittags zusammentreffen. Das war seltsam, denn zwei Stunden später würde es bereits dunkel sein. Es war in Wirklichkeit nur eine Vorbesprechung. Er fing damit an, den Produktionschef und den Aufnahmeleiter zu beschimpfen. „Ihr Nichtskönner! Ich frage mich, was Ihr auf dem Set zu suchen habt!" Dann kam ich an die Reihe, kurzum, jeder bekam sein Fett weg. Dann hat er die Frage gestellt: „Gut. Was habt Ihr zu sagen?" Das ist bei

Le risque m'amuse. Sinon, je ne le ferais pas. De plus avec Jean Luc il est facile de prendre des risques, comme je l'ai déjà dit. Jean-Luc assume, si cela ne convient pas, on refait.

Pour reparler de PRÉNOM CARMEN: Jean-Luc avait été froissé d'avoir été obligé de changer de comédienne. Il détestait la malheureuse Maruschka, je ne sais pas pourquoi. Il avait constamment des problèmes avec tout le monde, il engueulait tout le monde. Quand il regardait les rushes, il sortait de la salle et allait dans la cabine de projection: «J'en ai marre de vous sentir respirer, vous m'emmerdez!» J'avais l'habitude et cela ne m'impressionnait pas du tout. Aux réunions, Jean-Luc engueulait tout le monde, les comédiens, les techniciens, tous ceux qui lui tombaient sous la main. Quand on est arrivé à cette maison au bord de la mer, le premier jour de tournage, il y a eu rassemblement à 5 heures de l'après-midi. Il allait faire nuit deux heures plus tard, c'était bizarre. En fait, c'était une réunion d'information. Pour commencer, il a critiqué le directeur de la production et le régisseur. «Vous êtes nuls, je me demande ce que vous faites sur le plateau!» Ensuite, je me suis fait engueulé, bref tout le monde y est passé... Puis, il a demandé: «Bon, qu'est-ce que vous avez à dire?» Avec

Raoul Coutard während eines Kameraseminars an der dffb in Berlin (1993)

Jean-Luc immer eine sehr ernste Angelegenheit. Man muss antworten, sonst ist er tödlich beleidigt: „Alles, was ich erzählt habe, ist Euch wohl egal!" Aber man muss auch aufpassen, was man antwortet, damit sich daraus nicht noch eine weitere Diskussion ergibt. Eine etwas missverständliche Antwort – und die alte Leier geht wieder los, und er findet wieder etwas, worüber er sich aufregen kann.

Die „Nichtskönner" fragen dann: „Warum sind wir Nichtskönner?" „Weil Ihr nicht fähig seid, eine richtige Kalkulation zu machen. Eine richtige Kalkulation hat vier Spalten: In der ersten Spalte steht, was der Film kosten soll. In der zweiten Spalte steht das eingeplant Unvorhersehbare, in der dritten das Unvorhersehbare, das man hätte vorhersehen müssen, und in der vierten Spalte steht das wirklich Unvorhersehbare!"

Bei dieser Produktion hatte ich Probleme mit dem Assistenten, einem Freund von Jean-Luc. Also ließ ich einen anderen Assistenten kommen, der gerade als Bester seines Jahrgangs die Kameraschule von Vaugirard (heute „Ecole Louis Lumière") absolviert hatte. Er war erst zwei oder drei Tage da, und ich kannte ihn nicht. Als er an der Reihe war und nach seiner Meinung gefragt wurde, sagte er: „ Monsieur Godard, darf ich Ihnen ein Frage stellen?" Jean-Luc, der erwartete, dass man sich verteidigt, antwortete etwas irritiert: „Nur zu!" Darauf der Assistent: „Könnten Sie mir vielleicht erklären, warum Sie eine so idiotische Cadrage machen?" Großes Schweigen. Die Sache schien damit erledigt.

Am folgenden Tag rief Jean-Luc erneut alle zusammen. Er wollte aber den Drehort nur mit mir festlegen. Ich fand das gar nicht lustig, denn ich musste die ganzen Kisten und das gesamte Material allein schleppen. Kurzum, wir fuhren mit dem Auto los, um jene Einstellung mit dem Haus und dem blauen Auto direkt am Meer zu drehen. An einer Stelle hielt er an. Ich stieg aus und fragte ihn, warum er gerade hier drehen wolle, denn ursprünglich sollte man doch auf das Meer sehen, und wir standen aber direkt vor einem Haus. Er antwortete: „Ach so, das ist nicht gut? Glaubst Du, wir sollten die Stelle wechseln? Zeig es mir doch!" Da wurde ich doch etwas unruhig. Ich ging ein bisschen weiter und schlage ihm vor: „Man könnte die Kamera hierhin stellen!" Jean-Luc: „Ja, gut! Wo ganz genau willst Du sie hinstellen?" Da habe ich verstanden. Ich habe ihm geantwortet: „Jean-Luc, allmählich gehst Du mir auf die Nerven!" „Keinesfalls. Gestern habt Ihr doch gemeint, ich würde eine idiotische Cadrage machen. Also dachte ich, Ihr könnt die Cadrage selber machen!" – So hatte er die große Krise, die er haben wollte.

Danach haben wir ganz normal weiterarbeiten können.

Ich schätze Jean-Luc sehr, und wir haben uns desöfteren unterhalten. Eines Tages sagte er mir: „Ich möchte immer Türen aufstoßen, aber es gibt immer je-

Jean-Luc, c'est une situation très sérieuse. Il est nécessaire de répondre, sinon il est vexé: «Bon, tout ce que je vous ai dit, alors vous vous en foutez!» Par contre, il faut faire attention à ce qu'on va répondre, pour que ce ne soit pas le départ d'une autre conversation. Une réponse un peu complexe et il re-saute dans sa roue et part sur autre chose.

Les «nuls» demandent: «Pourquoi sommes-nous des nuls?» «Parce que vous n'êtes pas foutus de faire un devis. Sur le devis, il y a quatre colonnes. La première colonne, c'est le devis: ce que doit coûter le film. La deuxième, c'est les imprévus prévus, la troisième les imprévus qu'on aurait dû prévoir, la quatrième c'est les imprévus.»

J'avais des problèmes avec un assistant, un ami de Jean-Luc. Alors, j'avais fait venir un autre assistant, sorti premier de l'Ecole des Opérateurs de Vaugirard (maintenant «Ecole Louis Lumière»). Il était là depuis deux ou trois jours, je ne le connaissais pas. Quand son tour arrive, il demande: «M. Godard, est-ce que je peux vous poser une question?» Jean-Luc, un peu désarçonné car il attendait qu'on se défende, lui répond: «Mais oui!» Alors l'assistant: «Pouvez-vous m'expliquer la raison de ce cadrage de merde que vous faites?» – Silence. Et tout semblait terminé.

Le lendemain, Jean-Luc a convoqué à nouveau tout le monde. Mais il voulait mettre le décor en place seulement avec moi. Cela ne m'amusait pas – parce qu'il fallait que je porte toutes les caisses, tout le matériel. Bref, on part en voiture pour faire un plan près de la maison, ce plan où la voiture bleue est arrêtée près de la mer. A un endroit, il arrête la voiture, je descends et je lui demande pourquoi là, il avait dit qu'il voulait qu'on voie la mer, mais là, il s'était arrêté devant une maison. Il répond: «Ah! bon, ce n'est pas bon, tu crois que tu pourrais changer de place? Montre-moi donc!» Là, j'ai commencé à m'inquiéter... Je vais un peu plus loin et lui propose: «On pourrait la mettre là.» Jean-Luc: «Ah! bon, où veux-tu la mettre *exactement*?» Alors, j'ai compris. Je lui ai répondu: «Ecoute, Jean-Luc, tu commences à m'emmerder!» «Mais pas du tout! Hier, vous avez bien dit que je faisais des cadrages de merde– alors– je voulais que vous fassiez vos cadrages vous-mêmes!» – Il l'avait, sa grande crise.

Après, on a pu travailler normalement.

J'aime beaucoup Jean-Luc et parfois nous avions quelques apartés. Un jour, il m'a dit: «Je voudrais pousser les portes, mais il y a toujours quelqu'un qui me tire par la manche.» On le verrait très bien à la place de Constantine dans ALPHAVILLE (1965), dans ce couloir où il ouvre toutes les portes. Ce plan servait dans le générique d'une émission «Cinéma-Cinéma».

mand, der mich am Ärmel festhält." So könnte man ihn sehen anstelle von Eddie Constantine in ALPHAVILLE (1965), der in einem Flur alle Türen öffnet. Diese Einstellung diente als Vorspann für die Sendung „Cinéma-Cinéma".

Frage aus dem Publikum: *Die Filme der Nouvelle Vague sind ja auch interessant im Hinblick auf die Dogma-Bewegung. Wenn man diese Filme heute sieht, hat man den Eindruck, dass es damals schon so etwas wie ein Dogma gegeben hat, allerdings eher aus wirtschaftlichen Gründen. Wie hat nun die technische Ausrüstung bei* PRÉNOM CARMEN *im einzelnen ausgesehen?*

Ich glaube nicht, dass es ein Dogma gab. In den Anfängen der Nouvelle Vague hat jeder der Regisseure eine kleine Werbeszene für die *Cahiers du Cinéma* in seinen Film eingebaut. Aber später haben sie sich damit begnügt, die Mafiosi der *Cahiers* zu sein. Wenn man sich heute die Filme von Chabrol, Rivette, Rohmer, Truffaut, Godard anschaut, stellt man fest, dass sie nichts gemeinsam haben. Natürlich gab es am Anfang wenig Geld, aber dieser Mangel wurde ausgeglichen durch das Drehen in freier Natur. Die Studios waren damals wegen der obligatorischen und exzessiven Gebühren sehr teuer. Als die Direktoren der Studios und die Gewerkschaften dies bemerkten, haben sie das System geändert, aber es war zu spät.

Die Technik für die Dreharbeiten von PRÉNOM CARMEN war ganz einfach: ein Stativ, eine Kiste mit der Kamerabühne und eine Kiste für die Kameras. Bei den Außenaufnahmen brauchten wir nicht viel Licht. Für die umfangreichen Dekorationen benötigten wir dagegen sehr viel Material.

Was das Technische angeht, haben wir beim Banküberfall für die Innenaufnahmen mit dem Normallicht der Bank und einigen zusätzlichen Lampen im Treppenhaus und mit einer Fuji 500 gearbeitet. In dieser Szene sieht man, wie der Bankräuber dem Polizisten entkommt. Dieser versucht, wieder an seine Waffe zu kommen, Maruschka stürzt sich darauf und legt die Hand auf die Waffe. Beim Gegenschuss und der Großaufnahme beginnt die Aktion etwas früher. Wir sehen, wie der Polizist zu Boden stürzt, der Dieb sich aufrichtet und Maruschka sich auf die Waffe stürzt. Das vollzieht sich genau so wie in alten Filmen, in denen die gleiche Aktion zwei Mal gezeigt wird. Jean-Luc hat dieses Prinzip in LES CARABINIERS schon einmal benutzt. Man kann dort sehen, wie ein junges Mädchen mitten unter den Partisanen seine Mütze absetzt, so dass die Haare herunterfallen. Ein anderer Blickwinkel: Erneut setzt sie die Mütze ab und wieder fallen die Haare herab.

Question du public: *Les films de la Nouvelle Vague sont aussi intéressants quand on considère le mouvement du Dogma 95. Quand on voit aujourd'hui les films de la Nouvelle Vague, on a l'impression qu'il y avait à cette époque déjà comme un dogme, mais à dire vrai plutôt pour des raisons économiques. Pour* PRÉNOM CARMEN, *pouvez-vous nous dire en quoi consistait le matériel technique?*

Je ne pense pas qu'il y avait un dogme. Au début, dans chaque film, chacun des metteurs en scène a mis une petite «pub» pour *Les Cahiers du Cinéma*. Mais après ils se sont contentés d'être des maffiosi des *Cahiers*. Si on regarde les films de Chabrol, Rivette, Rohmer, Truffaut, Godard, on s'aperçoit qu'il n'y a rien de commun entre eux. Au début, bien sûr, il n'y avait pas beaucoup d'argent, mais cela était compensé par les économies faites avec le tournage en décor naturel. Les studios étaient très chers, à cause des prestations obligatoires et excessives. Lorsque les directeurs des studios et les syndicats s'en sont rendus compte, ils ont modifié le système, mais il était trop tard.

Le matériel pour le tournage de PRÉNOM CARMEN était très simple: Un pied, la caisse de la plate-forme, les caisses de caméras. A l'extérieur, pas besoin de beaucoup de lumière. Mais pour les gros décors il fallait par contre beaucoup de matériel électrique.

Pour la technique, au moment du hold-up dans la banque, l'intérieur de la banque a été tourné avec la lumière de la banque et quelques appoints dans l'escalier, avec un Fuji 500. Dans cette scène, on voit le gendarme laisser échapper le voleur, essayer d'attraper l'arme, Maruschka saute dessus et met la main sur l'arme. Quand on voit le contre-champ pour voir les têtes, l'action est reprise plus en avant: on voit le gendarme qui tombe par terre, le voleur est installé et Maruschka qui revient se mettre dessus. Tout se passe comme dans les anciens films où on voyait deux fois la même action. Jean-Luc avait déjà utilisé ce système dans LES CARABINIERS (1963). Parmi les partisans, on pouvait voir une fille enlever sa casquette, les cheveux descendaient alors. Un autre angle: elle enlève sa casquette à nouveau et les cheveux descendent.

Frage aus dem Publikum: *Welche Unterschiede und welche Gemeinsamkeiten in der Arbeitsweise und in der Ästhetik sehen Sie zwischen den Dogma-Filmen und der Nouvelle Vague?*

Man kann das nicht miteinander vergleichen. Es handelt sich um verschiedene Dinge. Einen Film von Godard kann man nicht vergleichen mit einem Film von Rivette, von Truffaut oder von anderen, die vergeblich versucht haben, einen Nouvelle Vague-Film zu machen. Ein Film– das ist vor allem eine Geschichte zum Sehen und zum Hören. Für mich wird ein Film für das Publikum gemacht, für ein möglichst großes Publikum, das etwas sehen möchte, das vor allem auf der Ebene der Gefühle funktioniert. Aber wahr ist ebenso, dass manchmal (oft) das Publikum enttäuschend ist.

Rüdiger Laske: *Ich möchte noch einmal auf die „Chemie“ zwischen Kameramann und Regie zurückkommen. Sie haben anschaulich die schwierige Zusammenarbeit mit Godard geschildert. Mit Truffaut, mit dem Sie wunderbare Filme gemacht haben, war das offenkundig anders. Und dennoch kam es da zum Bruch. Warum?*

Während der Dreharbeiten zu LA MARIÉE ÉTAIT EN NOIR hatte ich beschlossen, mit dem Rauchen aufzuhören. Ich war also unausstehlich. Das hatte zur Folge, dass wir, François und ich, von nun an getrennte Wege gingen.

Ich habe aber wieder angefangen, zu rauchen. Denn jeder hat andauernd zu mir gesagt: „Hör auf, uns zu nerven! Fang doch wieder mit dem Rauchen an!“ Auf jeden Fall kann ich mit George Bernard Shaw sagen: „Mit dem Rauchen aufhören? Das ist sehr einfach. Ich habe es mehrmals gemacht!“

Frage aus dem Publikum: *Wie funktionierte die Cadrierung in der Zusammenarbeit mit Godard? Hat er alles aus dem Moment heraus entschieden oder hat er auch Story Boards verwendet?*

Jean-Luc arbeitete nicht mit einem Story Board, er hatte überhaupt keine Story, außer in seinem Kopf. Mit einer einzigen Ausnahme: Bei LE MÉPRIS gab es wirklich ein Drehbuch. Das war eine französisch-italienische Coproduktion, aber das Geld kam aus Amerika. Die Amerikaner hätten nicht verstanden, wenn es kein Drehbuch gegeben hätte. In diesem Falle gab es also einen Drehplan, im dem festgehalten war, was jeden Tag erledigt werden musste, damit die Amerikaner zufrieden waren und das Geld schickten. Aber Jean-Luc hatte eine furchtbare Laune!

Question du public: *Quelles différences et quels points communs voyez-vous dans la façon de travailler et dans l'esthétique entre les films de la Nouvelle Vague et ceux du* Dogma 95?

On ne peut pas comparer. Il s'agit de choses différentes, un film de Rivette, de Truffaut et d'autres, qui se sont cassés la gueule en voulant faire de la Nouvelle Vague, et un film de Godard. Un film, c'est une histoire qu'on voit et qu'on écoute. Je pense qu'un film est fait pour le public, pour le plus grand public possible, et celui-ci veut voir quelque chose qui fonctionne, principalement sur le plan de l'émotion. Mais c'est vrai, parfois (souvent) le public est décevant.

Rüdiger Laske: *Je voudrais revenir sur la «chimie» entre le caméraman et le metteur en scène. Vous venez de nous décrire combien le travail avec Godard a été difficile. Il en a été tout autre avec Truffaut avec qui vous avez fait des films merveilleux. Et pourtant, il y a eu rupture entre vous. Pourquoi?*

J'avais décidé d'arrêter de fumer lors du tournage de LA MARIÉE ÉTAIT EN NOIR. Alors, j'étais odieux... La conséquence: on a séparé nos destins!

Mais j'ai recommencé à fumer. Tout le monde n'arrêtait pas de me dire: «Arrête de nous emmerder! Fume!» En tout cas, je peux dire comme George Bernard Shaw: «S'arrêter de fumer? C'est très facile, je l'ai fait plusieurs fois!»

Question du public: *Comment faisait-on le cadrage quand on travaillait avec Godard? A-t-il toujours pris toutes décisions spontanément ou bien a-t-il aussi utilisé un story board?*

Jean-Luc n'avait pas de story board, il n'avait pas de story du tout! Sauf dans sa tête.Une exception: un film avec un vrai scénario: LE MÉPRIS. C'est une production franco-italienne, mais l'argent était américain. Les Américains n'auraient pas compris s'il n'y avait pas eu de scénario.On avait donc un plan de travail, des numéros qu'on descendait chaque jour, pour que les Américains soient contents et envoient l'argent. Mais Jean-Luc était d'une humeur épouventable!

Im Falle von PASSION und PRÉNOM CARMEN gab es ein Drehbuch, aber ein Drehbuch à la Godard. Alle Szenen waren schnell hingeschrieben und durchnumeriert, und es gab einige Fotos vom Dekor oder von den Schauspielern. Außerdem gab es ein Video, in dem Godard erklärte, was er machen wollte. Zum Beispiel: „Szene 2 – er betritt das Zimmer, Beethovens Streichquartett oder Chopin-Musik setzt ein.“ Oder: „Die Schauspieler sind bereits an ihrem Ort.“ Kurzum, ein Drehbuch à la Godard. Außerdem hatte er die Angewohnheit, während der Besprechungen Fragen zu stellen wie: „Du da, erzähl mir mal, was in Szene 14 passieren wird!“ Woher sollte man das wissen?

Rolf Coulanges: *Nun spürt man aber, dass diese Arbeitsweise von Godard ja auch eine besondere Gleichzeitigkeit verschiedener Ebenen ermöglicht, eine Gleichzeitigkeit der Fotografie, des Tons und der Arbeit mit den Schauspielern. Hier war alles offen und nichts festgeschrieben.* In PRÉNOM CARMEN *ist dann auch zu sehen, dass diese Möglichkeiten genutzt wurden, um eine besondere Lebendigkeit zu schaffen, die weit über das Erzählen einer Geschichte hinausführt. Ergeben sich daraus nicht auch neue Möglichkeiten für die Kameraarbeit?*

Die Arbeit mit Jean-Luc ist einzigartig. Godard kann man nicht zum Modell erklären. Er allein ist dazu fähig, so zu drehen, in einer solchen scheinbaren Unordnung, in einer solchen Konfusion. Niemand anders ist in der Lage, die Situation zu überblicken.

Zehn Jahre lang hat Godard keine Filme gedreht. Vor dieser Pause war die Fotografie von einem Film zum anderen nicht sehr unterschiedlich, mit Ausnahme einiger technischer Versuche in LE PETIT SOLDAT, LES CARABINIERS und WEEK-END. Nach dieser Pause von 10 Jahren haben wir PASSION und PRÉNOM CARMEN gedreht. Da habe ich nicht viel mit ihm diskutiert, denn ich hatte die Art und Weise, wie er mit mir umging, nicht besonders geschätzt. Also beschloss ich, alles zu machen, wie ich es machen wollte. Wir haben zwar bei der Ansicht der Muster miteinander gesprochen, aber Godard hat keine präzisen Anweisungen gegeben. Ich habe vielmehr das gemacht, was ich Lust hatte, zu machen und dachte, dass es ihm schon gefallen würde. Offenbar hat es ihm gefallen, denn er hat nichts gesagt. Wir hatten Probleme mit dem Kopierwerk, was diese schon angesprochene sensitometrische Kurve angeht. Schließlich haben wir den Film in Paris entwickeln lassen, was die Zeit verlängerte, bis wir die Resultate zu sehen bekamen.

Jean Luc spielte manchmal auch den Ahnungslosen, der noch nie in seinem Leben einen Film gedreht hat. Er fragte dann nach allem und jedem, obwohl er alle Probleme kannte und jede Antwort wusste. Und dann hatte er noch seine

Pour PASSION et PRÉNOM CARMEN: Il y avait un scénario, mais un scénario selon Jean-Luc. Toutes les scènes étaient rapidement décrites, il y avait quelques photos, soit du décor, soit des comédiens. Il y avait aussi une cassette vidéo où il expliquait ce qu'il voulait faire. Par exemple: «Scène 2: il va entrer et le quatuor à cordes va jouer Beethoven ou Chopin... ou peut-être seront –ils déja en place.» Bref, typique pour Jean-Luc. Il aimait aussi faire des interrogations dans ses réunions. «Bon, toi, raconte-moi ce qui va se passer dans la scène 14!» Allez savoir!

Rolf Coulanges: *Mais on sent aussi que cette façon de travailler de Godard permet une certaine simultanéité à plusieurs niveaux, une simultanéité de la photographie, du son, du jeu des comédiens. Tout était possible et rien n'était écrit. On peut très bien le voir dans* PRÉNOM CARMEN *où on a utlisé ces possibilités, ce qui crée un film d'une vitalité qui dépasse la simple narration. Ces possibilités ne peuvent-elles pas être aussi de nouvelles ressources pour la caméra?*

Le travail avec Jean-Luc est unique. On ne peut pas prendre Godard comme modèle. Il est le seul capable de faire ce genre de tournage, dans ce désordre apparent, cette confusion. On ne peut à aucun moment faire le point de la situation.

Il a arrêté de travailler pendant 10 ans. Avant son arrêt, le travail de la photo n'était guère différent d'un film à l'autre, à part certains essais techniques comme dans LE PETIT SOLDAT, LES CARABINIERS et WEEK-END. Après l'arrêt de 10 ans, on a tourné PASSION et PRÉNOM CARMEN. Je n'ai pas beaucoup discuté avec lui car je n'avais pas apprécié la façon dont il m'avait reçu. Je me suis dit, je vais faire comme j'ai envie de faire. On en a parlé aux rushes, mais il ne m'a pas donné d'indications précises. J'ai plutôt fait ce que j'avais envie de faire en me disant que ça allait lui convenir. Et cela lui a convenu puisqu'il n'a rien dit. Nous avons eu des difficultés avec le laboratoire à propos de ces fameuses courbes sensitométriques. Finalement, nous avons développé à Paris, ce qui a allongé le temps pour voir le travail.

Jean-Luc faisait aussi parfois l'imbécile et jouait celui qui n'a encore jamais tourné de film. Il posait des questions sur tout, alors qu'il connaissait tous les problèmes et savait toutes les réponses. Et puis il avait des manies. Dans PASSION par exemple, on a refait un plan cinq fois, un plan sans aucun intérêt. Un mec entre dans un couloir, prend une femme par derrière et lui dit: «Dis ta phra-

Manien. In PASSION ließ er zum Beispiel eine völlig bedeutungslose Einstellung fünf Mal drehen. Ein Mann betritt einen Flur, packt eine Frau von hinten und sagt zu ihr: „Sag Deinen Satz!“ In diesem Flur gab es ein rundes Fenster, das durch eine Lampe beleuchtet wurde. Jean-Luc hatte zunächst beschlossen, eine 60 Watt-Lampe einzusetzen. Als er das Ergebnis sah, war er unzufrieden und wollte eine Lampe mit 100 Watt haben. Als das auch nicht zu seiner Zufriedenheit ausfiel, hat er mit einer 40 Watt-Lampe und schließlich mit 25 Watt gedreht. Ich weiß immer noch nicht, welche Lampe mit wie viel Watt er in dem Film verwendet hat.

Für das Licht in PASSION hatte sich Jean-Luc entschlossen, mit zwei Kameraleuten zu arbeiten, mit einem Schweizer Kameramann für die Außenaufnahmen und mit mir für die Studioaufnahmen. Ein großer Teil des Films, vor allem die Gemälde, musste im Studio gedreht werden. Ich fand die Idee gut. Danach hat uns Jean-Luc Einstellungen gezeigt, die er in Hollywood, in den Studios von Coppola gedreht hatte. Zusätzlich hat er uns Versuche vorgeführt, Videoaufnahmen auf 35mm-Filmmaterial zu übertragen, die in London und in Los Angeles entstanden waren. Die amerikanischen Kopien waren sehr interessant, aber auch sehr teuer. Jean-Luc war damals von Video sehr begeistert. Offenkundig wollte er nicht, dass ein anderer vor ihm das System benutzte. Ich traf mich mit meinem Schweizer Pendant, der sehr beunruhigt war, weil er mit diesem „Menschenfresser“ drehen musste. Ich weiß nicht, was zwischen den beiden passiert ist. Am Ende haben wir nicht gedreht, es gab einen „clash“. Ich bin nach Paris zurück, und nach einigen Tagen erfuhr ich durch die Produktionsfirma, dass Jean-Luc mit Panavision drehen wollte. Aber in diesem gewiss ausgezeichneten System muss man mit vielen Kästen für die vielen unterschiedlichen Objektive zurechtkommen. Ich sah schon die Assistenten herumrennen und nach den falschen Kästen und Objektiven greifen. Und ich sah die Wutausbrüche auf uns herniederprasseln! Ich habe daher Jean-Luc vorgeschlagen, mit der Mitchell zu drehen, mit der er alle seine Filme gemacht hatte. Keiner wusste, dass der Schweizer Kameramann nicht drehte, da er weiter bezahlt wurde.

Eines Tages sind der Produzent und der Verleiher nach Genf gekommen, um die Muster anzusehen. Statt des erwarteten Filmmaterials haben sie nur Videoaufnahmen zu Gesicht bekommen, die ein persönlicher Assistent von Jean-Luc gedreht hatte. Großes Donnerwetter!

Danach haben wir den Film noch einmal mit der Mitchell gedreht.

Gesprächsprotokoll und Übersetzung: Monique Prümm

se!» Dans le couloir, il y avait un hublot éclairé par une lampe. Jean-Luc avait d'abord décidé que la lampe serait une lampe de 60 Watt. Quand il a vu le résultat, il n'a pas été satisfait et a voulu une lampe de 100 Watt. Comme ça n'allait toujours pas, on a tourné avec 40 Watt, puis 25 Watt. Et je ne sais toujours pas laquelle des lampes a été montée pour le film.

Pour l'éclairage de PASSION Jean-Luc avait décidé de prendre deux opérateurs, un opérateur suisse qui ferait les extérieurs et moi-même pour les studios. Il y avait une grande partie à faire en studio, toutes les peintures. Je lui ai dit que je trouvais l'idée très bonne. Ensuite, Jean-Luc nous a montré des plans qu'il avait tournés à Hollywood dans le studio où tournait Coppola. Puis, il nous a projeté des essais de transferts vidéo sur film 35, faits à Londres et à Los Angeles. Très intéressant, les tirages américains étant assez remarquables, mais très chers. Jean-Luc était très branché sur la vidéo. Visiblement, il ne voulait pas qu'un autre utilise le système avant lui.

J'ai rencontré mon homologue suisse qui était très inquiet de tourner avec «l'Ogre». Je ne sais pas ce qui s'est passé entre eux. Finalement, nous n'avons pas tourné, il y a eu un clash. Je suis rentré à Paris et après quelques jours la production m'a dit que Jean-Luc voulait tourner en Panavision. Mais dans ce système excellent, il y a beaucoup de caisses pour les différents objectifs. Je voyais déjà les assistants courir et se tromper de caisses et d'objectifs. Et les foudres de colère s'abattre sur nous! J'ai donc proposé à Jean-Luc d'utiliser le Mitchell avec lequel il avait fait tous ses films. Mais personne ne savait que l'opérateur suisse ne tournait plus puisqu'on continuait à lui payer son salaire.

Un jour, le producteur et le distributeur sont arrivés à Genève pour voir les rushes. Ils n'ont découvert que la vidéo tournée par un assistant personnel de Jean-Luc et non le film attendu. Coup de tonnerre! On a recommencé le film avec le Mitchell.

Transcription: Monique Prümm

Raoul Coutard, Jacques Dupont und Pierre Schoendoerffer bei den Dreharbeiten zu LA PASSE DU DIABLE *(Afghanistan 1957)*

Karl Prümm

Mobiles Sehen – fluides Denken:

Raoul Coutards bewegte Kamera

Der Vorspann von LE MÉPRIS (1963) liefert eine bündige Definition des Kinos – nicht allein durch das Zitat von André Bazin, das Jean-Luc Godard zum Motto des Films erhebt, das er sich aneignet und wortwörtlich nachspricht, es somit der eigenen Rede einverleibt: „Das Kino schafft für unsere Augen eine Welt nach unseren Wünschen. *Le mépris* ist die Geschichte dieser Welt“[1]. Vor unseren Augen und für unsere Ohren wird aber auch unmittelbar gezeigt, was Kino bedeutet. Das Medium macht sich in diesem phantastischen Anfang selbst transparent, indem es seine Grundelemente offenbart. Das Kino zeigt sich und es agiert in seiner ureigenen, von ihm selbst hervorgebrachten Sphäre: Das sonnenüberflutete Außen der *Cinecitta* wird sichtbar, die Totale eines tiefenscharfen Raumes, ein Off-Erzähler und ein suggestiver, orchestraler Klang von Streichern erscheinen und ertönen zusammen. Film, so wird ganz beiläufig erklärt, ist eine Kombinatorik, ein Zusammenspiel, eine Montage von Bild, Stimme und Musik. Film – das ist vor allem Bewegung, und es ist die Kamera, die Bewegung aufzeichnet und für uns verfügbar macht. Als „Kopie des Lebens durch die Kamera“, so Godard, habe das Kino begonnen. Sein Filmbeginn kehrt nun ostentativ zu diesem Anfang zurück. Wir werden Zeuge, wie die Kamera einen ganz alltäglichen, unscheinbaren Vorgang protokolliert, wie sie eine schreitende und lesende junge Frau verfolgt, die dem selbstreferentiellen Spiel noch einmal eine neue Wendung gibt und in jenen Roman von Alberto Moravia vertieft zu sein scheint, nach dem der Film, wie die Stimme gleichzeitig verkündet, gedreht wurde. Aber kein intentionsloser Ausdruck des Lebens wird hier festgehalten. Eine zweite, eine *Metakamera*, zeigt die Arbeit der ersten Kamera und enthüllt damit, dass mit aufwendiger Technik ein kinematographischer Effekt hergestellt wird. Die Bewegungslinie der schreitenden jungen Frau ist durch den Schienenstrang vorgezeichnet, der eigens für die Parallelfahrt gelegt wurde. Ein ganzer Stab von Technikern, der die Frau umgibt,

1 Im Original heißt es, von Godard selbst gesprochen: „Le cinéma, disait André Bazin, substitue à notre regard un monde qui s'accorde à nos désirs. *Le mépris* c'est l'histoire de ce monde.“

macht außerdem deutlich, dass eine vorgedachte und abgesprochene Bewegung allein für einen begrenzten Bildraum in Szene gesetzt wird. Durch diese verdoppelte Registratur können wir die Arbeit der Kamera beobachten. Wir sehen aber auch, was im Kino selten genug geschieht, den Kameramann bei seiner Arbeit, wir sehen Raoul Coutard. In PASSION (1982) durchbricht Godard die vierte Wand, erweitert den Film zum Werkraum, indem er sein alter ego den Regisseur Jerzy „Monsieur Coutard" befragen und in einen Dialog verwickeln läßt. In LE MÉPRIS setzt Godard seinen Kameramann Coutard in einem ausgeklügelten Bewegungsbild wie einen Schauspieler ein. Raoul Coutard ist der entscheidende Akteur dieser Einstellung. Er ist es, der die Bewegung der Kamera und des Modells initiiert, der den Bildraum betritt und auf seinem Kamerawagen Platz nimmt. Immer näher und suggestiver gleitet die Maschinerie aus der Tiefe des Raumes in den Bildvordergrund. Raoul Coutard zeigt uns während dieser Fahrt jene Gesten, die für seinen Beruf konstitutiv sind. Doch sind diese Gesten nicht eingebunden in den selbstverständlichen Fluß des technischen Handelns, vielmehr sind sie partikularisiert und herausgehoben, erhalten erst dadurch ihre besondere Expressivität. Raoul Coutard kadriert und kontrolliert das Bild mit vergleichenden Blicken, er stellt eine Verbindung her zwischen seinem Körper und der Kamera, zwischen Auge und Sucher. Er prüft das Licht, misst die Sonneneinstrahlung mit einem Grauglas und versetzt schließlich die auf Schienen herangleitende Kamera selbst in eine rasante Bewegung. Ganz ohne jeden Zweifel ist dies der Höhepunkt jener Metarede über das Kino: Die bewegte Kamera dreht sich unversehens um die eigene Achse, Fahrt und Schwenk verschmelzen zu einer einzigen mitreißenden Bewegungsfigur, unvermittelt und bedrohlich nimmt die erste Kamera die Metakamera und damit den Zuschauer, synchron zum anschwellenden Schlußakkord der Musik, ins Visier. Wir, die Beobachter des technischen Schauspiels, sind plötzlich die Beobachteten. In jeder Nuance wird diese rauschende Bewegung hervorgebracht durch den Virtuosen des Instruments, durch den Kameramann Raoul Coutard, der wie ein Pianist mit dem Spiel seiner Hände die Schwungräder der Kamera antippt, ausbremst und abfängt. Diese außerordentliche Einstellung versetzt uns, die Zuschauer, in die einzigartige Lage, von außen auf das Bewegungsbild des Kinos zu blicken, das uns ansonsten mit seiner Bewegungssuggestion gänzlich umfängt. Nun sehen wir, dass durch die doppelt bewegte Kamera das uns bewegende und verzaubernde Bewegungsbild erst entsteht, dass diese Maschine jedoch eng verbunden ist mit dem Körper des Kameramanns, der diese Bewegung vollkommen beherrscht, sie moduliert und rhythmisiert.

Zwei entscheidende Sachverhalte werden durch diese fundamentale Rede über das Kino klar gemacht: Immer sind es zwei Personen, zwei Prinzipien, zwei Funktionen, die das kinematographische Bild hervorbringen – der Regisseur, der hier durch seine Stimme präsent ist *und* der Kameramann, der in dieser Einstellung zum Hauptakteur wird. *Zwei* Modi des Sehens, *zwei* Imaginationen, *zwei* Bildphantasien und *zwei* Vorstellungen der Technik, ihrer Grenzen und Möglichkeiten müssen zusammenkommen, um am Ende zu *einer* Bildlichkeit, zu *einem* Diskurs der Bilder zu gelangen. Aus der Eingangssequenz von LE MÉPRIS, die den konventionellen Vorspann ersetzt und die Schrifttafeln in Rede verwandelt, spricht ein Kamerabewusstsein, ein Bewusstsein von der Kamera, das der Filmkritiker Godard in seinen Texten, die immer auch schon von den eigenen Filmen träumen, noch konsequent verleugnet hatte. Spektakuläre Bewegungen der Kamera, die Godard von jeher angezogen haben, sind dort stets als Ausdrucksbewegungen gefasst, als Gesten, die allein dem Auteur und Regisseur zugeschrieben werden. Über MOI, UN NOIR von Jean Rouch schreibt Godard voller Anerkennung: „Es gibt in MOI, UN NOIR ein paar Kranfahrten, die Anthony Mann zur Ehre gereichen würden. Das Schöne an ihnen ist aber, dass sie mit der Hand gemacht sind.“[2] Demgegenüber schauen wir zu Beginn von LE MÉPRIS zu, wie ein Bewegungsbild entsteht. Etwas Eigenes tritt hervor, die Eleganz der technischen Geste und die Perfektion, mit der ein Kameramann wie Raoul Coutard sein Instrument beherrscht. Diese besondere Theatralität macht die Bewegungsprinzipien und das technische Handeln kenntlich, die ansonsten in den Bildern verschwinden. Regie und Kamera definieren sich demnach keineswegs in einem Verhältnis von Vorgabe und Vollzug. Der Kameramann bringt auch in die Bewegungsgeste seine eigenen Fertigkeiten und Erfahrungen, seine eigenen Vorstellungen ein. Er signiert die Bilder im gleichen Maße wie der Regisseur, der sie ausgedacht und entworfen hat. Die beiden Schriftzüge verschmelzen zu einem Vorgang, zum kinematographischen Bewegungsbild. Der Anfang von LE MÉPRIS hat, so gesehen, etwas Thesenhaftes: Die Nouvelle Vague ist nicht ausschließlich das Kino der Autoren, sondern eine Koproduktion von Regie und Kamera. Die Nouvelle Vague – das ist Jean-Luc Godard und Raoul Coutard, Raoul Coutard und François Truffaut.

Noch etwas zweites, nicht weniger Entscheidendes, macht dieser Anfang von LE MÉPRIS unmissverständlich klar: Godard spricht selbstreflexiv über das Kino *mit* den Suggestionsmitteln des Kinos. Er dekonstruiert die klassische

2 Godard Kritiker. Ausgewählte Kritiken und Aufsätze zum Film (1950-1970). München 1971. S. 127.

Form, zerlegt das Kino in seine Grundbestandteile und bewahrt doch die berauschende und betörende Wirkung der Kinobilder. Die Metarede muss ihrem Objekt gewachsen sein, sie darf nicht hinter das Niveau des Erzählkinos zurückfallen, das unterscheidet Godard vom Underground- oder vom Experimentalfilm. Bei allem Abrücken von der Konvention des filmischen Erzählens wird doch das ganze Suggestionspotential des Kinos aufgeboten, der Oberflächenglanz der Bilder, die Modulation der Farben und des Lichts, die Klangsinnlichkeit der Musik. Daraus ergibt sich eine doppelte, höchst anspruchsvolle Anforderung an die Filmfotografie und an den Kameramann. Er muß die traditionellen Techniken beherrschen und verfügbar machen und er muß sie zugleich mit einem Gestus des Durchschauens, der Distanz gebrauchen und vermitteln.

Erst die „Arbeit der Kamera", so Godard in einer Erläuterung zu seinem Film PASSION, mache das „Wahrscheinliche" möglich. Das Drehbuch schaffe nur „Wahrscheinlichkeiten", die durch die Kamera „Sichtbarkeit" und „Materialität" gewännen.[3] Allein der Kamera bleibt es vorbehalten, das Nicht-Sichtbare sichtbar zu machen, und sie tut dies in den Filmen Godards mit aller Konsequenz und Radikalität, mit aller Avanciertheit und Perfektion der Anschauungsform, der Fotografie. Wer sich als Kameramann auf die Arbeit mit diesem Regisseur einlässt, der darf das Risiko nicht scheuen, der muss bereit sein, die Grenzen der konventionellen Bildlichkeit beständig zu überschreiten.[4] „Die Technik der ersten Filme Godards war bestimmt von dem Vorsatz, das Kino ins Wanken zu bringen, und auch ich fand es interessant, für den Bereich der Kamera dabei mitzumachen," erklärt Raoul Coutard 1982 im Gespräch mit Jürgen Heiter und Hans-Heinz Schwarz.[5] Bei aller Bescheidenheit ist sich Coutard seiner Rolle als Mitakteur der Nouvelle Vague bewusst. Nicht zufällig wird er zum wichtigsten Kameramann der Nouvelle Vague, zum Pionier einer neuen Bildlichkeit, denn er bringt etwas ein in diese Bewegung. Für Godards inzwischen sagenumwobenen Debütfilm À BOUT DE SOUFFLE (1960) war es von entscheidender Bedeutung, dass hier ein so offener, noch nicht festgelegter Kameramann wie Coutard beteiligt war. Regisseur und Kameramann waren damals Suchende, dem Abenteuer und dem Experiment zugeneigt. Längst war noch nicht ausgemacht, dass Coutard ausschließlich als Kameramann von Spielfilmen arbeiten würde. Tastend bewegte er sich zwischen den Berufen des Fotoreporters und des Dokumentaristen. Nach 1945 hatte Coutard vor allem in Indochina gelebt, hatte dort als Soldat gedient und war 1951 als Pressefotograf und Kriegsberichterstatter dorthin zurückgekehrt. Außerdem drehte er

3 Jean-Luc Godard: Scénario du film PASSION. (Video) 1982.
4 Vgl. dazu die Ausführungen von Raoul Coutard in diesem Band (S. 36-38)
5 Aus Gesprächen mit Raoul Coutard. In: Filmkritik 27 (1983) Heft 7. S. 331.

Wochenschauberichte und kam dann als Kameramann dokumentarischer und semidokumentarischer Filme zum Kino. Also selbst ein Bildermacher mit stark ausgeprägten dokumentarischen Interessen war Coutard weit ab von der Studioästhetik und den traditionellen Produktionshierarchien zur Kameraarbeit gekommen. À BOUT DE SOUFFLE war erst sein vierter Spielfilm, nichts hatte sich zur Routine verfestigt, alles war möglich. Seine Bilder für Godard und Truffaut sind gewiss auch wesentlich geprägt durch die Entdeckungslust des Rückkehrers, dem die vertraute Umgebung fremd geworden ist, die folglich neu erobert werden muß. Er entsprach damit genau jener Optik, mit der die Regisseure der Nouvelle Vague den Alltag, die urbane Wirklichkeit, die Oberfläche der Erscheinungen in den Blick nahmen. Dieser visuelle Aktivismus prädestiniert Coutard geradezu zum Protagonisten der neuen Bewegung, der von diesem Bildprogramm ganz durchdrungen ist und es konsequent ausformuliert. Die Filme beweisen es. Hätte es da Reserven, Widerstände oder gar konträre Interessen des Kameramanns gegeben, so hätten diese Vorbehalte gewiß ihre Spuren hinterlassen, wären als Risse in der Form, als Trübung des Blicks und als Abschwächung des Tempos zu erkennen. Die fotografische Form dieser Filme läßt vielmehr auf ein tiefes Einverständnis von Regie und Kamera schließen, was die Grundelemente dieser revolutionären Bildlichkeit angeht. Coutard teilt die Lust an der Entdeckung neuer Bilder, neuer Bildräume und Bildensembles. In dem Film UNE FEMME MARIÉE (1964), den Coutard für Godard fotografiert hat, werden neue Körperbilder gefunden mit einer im Kino bislang noch nicht gesehenen Einfachheit, Transparenz und Expressivität. Ihre besondere Ausstrahlung erhalten diese Bilder durch das neuartige indirekte Licht. Raoul Coutard erwies sich schon in À BOUT DE SOUFFLE als ingeniöser Fotograf der menschlichen Haut. In jenem undramatischen Streulicht, das die mit Aluminiumfolie beklebten Decken zurückwarfen, erhalten die Körper von Jean Seberg und Jean-Paul Belmondo in der langen Verführungsszene im engen Hotelzimmer einen unnachahmlichen Perlmuttglanz, verwandeln sich in Lichtwesen.

Neben der unkonventionellen Cadrage und den neuen Lichttechniken ist die bewegte Kamera das dritte elementare Prinzip der neuen Bildlichkeit, die von der Nouvelle Vague kreiert wurde. Von den ersten Gedanken an, die um 1900 über das Kino formuliert wurden, kreist die Reflexion um Bewegungsdarstellung und Bewegungserfahrung. Bis hin zu Gilles Deleuze' zweibändiger Kinotheorie[6] hat sich daran nichts geändert. Die frühen Kinobilder wurden als „lebende Fotogra-

6 Das Bewegungs-Bild. Kino 1. Frankfurt am Main 1989. Das Zeit-Bild. Kino 2. Frankfurt am Main 1991.

fien" bestaunt. Schon bald wurde die Bewegung der Figuren und der Dinge im Bildraum noch einmal überboten durch den Schnitt und die Montage, durch die nun rhythmisierte Abfolge unbewegter Bewegungsbilder, und vielleicht kam der Kinematograph als Medium der Moderne erst zu sich selbst, als die Kamera um 1925 vom Stativ befreit und „entfesselt" wurde. Dies bedeutete eine neue rauschhafte Erfahrung von Dynamik und Mobilität, eine tiefe Zäsur im kinematographischen Ausdruck, aber vor allem auch im Sehen und Erleben der Kinobilder. Kein Medium hatte solche Blicke bislang zugelassen, die Wahrnehmungsutopie der Romantik erfüllte sich nun in der allbeweglichen, allgegenwärtigen, in der fahrenden und schwebenden Kamera. Der Produzent dieser Bilder kann sich der Welt entheben und sie zugleich poetisieren, sie verwandeln – und er nimmt den Zuschauer mit auf diese berauschende Reise durch Raum und Zeit. Die bewegte Kamera vollendet das Bewegungsbild, sie eröffnet ein neues, ein entdeckendes Sehen, ein gleitendes Verändern, einen fließenden Prozess von Cadrage, Decadrage und Recadrage und damit eine Dynamisierung von Raum und Zeit. Dieser eigentliche Initiationspunkt des modernen Kinos bedeutet einen revolutionären Augenblick in der Geschichte des Films und in der Geschichte der Wahrnehmung. Das Kino verabschiedet sich nun endgültig von zwei Dispositiven, von zwei prägenden und eingrenzenden Modellen. Zum einen ist das Theater nun nicht mehr der primäre Bezugspunkt, der feste und statuarische Blick wird nun aufgelöst, das Konzept, den Bildraum wie eine Bühne zu bespielen, entwertet. Zugleich trennt sich das Kino erst jetzt vom Dispositiv des Fotostudios, vom künstlichen Raum mit Kulissen und der fixierten Distanz zwischen Kamera und Modell. All dies wird nun durch die mobile Kamera förmlich pulverisiert. Eine neue fotografische Beweglichkeit hält Einzug, neuer Raum eröffnet sich, der mit fast unendlicher Variabilität gleitend durchmessen wird.

Diesen revolutionären Augenblick der Filmgeschichte erneuert nun die Nouvelle Vague, die mobile Kamera wird zum sinnfälligsten Ausdruck einer wiederbelebten Bewegungsemphase. „Grenzenlose Beweglichkeit" ist eine Schlüsselkategorie in der filmischen Poetik Godards. Er träumt von einem Kino, das Aktion und Reflexion, physische Bewegung und Bewegung des Denkens zusammenbringt, in dem eines das andere anstößt und so ein beständiges Changieren der Dinge und der Erscheinungen in Gang gesetzt wird, eine nie endende Modulation. In PIERROT LE FOU (1965) lässt Godard Jean-Paul Belmondo eine Passage aus einer Velazques-Monographie von Elie Faure zitieren, die zugleich sein ästhetisches Programm[7] enthält:

7 Vgl. auch den Beitrag von Norbert Grob in diesem Band (S. 54)

> *„Velazques hat in seinem 50. Jahr eine neue Ausdrucksweise gefunden. Alle Dinge, die er malte, malte er mit Luft und Dämmerung. Überraschend die Schatten und die Transparenz der Hintergründe, die farbigen Reflexe, die er zum unsichtbaren Mittelpunkt seiner Konzeption machte. Er erfasste in der Welt nur noch die geheimnisvollen Veränderungen; Veränderungen, die Formen und Töne einander durchdringen lassen in einem unaufhörlichen Fließen, bei dem kein Stoß, kein Ruck stört und die Bewegung unterbricht. Der Raum allein regiert."*

Kann es eine bessere Charakteristik der Filme Godards geben, die einen solchen Raum der fließenden Variabilität eröffnen und die daher eine extreme Beweglichkeit *aller* filmischen Elemente notwendig machen? Von einer fast manischen Beweglichkeit sind die Figuren Godards erfaßt, die nichts so sehr fürchten als die Ruhe, die Statik, den Stillstand und die Verfestigung der Identität. So befinden sie sich beständig auf der Flucht und auf der Suche. Diese ziellosen Bewegungen zu cadrieren, ohne dass die Bilder in konventionellen Mustern, in überkommenen Formen erstarren, ist der Grundauftrag des Regisseurs Godard an seinen Kameramann Raoul Coutard, der so ganz selbstverständlich zum Erfinder von Blickweisen und Kompositionen wird. Diese Arbeitskonstellation kann nur gelingen, wenn der Kameramann vom gleichen Pioniergeist, von der gleichen Entdeckerfreude durchdrungen ist, wenn er visuelle Formen entwickelt, die den sich unaufhörlich wandelnden Gesten, Stilen und Darstellungsweisen angemessen sind. Godard huldigt den Bewegungsmitteln, andauernd will er die Kamera bewegen. In allen seinen Filmen sind Automobile ein entscheidendes Requisit, er schätzt das Hineinschießen in den Raum, das sie ermöglichen, das Sich-Entfernen vom Bekannten ins Unbekannte. „Bewegung" wird in der Nouvelle Vague zum zentralen programmatischen Begriff, bezeichnet den Veränderungsimpuls und die Aufbruchsstimmung, aber auch das energetische Zentrum der Filme, ihre Motorik und Nervosität. In diesem Bewegungsanspruch ist als polarer Gegensatz das alte, verharrende, immobile „cinéma de qualité" mitgedacht, von dem man entschieden abrücken wollte. „Bewegung" ist wiederum verknüpft mit einer ganzen Kette ähnlich euphorischer Begriffe, die die Selbstäußerungen der jungen Regisseure durchziehen: Direktheit, Unmittelbarkeit, Lebendigkeit, Vitalität, Improvisation. Die Filme schlagen ein neues Tempo an, beschleunigen das Erzählen mit *jump-cuts* wie Godard in À BOUT DE SOUFFLE oder mit Bewegungsausbrüchen wie der lange Lauf von Antoine Doinel zum Meer in der Schlusssequenz von LES QUATRE CENT COUPS (1959). Die bewegte Kamera ist das wohl deutlichste Indiz dieses generellen Bewegungsdrangs, dessen manifeste Artikulation an der Oberfläche des filmischen Textes. Theoretische Positionen im Vorfeld der Nouvelle Vague feiern den Film als Medium der Bewegung. Alexandre Astruc hebt bereits 1948, folgenreich und viel zitiert, in seinem Manifest *Naissance d'une nouvelle avant-garde: La caméra-stylo* die Differenz von Drehbuchautor und Regisseur auf. Der *Auteur*, der beide Funktionen in sich vereinige, schreibe mit seiner Kamera „wie der Schriftsteller mit seinem Federhalter". Allein eine so bewegliche Schrift werde dem dynamischen Charakter des filmischen Bildes gerecht, das eine Bewegung des Denkens zur Anschauung bringe:

> *„Jeder Film ist, da er zunächst ein Film in Bewegung ist, das heißt einer, der in der Zeit abläuft, ein Theorem. Er ist der Durchgangsort einer unerbittlichen, ununterbrochen fortwaltenden Logik, oder besser noch, einer Dialektik. Wir haben begriffen, dass dieser Gedanke, diese Bedeutungen, die der Stummfilm durch symbolische Assoziation zu erzeugen versuchte, im Bild selber bestehen, im Ablaufen des Films, in jeder Bewegung der Figuren, in jedem ihrer Worte, in den Kamerabewegungen, die die Objekte miteinander in Verbindung setzen und die Personen mit den Objekten."* [8]

1956 definiert Edgar Morin in seinem Buch *Le cinéma ou l'homme imaginaire* das Kino als ein „fluides Universum". Er spricht ihm eine alles durchdringende Kraft der „Metamorphose" zu, eine „revolutionäre Umbildung" der Dinge, des Raumes und der Zeit.[9] Die Allmacht des Schnitts, der alles mit jedem verbinden kann, die ubiquitäre Kamera und die gedehnte oder geraffte kinematographische Zeit konstituierten eine eigene Welt der beständigen Bewegung. Morin findet phantastische Metaphern, um die Verwandlungskünste des Kinos zu beschwören. Die Leinwand ist für ihn „buchstäblich ein Zauberkünstlertaschentuch, ein Schmelztiegel, in dem sich alles umformt, auftaucht und verdampft".[10] Etwas Vorzivilisatorisches, Zauber und Magie brodelnder Hexenküchen tauchen hier wieder auf – und dies in einem technischen, rasant industrialisierten Medium. Jedes Filmbild, selbst das programmatisch-realistische, strahlt nach Morin eine „latente Metamorphose" aus, und gerade die ersten „dokumentarischen" Lumière-Streifen hätten eine „animistische und vitalistische Sensibilität" neu geweckt, hätten die Zuschauer wieder empfindsamer gemacht für alles „was gleichzeitig flüssig und in Bewegung ist".[11] Es ist nicht zu-

8 Alexandre Astruc: Die Geburt der neuen Avantgarde: die Kamera als Federhalter. In: Der Film. Manifeste Gespräche Dokumente. Band 2: 1945 bis heute. Hrsg. v. Theodor Kotulla. München 1964. S. 113 u. 114. Der Originaltext erschien 1948 in der Zeitschrift *L'Ecran Français*.

9 Edgar Morin: Le cinéma ou l'homme imaginaire. Paris 1956. Hier zitiert nach der deutschen Übersetzung: Der Mensch und das Kino. Stuttgart 1958. S. 66.

10 Ebenda S. 74.

11 Ebenda S. 78.

letzt die „Fluidität der Kamerabewegung"[12], die eine solche Verflüssigungsdynamik der Kinobilder gewährleistet.

Coutard teilt einen solchen Bewegungsüberschwang der Filmtheorie, er ist empfänglich für die Bewegungsakzentuierung seiner Regisseure. Im schon zitierten Gespräch aus dem Jahre 1983 unterscheidet er zwei Grundformen der Bildherstellung, zwei polare Möglichkeiten der Bildgewinnung und er lässt keinen Zweifel entstehen, welche Variante er favorisiert:

> *„Wenn man eine Cadrage macht, gibt es verschiedene Systeme – die klassische Ausschnittsbestimmung nach dem Goldenen Schnitt etwa, und gleichzeitig besteht das Problem des Interesses: was will man mit dem Film. Richtet sich das Interesse darauf, eine Bewegung zu filmen, dann muss man sie suchen und doch im Augenblick reagieren können, denn alles ist ständig in Bewegung, besonders dann, wenn der Schauspieler keine Angaben zu seinen Positionen bekommen hat. Für die Wahl des Ausschnitts gelten gleichermaßen feste ästhetische Übereinkünfte wie das, was sich aus dem Moment der Bewegung ergibt. Das Kino ist eine Kunst der Bewegung. Wenn zum Beispiel in einer Einstellung jemand im Bild aufsteht, kann es interessanter sein, den Kopf abzuschneiden, um die Bewegung in ihrem Fluß zu erhalten, als den Ausschnitt auf die Person zu konzentrieren."* [13]

Die Bewegungsfotografie ist demnach ein aktives, ein eingreifendes Prinzip. Der Kameramann muss seine abwartende Haltung aufgeben, denn Bewegung schreibt sich nicht von selbst in einen statischen, fixierten Bildraum ein. Bewegung muss gesucht und aufgespürt, sie muss individuell erfahren werden. Die gleitende Umdefinition des Bildkaders hat sich an der Bewegungslinie zu orientieren, die der Kameramann nur mit Reaktionsschnelligkeit, mit geschärftem Blick und wachem Verstand erfassen kann. Coutards Arbeitsweise ist deutlich von seinen dokumentarischen Anfängen her bestimmt. Bei der Produktion dokumentarischer Bilder lastet letztendlich die ganze Verantwortung auf dem Kameramann, auf seiner Aufzeichnung des Einmaligen und Unwiederholbaren, auf seiner Bereitschaft, jede Bewegung mitzugehen.

Die besondere Rasanz und Mobilität des dokumentarischen Kameramanns bewahrt sich Coutard auch im Spielfilm. Vor allem À BOUT DE SOUFFLE, das erste gemeinsame Projekt von Godard und Coutard, ist ein Bewegungsfilm par excellence. Zugleich ist es ein Stadtfilm, ein Paris-Film, der wie kaum ein zweiter die urbanen Bewegungsformen zu erfassen versucht. Alle Figuren in

12 Ebenda.
13 Aus Gesprächen mit Raoul Coutard (Anm. 4) S. 336.

Dreharbeiten zu L'ESPION *(1967)*

À BOUT DE SOUFFLE gleichen vorbeihuschenden Passanten. Ein kleiner Gangster (Jean-Paul Belmondo), der beständig Namen und Identität wechselt, der auch vor dem Mord nicht zurückscheut, gibt mit seiner fahrigen Hyperaktivität den Rhythmus des Films vor. Auf der Flucht vor der Polizei klaut er immer wieder schnelle amerikanische Autos, die er mit wenigen geübten Handgriffen kurzschließt. Er jagt einen säumigen Schuldner. Da er aber selbst unsichtbar bleiben muss, kann er seiner Präsenz nicht jenen Nachdruck verleihen, um wirklich Erfolg zu haben. Wie ein tänzelnder Boxer taucht er in Banken, Geschäften und Bars auf, um sofort wieder dem Blick zu entschwinden. Hektisch und momenthaft bleibt auch sein Begehren, das auf Patricia (Jean Seberg) gerichtet ist, eine amerikanische Studentin, die sich in Paris mit Gelegenheitsjobs über Wasser hält. Auch sie ist in dieser Stadt nicht zu Hause, durchquert den fremden Alltag in einer ruhelosen, fast panischen Bewegung. Auch die Polizisten, die hinter Michel Poiccard alias Laszlo Kovac, dem kleinen Gangster und Mörder her sind, erscheinen und verschwinden wie Phantome. Die Bewegungsströme der Stadt bilden die Oberfläche dieses Films, in die das Paar, das keines ist, eintaucht, sich für Momente dieser Bewegung überlässt. Die Handkamera Coutards forciert und übersteigert diese Bewegung. Sie heftet sich an die Figuren, versucht ihnen zu folgen und ihnen stets nahe zu sein. Aber die vielfältigen Bewegungsgesten der Kamera gehen weit über solch konventionelle Funktionen hinaus. Die Kamera nimmt oft Bewegungsimpulse auf und trägt sie über Einstellungsgrenzen hinweg, sie dynamisiert das Erzählen und das Sehen. Zu Beginn sehen wir in einer Weiteinstellung, wie der Held in einem rasanten Lauf ein leeres Feld durchquert, wie er sich in einem wahnsinnigen Tempo vom Ort seiner Bluttat, dem Mord an einem Streifenpolizisten, entfernt. Schon ahnen wir, dass eine so kopflose und verzweifelte Flucht kein gutes Ende nehmen wird. Der Film nimmt diese forcierte Bewegung auf und nutzt sie für ein fließendes Hineingleiten in die Stadt Paris, für ein Abtasten der Fassaden und der Häuserzeilen. Als Belmondo und Seberg die Champs-Elysées entlangschlendern, fällt ihnen die Kamera immer wieder in den Rücken, als wolle sie die Figuren anschieben und aufs Tempo drücken. Die Handkamera beschleunigt und verwandelt die Bewegung, gibt ihr im Bild ihre physische Materialität zurück, verleiht ihr eine Expressivität, die man als radikale Verkörperlichung bezeichnen könnte. Das Ruckende, Fahrige, Abgehackte des menschlichen Gangs nimmt die Kamerabewegung in sich auf, Körperstöße werden nicht neutralisiert, sie werden als Bewegungsschrift mit aufgezeichnet. Die verkörperlichte Kamera verbindet sich in einigen Sequenzen auf paradoxe Weise mit einem Gestus der Kälte, mit einer befremdlichen Distanz. Am eindrucksvollsten gelingt dies in der Schlußsequenz. Die Kamera folgt dem waidwund geschossenen Belmondo, der die Straße entlangtaumelt, an den parkenden Autos anstößt, den die Kraft seiner atemlosen Flucht allmählich verläßt, aus sehr großer Distanz und steigert den Schrecken noch durch die dann schockartig angeschlossenen Cadrierungen der Nähe: streng fragmentierte Blicke auf die Füße der Passanten, der Verfolger, die den Körper des Gestürzten umkreisen, die Großaufnahmen von Seberg und Belmondo, deren Bildräume strikt voneinander getrennt sind, die Aufsicht auf den dahingestreckten Belmondo, wobei die Oberflächenstrukturen des Straßenpflasters die gleiche Schärfe wie die zuckenden Mundwinkel des Sterbenden erhalten.

À BOUT DE SOUFFLE gleicht in seiner Gesamtheit einem Bewegungsexperiment. Die Grenzen der Darstellbarkeit werden ausgelotet, extreme Herausforderungen gesucht – wie die denkbar größte Reduktion des Raumes bei einer gleichzeitigen maximalen Ausdehnung der Zeit. Sechzehn Minuten dauert die Verführungsszene im Hotelzimmer, das so eng war, dass außer den Protagonisten Belmondo und Seberg nur der Kameramann Raoul Coutard noch Platz fand. Von einer Szene im klassischen Sinn kann trotzdem keine Rede mehr sein, die Improvisation beherrscht alles. Belmondo und Seberg lassen sich von Einfall zu Einfall treiben. Das Sprechen gehorcht nicht mehr der Logik, die Bewegungen der Körper sind von jeder Kausalität und Psychologie befreit. Die Szenerie ist weder dramaturgisch überformt noch auf ihre Darstellbarkeit hin kalkuliert. Es gibt nur das reine Sehen, die bloße Beobachtung, die intensionslose Aufzeichnung der Kamera. Das „Zeitbild", wie es Deleuze als Zielprojektion des modernen Kinos beschrieben hat, gewinnt hier paradigmatische Gestalt. Aus dieser Haltung der Kamera resultiert eine absolute Diskontinuität der Gesten, der Worte und der Gefühle. Alle Sicherheiten des Erzählens und des Zeigens lösen sich auf, eine Bewegung der Reflexion wird freigesetzt.

À BOUT DE SOUFFLE musste mit wenig Geld auskommen, also war man gezwungen, mit den denkbar einfachsten Techniken zu arbeiten. So kehrte der Film zu einer Manufaktur der Bewegungsmittel zurück, zu den Anfängen der bewegten Kamera bei Murnau und Karl Freund, auch um den festgelegten Bewegungsformen, den präfabrizierten Bewegungslinien zu entgehen. Raoul Coutard setzte sich mit einer Handkamera in einen Krankenstuhl, und Godard machte sich ein Vergnügen daraus, seinen Kameramann durch die Gegend zu manövrieren.[14]

All dies sind Vorkehrungen, sind Voraussetzungen, um ein entdeckendes, ein bewegliches und unreglementiertes Sehen zu ermöglichen, einen Kamerablick, der sich eben nicht allein auf die Protagonisten und die Geschichte fokussieren lässt. In À BOUT DE SOUFFLE wird ganz beiläufig der Alltag der Stadt Paris mit erfasst. Ein Jahr später, in UNE FEMME C'EST UNE FEMME (1961) schwenkt die Kamera explizit von den Protagonisten weg und zeigt die Alltagsgesichter, das Leben neben dem Kino. Ein Bewegungsüberschuss wird sichtbar. Die Kamera lässt sich nicht bändigen, sich nicht beschränken auf eine kunstvolle Inszenierung, die sich an den Bewegungstraditionen des klassischen Musicals abarbeitet. Sie bricht aus, geht auf Entdeckungsreise, tastet die Oberfläche des Realen ab und feiert so das offene Sehen, das jede filmische Inszenierung notwendigerweise eingrenzen muss. Godard und Coutard machen die Gegenrechnung auf. Mit der intentionslos bewegten Kamera verweisen sie auf die offene, durch keinen Bildrahmen beschränkte Wirklichkeit. Die extrem mobile Kamera ist bei Godard und Coutard sowohl technisches Instrument, das eine Annäherung an die sich beständig wandelnden physischen Erscheinungen ermöglicht, wie auch strukturelles Merkmal, das in jedem Film, ja beinahe in jeder Einstellung, eine Philosophie der Bewegung sinnlich konkret aktualisiert. Die

14 Vgl. dazu die Schilderungen von Raoul Coutard in diesem Band, S. 140.

mobile Kamera führt so das Manifest von Alexandre Astruc aus. Sie fungiert bei Godard als bewegliche Schrift, als sich immer wieder selbst aufhebende, sich verwandelnde Geste. Doch Godard schreibt diesen Bewegungstext nicht allein. Er ist angewiesen auf einen Kameramann, der den gleichen Bewegungsdrang verspürt, der sein Bewegungsinstrument so perfekt und selbstverständlich beherrscht, dass der vorgestellte Bewegungseffekt auch zustande kommt. Die drei Grundstrategien der Kamera in À BOUT DE SOUFFLE, das Pathos der Körperlichkeit, die Leichtigkeit der lebendigen Improvisation und die kühle Distanz, gelangen so mitreißend, weil der Kameramann das Bewegungskonzept des Films internalisiert, die dahinter stehende Bewegungsphilosophie adaptiert hatte, weil der Kameramann in die Erkenntnis- und Wahrnehmungsprozesse einbezogen war. In À BOUT DE SOUFFLE ist Raoul Coutard der Koautor der Bewegung.

Dies setzt sich in weiteren Filmen fort. Mit WEEK-END (1967) gelangt die Kooperation Godards mit Coutard erst einmal zu einem Abschluss, und auch die bewegte Kamera wird hier zu einem extremen Punkt geführt, der keine Steigerung mehr zulässt. WEEK-END, diese monströse Collage, diese wüste Ansammlung absurder, blutrünstiger und gewalttätiger Fragmente, diese einzige Übertreibung, erweist sich in der Rückschau jedoch immer deutlicher als *der* Schlüsselfilm zu 1968, gerade weil er noch vor der Revolte, mitten in den sich anbahnenden revolutionären Ereignissen entstanden ist. Es ist auch deshalb ein zerrissener Film, weil er eine doppelte Optik offenbart. Godard legitimiert einerseits die Revolte. Er zeigt das ganze Ausmaß sozialer und menschlicher Verwüstung, die Anarchie und Unerträglichkeit des Bestehenden, die Gewalt, die hemmungslos schon in den ersten Minuten des Films ausbricht, den Egoismus und die Dummheit der Bourgeoisie. Er wirft aber andererseits einen ebenso schonungslosen Blick auf die „revolutionären" Akteure, die als kannibalistische Guerillakämpfer erscheinen, er geißelt ihre Perversion, ihre Selbstüberschätzung, ihre öde Theatralität und ihren Zerstörungswahn.

Zwei Experimente mit Bewegung und Zeit, zwei extreme Formen der Dauer ragen aus diesem Film heraus. Sieben Minuten und dreißig Sekunden umfasst die Parallelfahrt einer Landstraße und einem gigantischen Stau entlang, nur unterbrochen durch einen einzigen Zwischenschnitt. Diese Sequenz zählt inzwischen zu den berühmtesten Fahrten der Filmgeschichte.[15] Die ganz normale „Verkehrsschlacht" eines Wochenendes ist hier zusammengeballt: blockierte Straßen, ein wüstes Gehupe, ein Stoßen und Drängen, zermalmte Au-

15 Zu ihrer Entstehung vgl. die Erläuterungen von Raoul Coutard in diesem Band, S. 132.

tos, zerrissene Körper, achtlose Autofahrer, die nichts als weiterkommen wollen. Das *Travelling* erschließt hier eben keinen neuen Raum, bedeutet kein entdeckendes Sehen, sondern eine ermüdende Rhetorik, eine deprimierende Wiederholung. Immer nur das Gleiche zeigt uns die Kamera, Schrecken und Farce wechseln rhythmisch miteinander ab. Die Kamera fährt alles scheinbar interesse- und wertungslos ab: Spuren von Gewalt und Tod, auf dem Dach liegende oder an Bäumen zerschellte Autos, die skurrilen Spielchen, mit denen sich die Aufgehaltenen die Zeit vertreiben, zeternde Autofahrer, die sich beinahe an die Gurgel gehen. Die Selbstverständlichkeit, mit der dieses Ineinander von Schrecken und Komödie akzeptiert wird, wiederholt sich in der neutralen, ungerührten Kamerageste, in der schier unaufhaltsamen Fahrt. Es gibt kein Entrinnen und keine Befreiung, die Fahrt könnte unendlich weitergehen. Schließlich kommt der Unfallort ins Bild: eine blutüberströmte Fahrbahn, zerknäulte Karosserien, dahingestreckte menschliche Körper – alles mit der für Godard so typischen Übertreibung, die das Reale eben nicht kopiert, sondern das Ganze als Bild, als Zeichen, als künstlich gebaute Szenerie und als kinematographischen Schein erkennbar macht.

Das Gegenstück zu dieser Parallelfahrt ist eine exakt genau so lange, ebenso ins Extrem getriebene Kreisfahrt, die mit einem Schrift-Insert „Musikalische Handlung“ eingeleitet wird. Auch hier ist die Grundszenerie im Kern absurd: Auf einem Bauernhof ist im Freien ein Konzertflügel aufgebaut und der Pianist spielt den Satz einer Mozartsonate. Es ist die völlige Verkehrung der Konzertsituation, denn die Musik ist nicht herausgehoben. Sie hat weder einen besonderen Ort noch eine besondere Zeit, Leben und Arbeit gehen weiter, während das Piano ertönt und die Kamera in Bewegung ist. Doch die Musik erhält durch die mobile Kamera eine ganz neue und außerordentliche Bedeutung. Die Zirkelbewegungen der Kreisfahrt setzen die Musik quasi ins Zentrum, und die den Bildraum abtastende Kamera erkundet ihren Wirkungsradius. Das Zeigen wird mit dem Denken verknüpft. Der Pianist unterbricht mehrfach sein Spiel und erläutert seine ebenso pragmatische wie zynische „Theorie der Musik“: Im Grunde gebe es nur „zwei Arten von Musik – die Musik, die man sich anhört und die Musik, die man sich nicht anhört. Mozart und die „wirkliche moderne Musik“ gehörten zur Musik, die man sich anhöre. Folglich höre man aus Dario Moreno, aus den Beatles und den Rolling Stones immer auch ein „wenig Mozart“ heraus. Die ernste, die experimentelle moderne Musik, die nach „anderen Harmonien“ gesucht habe, wolle niemand hören. Sie sei der „gigantischste Fehlschlag“ in der Geschichte der Künste. Drei wunderbar gleitende Kreisbewegungen der Kamera belegen diese Theorie. Die Bauern, die Landfrauen und selbst die Kinder halten inne, lauschen der

Dreharbeiten zu NAISSANCE DE L'AMOUR *(1992)*

Mozart-Sonate, sind ganz in der Musik versunken. Aber auch die Grenzen der gewünschten und der gehörten Musik werden durch die Kreisfahrten herausgearbeitet. Ein Bauer lässt sich in seiner zielstrebigen, allein dem Arbeitstakt unterworfenen Bewegung nicht beirren – mit seinem Eintritt ins Bild beginnt die durch keinen Schnitt unterbrochene, einen dreifachen Zirkel beschreibende Fahrt, mit seinem Verschwinden endet sie. An ihm, dem Tätigen, prallt die Bewegung der Musik ab. Die Kunst ist mit der vita activa letztlich nicht vereinbar. Vereinzelt, erstarrt, wie aus dem Leben herausgerissen erscheinen die gebannt lauschenden Zuhörer, die für sich bleiben und keine Gemeinschaft bilden. Selbst Mozart entgeht nicht dem Schicksal, zur Ware zu werden. Eine gigantische weiße Schrift prangt auf dem Flügel: „Bechstein-Pianos" und macht somit vielleicht auch Godards Sponsor öffentlich.

Die Bewegung der Kamera in den Filmen Godards entzieht sich einer genauen Funktionsbestimmung, eine reine Funktionsanalyse stößt daher sofort an Grenzen. Die Bewegung illustriert nicht nur die Geschichte, folgt nicht nur den Bewegungen im Raum. In besonders privilegierten Momenten löst sich die mobile Kamera vielmehr von den Figuren und den Dingen, kann zur reinen und freigesetzten Bewegung werden und so einen Mehrwert der Reflexion, des Denkens entfalten.

Eine ganz andere Rolle spielen die Kamerabewegungen, die Raoul Coutard für die Filme von François Truffaut hergestellt hat. Sie sind im viel höheren Maße eingebunden in die Bewegung der Geschichte, in die innere und äußere Bewegung der Figuren, in die Form der Erzählung. Truffaut legt großen Wert auf das kontinuierliche Gleiten des Erzählens, auf fließende Anschlüsse und auf elegante Übergänge. Diesem generellen Erzählgestus ist auch die bewegte Kamera unterworfen. In der Episode ANTOINE ET COLETTE aus dem Omnibusfilm AMOUR À VINGT ANS (1962) ist dies deutlich zu sehen. Dieser kleine Film könnte als ironische Novelle bezeichnet werden, die dem Stil von Guy de Maupassant nachempfunden ist. Ironische Effekte ergeben sich auf den verschiedensten Ebenen. dass ein so kleiner Film in CinemaScope gedreht wurde ist bereits eine ironische Pointe. Voller ironischer Wendungen ist auch die Geschichte, die erzählt wird. Der unglückliche Liebhaber Antoine Doinel (gespielt von Jean-Pierre Léaud) beeindruckt eher die Eltern als die angebetete Colette. Die Mutter erobert er beinahe im Sturm, während die Tochter ihm gegenüber kühl bleibt. Am Ende darf er einen Fernsehabend mit den Eltern der „Braut“ verbringen, die stattdessen mit ihrem neuen Liebhaber ausgeht. Das Schlussbild zeigt den in die Familie eingemeindeten armen Antoine in einer Rückenansicht, eingezwängt zwischen den beiden Gastgebern, eingekesselt von ihren Körpern. Auch die Kamerarbeit ist ganz auf einen ironischen Artikulationsmodus hin angelegt. Als Antoine am Morgen seine Fensterläden öffnet und auf die belebte Straße herabblickt, ertönt eine festliche Bach-Musik. Die Kamera übernimmt ironisch diese Akzentuierung, erweitert den Bildrahmen, suggeriert eine Beherrschung des Raumes. Antoine scheint die Welt zu Füßen zu liegen, doch rasch wird der unglückliche Liebhaber wieder auf den Boden der Tatsachen zurückgeholt. Die gleiche Musik erklingt auch wieder, als Antoine ein Zimmer direkt gegenüber von Colettes Wohnung bezieht und sich nun seinem Ziel nahe wähnt. Entzückt entdecken die Eltern die Nachbarschaft des netten jungen Manns, während Colette die Begeisterung eher mürrisch und gezwungen mitspielt. Rufe und Blicke gehen von Fenster zu Fenster, überqueren die trennende Straße. Die Kamera schwenkt mit, kommentiert ironisch die scheinbare Eintracht und die bloß imaginäre Verbindung.

In LA PEAU DOUCE wird das kontinuierliche Gleiten der Geschichte, das Truffaut zu seinem Erzählideal gemacht hat, immer wieder durch erstaunliche Plötzlichkeiten unterbrochen. Alltagsgesten, das Öffnen einer Tür, das Starten eines Autos, der Griff nach einem Koffer, vom Erzählkino für gewöhnlich ignorierte Bewegungen, stechen als beinahe schockhaftes Detail regelrecht heraus, zerschneiden das Raumkontinuum und stauen den Fluss der Zeit. Man kann darin durchaus ein Entdeckungsprogramm des Alltäglichen sehen, das über das rein narrative Interesse weit hinausgeht. Dieser Kameragestus war Raoul Coutard durch die Zusammenarbeit mit Godard und durch die eigenen dokumentarischen Erfahrungen sehr vertraut. Mühelos kann er ihn in das Erzählkino Truffauts transferieren.

In LA PEAU DOUCE wird die Kamera an einem entscheidenden Punkt der Geschichte expressiv und vollzieht eine lange, eine ausladende Bewegung. Das ungleiche Paar, der berühmte Literaturprofessor, der die Welt bereist und die junge, unerfahrene Stewardess verabreden sich am Telefon. Gegenseitige Anziehung und Begehren nimmt die Kamera auf, schwenkt von einem Fenster im Dämmerlicht in das Innere eines leeren und aufgeräumten Restaurants und erfasst schließlich das allein zurückgebliebene, das werdende Liebespaar. An der Oberfläche ist dies ein rein funktionales Raumbild, die mobile Kamera erschließt suggestiv die Lokalität. Auf einer zweiten und tieferen Ebene changiert die Bewegung aber zum Zeitbild. Die Bewegung der Kamera repräsentiert die Dauer. Der Professor verführt durch seine Rede, monologisiert stundenlang bis in den frühen Morgen hinein, und die junge Frau verfällt in eine Trance des Zuhörens. Realitätsvergessen bleiben beide allein im Bild zurück.

Eine zweite, ebenso lange und ausgefeilte Bewegung der Kamera schließt sich unmittelbar an. Die beiden verlassen das Restaurant, treten ins Freie, in das fahle Dämmerlicht des erwachenden Lissabon. Das bloß Scheinhafte eines neuen Horizonts, einer neuen Liebe akzentuiert die Kamera durch eine lange, gleitende Fahrt an der Fassade des Gebäudes entlang. Die leere Geste offenbart die Brüchigkeit dieser Begegnung.

Raoul Coutard hat die Bildlichkeit der beiden Antipoden Godard und Truffaut entscheidend bestimmt. Allein dies beweist die Universalität und den Reichtum seiner Kameraarbeit. Raoul Coutard fand für die sehr unterschiedlichen Erwartungen der beiden Regisseure eine gleichermaßen überzeugende visuelle Form. Aber nicht nur das Trennende und die Ausdifferenzierung der Gegensätze ist ihm zu verdanken. Indem Raoul Coutard das Bewegungsrepertoire der Kamera sowohl bei Godard wie auch bei Truffaut experimentell erkundet, sich auf eine Expedition des Sehens begibt, Grenzen überschreitet und in neue Dimensionen vorstößt, markiert er das Gemeinsame der Nouvelle Vague, die Begeisterung am Bewegungsbild des Kinos, den Impuls zu bewegen, den Blick auf die Welt und das Denken über die Welt zu verändern.

„Truffaut machte Filme, Godard macht Kino!"

Raoul Coutard im Gespräch über seine Erfahrungen mit den beiden Regisseuren

Rolf Coulanges: *Ich möchte eine Frage an Raoul Coutard mit einem Zitat von ihm verbinden: „Wenn man Kino macht, muss man lernen, was die Ungerechtigkeit ist. Letztlich ist es gut, denn wenn es gerecht wäre, wäre es eine Welt ohne Bewegung. Und es gäbe kein Kino, denn das ist die Kunst der Bewegung."*
Wie ist ist das mit der Ungerechtigkeit und der Bewegung?

Wenn es keine Ungerechtigkeit mehr gäbe, könnte kein Mensch mehr dagegen ankämpfen. Dies würde uns einen interessanten Teil des Lebens rauben, nämlich die Möglichkeit, zu meckern.

Aber zugegeben: Das Kino ist eine vollkommen ungerechte Welt. Um hier zu reüssieren, muss man Glück haben und einen Film machen, der Erfolg hat. Das hat nichts mit Fähigkeiten oder Talent zu tun, es ist nur Glücksache. Wenn ich nicht À BOUT DE SOUFFLE gemacht hätte, wäre ich vielleicht heute nicht hier. Sicherlich ist es schwer, im Gespräch mit einem Cineasten einzuschätzen, welche Qualität er hat. Manche können gut reden, aber das Kino ist keine Rede. Andere wiederum sind nicht sehr gesprächig, aber wer sagt uns, dass sie uns nicht mit den Mitteln des Kinos bewegen können? Vor langer Zeit war ich Mitglied der Jury des „Institut des Hautes Etudes Cinématographiques" (heute FEMIS). Die Jury bestand aus mehreren Gruppen zu je drei Juroren, die jeden Tag wechselten. Ich habe bei dieser Sache sehr gelitten, einigen meiner Kollegen ging es nicht anders. Es kam vor, dass wir einen Kandidaten noch einmal angehört haben, um festzustellen, ob wir uns nicht geirrt haben. Für die Bewerber war es entweder ein Glückstag oder ein Pechtag. Das Kino ist eine Welt, in der die Unehrlichkeit gang und gäbe ist, in der die Eifersucht fast zur Schau gestellt wird und die Feigheit herrscht – mit Ausnahme der Dreharbeiten, wo man ohne Risiko den Schlaumeier geben kann.

Ich möchte jetzt über den kleinen Film ANTOINE ET COLETTE (1962) sprechen, den wir eben gesehen haben. Es gab damals in Frankreich und Italien eine Mode, eine solche Art von Filmen herzustellen: Ein Film von 90 Minuten mit vier oder fünf Regisseuren, die einen mittellangen Film drehen oder ein Film mit einem Regisseur, der vier oder fünf unterschiedliche Themen behandelt.

«Truffaut faisait des films, Godard fait du cinéma ...»

Dialogue avec Raoul Coutard sur ses expériences avec les deux metteurs en scène

Rolf Coulanges: *Je voudrais poser une question à Raoul Coutard en commençant avec une de ses citations: «Quand on fait du cinéma, il faut apprendre ce qu'est l'injustice. Dans le fond, c'est bien ainsi. S'il n'y avait pas d'injustice, on aurait un monde sans mouvement. Et nous n'aurions pas de cinéma, car le cinéma est l'art du mouvement.»*
Que peux-tu nous dire de cette injustice et de ce mouvement?

S'il n'y avait plus d'injustice, on ne pourrait pas se battre contre. Cela nous enlèverait une partie intéressante de la vie, la possibilité de râler.

Mais il faut l'avouer: le cinéma est un monde complètement injuste. Pour y réussir, il faut avoir la chance de faire un film qui fonctionne bien. Cela ne correspond pas du tout à vos capacités, à votre talent: C'est un coup de chance. Si je n'avais pas fait À BOUT DE SOUFFLE, je ne serais pas là aujourd'hui!

Il est vrai que c'est très difficile de savoir lorsqu'on parle avec un cinéaste, quelles sont ses capacités. Certains parlent bien, mais un film, ce n'est pas parler. D'autres, au contraire, ne sont pas bavards, mais qui dit qu'ils ne peuvent pas, cinématographiquement, nous émouvoir? Il y a longtemps je faisais partie du jury de l'I.D.E.C. (Institut des Hautes Etudes Cinématographiques, maintenant la FEMIS). Nous étions plusieurs groupes de trois jurés et tous les jours le trio était changé. J'ai beaucoup souffert de cette épreuve et certains de mes collègues aussi. Il nous arrivait de rappeler un candidat pour voir si on ne s'était pas trompé. Pour les postulants, c'était le jour de chance ou de malchance. Le cinéma, c'est aussi une profession, où la mauvaise foi est une pratique, la jalousie presque affichée, où la lâcheté est de rigueur, sauf sur le tournage où il est bon de faire, sans risque, le malin.

Je voudrais maintenant parler du petit film ANTOINE ET COLETTE (1962) que nous venons de voir. C'était la mode en France et en Italie à un certain moment de faire ce genre de film: un film de 90 minutes avec quatre ou cinq metteurs en scène qui font des moyens métrages ou bien un film où le même metteur en scène traite quatre ou cinq sujets différents. C'était peut-être un petit creux de l'imagination dans le cinéma qui cherchait à faire du neuf. Je pense que les metteurs en scène n'étaient pas vraiment motivés. Ils n'avaient peut-être pas

Vielleicht eine kleine Phantasie-Flaute im Kino, das nach neuen Formen suchte. Ich denke, dass die Regisseure dabei nicht wirklich motiviert waren und keine Lust hatten, einen Kurzfilm zu machen. Sicherlich sind Inszenierung und Fotografie keineswegs mittelmäßig, aber sagen wir so: es fehlt der letzte Schliff.

Das Videobild, das wir eben gesehen haben war nicht gut, nicht nur, weil es sich um ein Video handelt, das Bild ist wirklich nicht gut. Dies zählt zu den zwei oder drei Filmen in meinem Leben, die, meiner Meinung nach, ein Misserfolg waren. Aber da ich ein Asiate bin (jemand, der Asien liebt), ziehe ich mich hinter Konfuzius zurück, der sagt: „Wenn Sie den Misserfolg nicht kennengelernt haben, was haben Sie uns zu sagen?" Und daher spreche ich weiter – Pech für Sie!

Karl Prümm: *Vielleicht muss man den Film aber doch ein wenig verteidigen. Ich finde ihn nicht so schlecht fotografiert. Hier geht wieder Ihre Bescheidenheit mit Ihnen durch.*

Ja, zugegeben, der Film ist nicht schlecht. Aber wenn man nicht wüsste, dass er von Truffaut ist, würde kein Mensch dies behaupten. Man erkennt den Schauspieler aus LES 400 COUPS, Jean-Pierre Léaud, aber man erkennt nicht den Regisseur Truffaut.

Karl Prümm: *Ich schätze diesen Film sehr viel höher ein. Er hat etwas Skizzenhaftes, Leichtes und Novellistisches. Und diese Leichtigkeit kennzeichnet auch die Kameraarbeit, die das Gegenteil von einer schlechten Arbeit ist.*

Einige Dinge sind ganz interessant, aber die Art und Weise, mit dem Schwarz-Weiß-Material umzugehen, ist nicht gut. Wenn man in Schwarz-Weiß fotografiert, muss man daran denken, dass die Bilder sehr expressiv werden müssen, obwohl die Farbe fehlt. Also muss man anders fotografieren. In diesem Fall ist die Fotografie nicht gut. Der Film wurde so beleuchtet, als wäre es ein Farbfilm.

Was ich sagen möchte, lässt sich am besten durch folgendes Beispiel erklären: Schauen Sie sich die Wochenschauberichte aus dem 2. Weltkrieg an. Die Kameramänner haben in Schwarz-Weiß gedreht. Bedingt durch den Krieg, waren sie in einer schwierigen Situation, und dennoch sind ihre Bilder, was die Bildgestaltung betrifft, außerordentlich. Wenn man sie mit den Bildern aus den heutigen Fernsehnachrichten vergleicht, fällt auf, dass die Kameraleute nicht nur einen direkten Kontakt mit dem Kampfgeschehen hatten, sondern dass sie von einer ausgesuchten Position aus filmten, um Schatten und Licht erfassen zu können. Dadurch erhält das Schlachtfeld eine Tiefe.

envie de faire un raccourci. Dans la mise en scène comme dans la prise de vue, il y a certainement non pas un air de médiocrité mais disons, un manque d'application, de finition.

L'image du vidéo que nous venons de voir n'est pas bonne, parce que c'est un vidéo, mais à dire vrai, elle n'est réellement pas bonne. Cela fait partie des deux ou trois films dans ma vie qui ont été, pour moi, des échecs. Mais comme je suis un Asiate, une personne qui aime l'Asie, je me réfugie derrière Confucius qui dit: «Si vous n'avez pas connu l'échec, qu'avez-vous à nous dire?» Et voilà, malheureusement pour vous, j'ai une bonne raison de continuer à parler!

Karl Prümm: *Il faudrait peut-être défendre un peu ce film. Je trouve qu'il n'est pas si mal photographié. Vous êtes trop modeste, c'est bien connu.*

Oui, le film n'est pas mal, mais si on ne savait pas qu'il est de Truffaut, personne ne l'affirmerait. On reconnaît l'acteur des 400 COUPS, Jean-Pierre Léaud, mais on ne reconnaît pas un film de Truffaut!

Karl Prümm: *Personellement, j'ai une plus grande estime pour ce film. Il a cette légèreté, ce caractère d'esquisse d'une short-story. Et cette légèreté se retrouve dans le travail de la caméra. C'est vraiment le contraire d'un mauvais travail.*

Certaines choses sont intéressantes, mais la façon de traiter l'image en noir et blanc n'est pas bonne. Quand on fait des photos en noir et blanc, il faut penser qu'on doit faire des images expressives bien qu'il manque la couleur. Donc, la prise de vue n'est pas la même qu'en couleur. Or là, c'est éclairé comme si le film était en couleurs.

L'exemple le plus frappant, pour montrer cette différence, ce sont les «actualités». Regardez les actualités de la dernière guerre mondiale. Les opérateurs ont tourné en noir et blanc, ils étaient dans des conditions difficiles dues à la guerre et leurs images sont, du point de vue pictural, quand même absolument extraordinaires! Si on les compare aux images d'actualité d'aujourd'hui, on se rend compte qu'ils avaient non seulement un contact direct avec la bataille mais qu'ils filmaient dans une position d'éclairage recherchée pour faire une prise de vue avec de grandes ombres, de grandes lumières, un relief, un environnement qui donne une profondeur à la bataille.

Karl Prümm: *Ich möchte noch einmal auf das Problem der Bewegung zurückkommen. Könnten Sie noch einmal erläutern, ob es zwischen Truffaut und Godard Unterschiede im Umgang mit der bewegten Kamera gegeben hat?*

Darüber haben wir gestern schon gesprochen. Mit Jean-Luc – das war die Improvisation in Permanenz. Er konnte sich im letzten Augenblick für eine Kamerafahrt entscheiden. François war weitaus konventioneller. Er hielt sich genau an den Drehplan. Nur wenn wir am Ende des Drehtages ein wenig Verspätung hatten, strich er einige Einstellungen oder fasste sie zusammen, um so wieder zum Zeitplan zurückzukehren.

Ich möchte noch etwas über eine Kamerafahrt bei Godard erzählen. Einmal haben wir die längste Kamerafahrt der Welt gedreht, eine Fahrt von 300 Metern. Godard hat diese Fahrt nicht etwa gedreht, weil er sie benötigt hätte, sondern um den Produzenten zu ärgern. Eine Fahrt von 300 m auf einem Acker. Die Leute haben über eine Woche geschuftet, um die gigantische Installation vorzubereiten. Wir haben einen ganzen Tag diese 10 Minuten gedreht. Doch im Film hat Godard einfach zwei Teile daraus gemacht.

Karl Prümm: Und die unglaublich lange Kreisfahrt in WEEK-END*, die mit einer Mozart-Sonate unterlegt ist, hat Godard die auch gemacht, um den Produzenten zu ärgern?*

Er hatte ihn schon genug irritiert! Godard hatte einfach beschlossen, in der ersten Woche nicht zu drehen. Daher wollte der Produzent für diese Zeit auch niemand einstellen. Godard hat ihn aber dazu gezwungen. So hat in der ersten Woche keiner gearbeitet, aber jeder wurde bezahlt. In der zweiten Woche wurde nur morgens gearbeitet. Der Produzent wusste natürlich davon nichts. Eines Tages kommt er gegen Mittag zum Drehort und sieht, wie Material auf einen Lastwagen verladen wird. Er fragt, ob man das Motiv wechsele. „Nein, nein, wir sind für heute fertig!" Die Antwort hat ihn natürlich fast erschlagen.

Warum wollte Godard den Produzenten ärgern? Zum einen hatte dieser Godard dazu gezwungen, mit Mireille Darc zu drehen, einer Schauspielerin, mit der er einen Vertrag abgeschlossen hatte, die Godard aber für diesen Film nicht mochte. Zum anderen besaß der Produzent damals in Afrika Kinosäle. Er war, so wurde erzählt, auf einen tollen Trick verfallen, von dem alle Leute, die ein Kino besitzen, nur träumen können: Den Arbeitern der Region wurde ein Teil ihres Lohnes für Kinokarten abgezogen. Sie bekamen ihre Karten in die Hand gedrückt, schließlich war man ehrlich.

Aber Godard hat trotzdem seine Arbeit gemacht!

Karl Prümm: *Revenons sur le problème du mouvement. Pourriez-vous encore une fois nous expliquer les différences entre Truffaut et Godard concernant la caméra en mouvement?*

On en a déjà parlé hier. Avec Jean-Luc, c'est l'improvisation en permanence. S'il a envie de faire un travelling, il peut se décider au dernier moment. François était plus conventionnel. Il se tenait au plan de la journée, sauf si on était un peu en retard le soir, alors il supprimait ou groupait quelques plans pour qu'on se retrouve correctement sur le plan de travail.

Je voudrais encore parler du travelling de Godard. A un moment donné, on a fait le plus grand travelling du monde, un travelling de plus de 300 mètres. Godard ne l'avait pas fait parce qu'il en avait besoin, il l'avait fait pour emmerder le producteur! Un travelling de 300 m de long dans un champ. Les ouvriers ont travaillé plus d'une semaine pour préparer l'installation. On a mis la journée pour faire ce plan de dix minutes. Dans le film, Godard a coupé en deux!

Karl Prümm: *Et ce mouvement circulaire d'une incroyable longueur dans* WEEK-END, *sur une sonate de Mozart – Godard l'avait-il fait pour agacer le producteur?*

Il l'avait déjà bien irrité! Godard avait décidé que la première semaine de tournage, on ne tournerait pas. Le producteur ne voulait donc pas engager de personnel pour ce temps. Godard l'a exigé: la première semaine, personne n'a travaillé, tout le monde a été payé. La deuxième semaine, on n'a travaillé que le matin. Le producteur n'en savait rien. Un jour, il arrive à midi et voit les gens mettre du matériel dans le camion. Il demande si on change de décor. «Non, non, on a fini pour aujourd'hui!» La réponse l'a, bien sûr, assommé.

Pourquoi Godard voulait-il emmerder le producteur? D'abord parce qu'il avait obligé Godard à tourner avec Mireille Darc, une actrice avec qui il avait un contrat, et qui ne plaisait pas à Godard pour ce film. D'autre part, ce producteur avait eu autrefois des salles de cinéma en Afrique. Il avait trouvé un truc formidable dont rêvent tous les gens qui ont une salle de cinéma: on retenait, paraît-il, une place de cinéma sur le salaire des ouvriers de la région. Mais on leur donnait leur ticket, on était honnête.

Mais Godard faisait quand même son travail!

Karl Prümm: *Ich möchte noch einmal auf das Problem der bewegten Kamera zurückkommen. Wenn man Ihre „Godard-Filme“ mit Ihren „Truffaut-Filmen“ vergleicht, so ließe sich die These formulieren: Bei Godard wird die Kamera beständig bewegt und damit auch der Kameramann auf das äußerste strapaziert. Während man bei Truffaut den Eindruck gewinnt, die Kamera sei so gebremst und reduziert, dass sich der Kameramann eigentlich mehr zugetraut, dass er selbst ein größeres Risiko hätte eingehen wollen. Stimmt dieser Eindruck mit Ihrer Erinnerung überein?*

François war eher ein klassischer Regisseur, aber er hat das System erneuert, weil er außerhalb des Studios in natürlichen Kulissen drehte. Die Alten dagegen blieben damals immer im Studio.

Mit Godard habe ich zu dieser Zeit einen Film im Studio gedreht: UNE FEMME EST UNE FEMME (1961). Wir hatten die exakte Nachbildung einer Wohnung, in der wir drehen sollten und die wir im letzten Augenblick nicht bekommen konnten. Godard hat eine komplette Decke einziehen lassen. Im Allgemeinen zieht man im Studio nur dann eine Decke ein, wenn man sie braucht. Aber bei Godard war die Decke überall. Am Abend konnte er die Tür zuschließen und den Schlüssel in seine Tasche stecken. Wir drehten im Studio unter den gleichen Bedingungen wie in einem natürlichen Dekor. Das ist eine amüsante Situation, aber die Schwierigkeiten häufen sich. Dreht man im Studio, so kann man die Decke, wenn sie nicht im Bild ist, wegnehmen und von oben beleuchten. Wenn die Decke jedoch geschlossen ist, so dreht man im Studio wie an einem Originalschauplatz. Das heißt, man muss sich gegen die Wände lehnen können, die jedoch in diesem Falle künstlich sind und daher abgestützt werden müssen. Das bedeutet Zeitverlust und schlechte Laune.

Jean-Luc versuchte, jedesmal etwas Neues zu finden. Im Falle von UNE FEMME MARIÉE bestand die Herausforderung darin, acht Wochen nach Beginn der Dreharbeiten die Nullkopie in der Hand zu haben. Das heißt, der Film wurde parallel zum Dreh jeden Tag geschnitten. Nach vier Wochen Dreharbeiten hatte man normalerweise noch vier Wochen Zeit, um den endgültigen Schnitt herzustellen und die Musik aufzunehmen, um so die erste Kopie zu erhalten. Das war eine lächerliche Herausforderung, aber für ihn bedeutete dies eine zusätzliche Motivation.

Als wir LES CARABINIERS drehten, sollte am Ende ein Film herauskommen, der so aussah, als stamme er aus der Kinemathek, schon vielfach vorgeführt und abgenutzt, ohne Grauwerte und nur in Schwarz-Weiß. Daher haben wir ein Negativ mit starken Kontrasten hergestellt und haben dieses Negativ bei der Entwicklung noch forciert, um die Sensibilität zu steigern.

Karl Prümm: *Reparlons du mouvement de la caméra. Quand on compare vos «films Godard» à vos «films Truffaut», on est tenté de formuler la thèse suivante: Avec Godard, la caméra devait toujours être en mouvement et cela pouvait signifier une extrême fatigue pour le caméraman. Par contre, avec Truffaut, on a l'impression que la caméra est si freinée et si réduite que le caméraman se croit capable de plus et aurait voulu prendre un plus grand risque. Gardez-vous une telle impression en mémoire?*

François, très classique, est donc très proche des autres cinéastes, mais il a rajeuni le système parce qu'il a tourné à l'extérieur dans des décors naturels. Les anciens restaient à cette époque toujours dans les studios.

Avec Godard j'ai fait, à cette époque, un film en studio: UNE FEMME EST UNE FEMME (1961). On avait la réplique exacte d'un appartement dans lequel on devait tourner et qu'on n'avait pas pu avoir au dernier moment. Il a fait mettre un plafond en totalité. En général, dans un studio, on ne met que le plafond dont on a besoin. Là, avec Godard, le plafond était partout. Le soir, il pouvait fermer à clé et mettre la clé dans sa poche. Et on tournait en studio dans les mêmes conditions que si on avait été en décor naturel. Cette situation est amusante, mais c'est accumuler les difficultés. Par exemple, pour éclairer en studio on peut enlever les plafonds qui ne sont pas dans le chanp et éclairer par le haut. Dans le cas où tout est plafonné, il faut utiliser le système du décor naturel, prendre appui sur les murs, mais les murs sont factices, il faut donc étayer derrière. Perte de temps et production de mauvaise humeur.

Jean-Luc cherchait chaque fois à faire quelque chose de nouveau. Pour UNE FEMME MARIÉE, l'exploit était: on tourne le film et 8 semaines après le début du tournage on a la copie zéro. C'est-à-dire, le film était monté au fur et à mesure tous les jours. Après 4 semaines de tournage on avait encore le temps de faire le montage définitif et d'enregistrer la musique pour avoir la première copie. C'était ridicule comme défi, mais c'était sa motivation.

Quand on a fait LES CARABINIERS, l'idée était d'avoir un film qui soit comme sorti de la cinémathèque, reproduit plusieurs fois, sans gris avec seulement des noirs et blancs. On a donc fait un négatif très contrasté, on a développé un peu plus.

C'était toujours la même tentation d'essayer les nouvelles technologies. Quand on a fait PIERROT LE FOU (1965), on a utilisé le techniscope, du cinémascope sans anamorphoseur, qui permettait ainsi d'éliminer les aberrations géométriques et aussi d'utiliser les objectifs à plus grande ouverture. Les Italiens de Technicolor nous avaient montré le procédé lorsque nous préparions le tourna-

Raoul Coutard mit einer Teilnehmerin des Kameraseminars an der dffb (1993)

Es war immer ein Experiment. Godard probierte jede neue Technologie aus. Bei PIERROT LE FOU (1965) war es das Techniscope-Verfahren, ein Cinemascope ohne anamorphotische Optik, die es erlaubte, Verzerrungen zu vermeiden und gleichzeitig die Blende soweit wie möglich zu öffnen. Die italienischen Techniker haben uns das Technicolor-Verfahren gezeigt, als wir LE MÈPRIS vorbereiteten, der ursprünglich in Technicolor gedreht werden sollte. Aber sie verfügten über keine Kamera, die wir hätten mieten können. Zum Glück, denn so hätten wir mit den Geburtswehen einer neuen Technik zu kämpfen gehabt. Das Techniscope-Verfahren benutzte die Technik von zwei, statt vier Perforationen, das Bild war aufgeblasen und durch einen Anamorphot für die Herstellung der Kopien zusammengezogen. Das brachte viele Probleme mit sich, denn das Verfahren war seiner Zeit voraus.

Außerdem versuchte Godard immer wieder, komplizierte Dinge zu machen. Für WEEK-END (1967) hatte er beschlossen, das am schnellsten zu entwickelnde Material zu benutzen, das es damals auf dem Markt gab und es so zu behandeln, dass die Sensibilität verdoppelt wurde. Das führt bei den Aufnahmen zu schrecklichen Problemen. Man ist gezwungen, die Blende ganz zu schließen

ge du LE MÉPRIS qui, au départ devait être tiré en Technicolor. Mais ils n'avaient pas de caméra à nous louer. Heureusement, parce que l'on aurait essuyé les plâtres. Le techniscope utilisait la technique de deux perforations au lieu de quatre. L'image était gonflée et anamorphosée pour le tirage des copies. Cela a posé beaucoup de difficultés car à mon avis le procédé était un peu en avance sur la technologie du moment.

Godard essayait aussi de faire les choses compliquées. Pour WEEK-END (1967), il avait décidé d'utiliser la pellicule la plus rapide sur le marché – et en plus, de la faire développer pour doubler la sensibilité plus. C'est un problème terrible pour la prise de vue. On est obligé de fermer le diaphragme complètement, de mettre des filtres gris devant pour ne pas surexposer. On ne voit plus rien dans le viseur. On ne peut quitter le viseur qu'après avoir chaussé des lunettes sombres pour ne pas être ébloui et pour pouvoir à nouveau regarder dans le viseur sans accommodation.

Cela amusait beaucoup Godard, c'était un excitant pour lui.

Coutard und Godard bei der Arbeit zu BANDE À PART

und Graufilter zu benutzen, um nicht überzubelichten. Man sieht im Sucher nichts mehr. Verlässt man den Sucher, ist es notwendig, eine schwarze Brille aufzusetzen, um nicht total geblendet zu sein und um dann ohne lange Anpassungszeit wieder in den Sucher schauen zu können. Godard aber fand es lustig, es war für ihn ein ungeheurer Reiz.

Karl Prümm: *Noch eine Frage zu* À BOUT DE SOUFFLE*: Hatten Sie während der Dreharbeiten das Gefühl, dass hier Godard die Experimente und die Bewegung übertreibt? Der Film hatte ja einen ausgesprochen schlechten Ruf, galt als film maudit. Ganz Paris hat sich schon den Mund darüber zerrissen, dass dieser Film in einer entsetzlichen Katastrophe enden würde. Ein Regieamateur, so wurde gemunkelt, setze ein ohnehin zum Scheitern verurteiltes Projekt in den Sand. Hatten Sie beim Dreh ein ähnliches Gefühl oder waren Sie sich sicher, dass dies ein großer Wurf werden würde?*

Während der Dreharbeiten waren wir alle, ehrlich gesagt, etwas beunruhigt, sogar Jean-Luc, denn wir wussten nicht genau, was passieren würde. Wir waren keineswegs wegen der Qualität des Films beunruhigt, sondern wir waren in Sorge, wie das Publikum den Film aufnehmen würde. Er wich stark ab von allen Filmen, die bisher gedreht wurden.

Wir hatten festgestellt, dass bei den schnellen Bewegungen stroboskopische Probleme auftraten. Daraufhin haben wir mit einer Cameflex gearbeitet, bei der weniger stroboscopische Probleme entstanden als bei den anderen Kameras, wie etwa bei der Arriflex. Die Umlaufblende war auf 200 Grad geöffnet, also hatten wir keine großen Probleme, was die Bewegungen angeht. Das einzig Störende war die Handkamera, denn das Bild war nicht so ruhig, wie mit einem Stativ, und die Zuschauer waren nicht daran gewöhnt.

Karl Prümm: *Wie kann man sich bei den einzelnen Kamerabewegungen die Zusammenarbeit zwischen Regie und Kamera vorstellen? Hat Godard bei der berühmten Schlusssequenz von* À BOUT DE SOUFFLE, *als der von einer Polizistenkugel schwer getroffene Jean-Paul Belmondo die Straße entlangtaumelt und die Kamera ihm folgt, registriert, wie er an den parkenden Autos anstößt und zunehmend die Kontrolle über seinen Körper verliert, dieser ganz lange Todeskampf – hat Godard diesen Kameragestus genau vorgegeben oder hat sich diese eindrucksvolle Einstellung in der konkreten Arbeit ergeben?*

In der Schlusssequenz von À BOUT DE SOUFFLE wollte Jean-Luc, dass wir Jean-Paul Belmondo so lange wie möglich im Zentrum des Bildes halten. Wir hatten die Kamera auf einen 2CV ohne Verdeck montiert, das Auto fuhr im Schritttem-

Karl Prümm: *Encore une question sur* À BOUT DE SOUFFLE*: Avez-vous eu pendant le tournage le sentiment qu'ici Godard exagérait avec les expériences et le mouvement? Ce film avait une très mauvaise renommée, on parlait de film maudit. Tout Paris, mauvaise langue, attendait que le film se termine par une grande catastrophe, car on disait qu'il s'agissait d'un travail d'amateur, d'un metteur en scène condamné à échouer. Avez-vous ressenti un tel sentiment pendant le tournage, ou bien, étiez-vous persuadé qu'il s'agissait là d'un coup de maître?*

Au moment du tournage, il faut l'avouer, tout le monde – même Jean-Luc – était inquiet, car on ne savait pas très bien ce qui allait se passer. Nous n'étions pas inquiets sur la qualité du film, mais sur la façon dont le film pourrait être reçu par le public. C'était vraiment très différent de ce qui avait été fait jusque là.

Nous avions remarqué par exemple qu'il y avait des problèmes stroboscopiques dans les mouvements très rapides. Nous avons donc travaillé avec une caméra Cameflex où il y a un peu moins de stroboscopie qu'avec les autres – Arriflex par exemple. La pale de l'obturateur était ouverte à 200 degrés, donc pas de gros problèmes sur les mouvements. La seule chose gênante était l'emploi de la caméra à la main, car l'image n'était pas aussi stable que sur pied et les spectateurs n'étaient pas habitués.

Karl Prümm: *Comment doit-on se représenter le travail entre metteur en scène et caméraman lors de chaque mouvement? Par exemple, dans la dernière scène de* À BOUT DE SOUFFLE, *nous voyons Jean-Paul Belmondo, mortellement blessé par la balle d'un policier, descendre la rue en titubant. La caméra le suit, l'observe quand il se heurte aux voitures garées, enregistre sa perte de contrôle et sa longue agonie. Godard avait-il donné pour ce plan des instructions précises, ou ce plan impressionnant s'est –il révélé pendant le tournage?*

Dans la scène finale de À BOUT DE SOUFFLE, Jean-Luc voulait qu'on garde Jean-Paul Belmondo dans le centre de l'image le plus longtemps possible. On avait monté la machine sur une 2CV décapotée; on marchait au moteur, les

po und der Stab lief nebenher ... Bei den anderen Szenen mit bewegter Kamera saß ich in einem kleinen Rollstuhl, den Jean-Luc selbst manövrierte.

Eine andere Plansequenz aus LE MÉPRIS: Auf der Dachterrasse der Villa auf Capri. Brigitte Bardot geht durch das Bild, wir folgen ihr und die Kamera bleibt stehen. Dann kommt Michel Piccoli zurück. Jean-Luc hatte mir ausdrücklich gesagt, ihn bis an die Grenze des Bildes kommen zu lassen, so als wolle er weggehen. Ich sah keine Veranlassung, darüber zu diskutieren.

In diesem Film gibt es noch eine andere Plansequenz: Brigitte Bardot sonnt sich auf der Dachterasse mit einem Krimi auf dem Hintern. Der Titel *Eintreten ohne anzuklopfen!*, allerdings für die Kamera nicht lesbar. Das war eine Idee von Jean Luc. Die Amerikaner hatten für den Hintern der Bardot sehr viel Geld bezahlt. Zu dieser Zeit zeigten die Frauen nicht so leicht ihren Hintern, also sah man dies im Kino. Aber die amerikanischen Verleiher waren nicht zufrieden, sie wollten mehr von Bardot sehen. Deshalb beginnt der Film mit Einstellungen von Bardot und Piccoli in Farbe. Da ich zu dieser Zeit nicht frei war, hat mein Freund Alain Levent diese Einstellungen gedreht.

Rolf Coulanges: *Ich habe noch eine Frage zu den Fahrten. Die Fahrten haben ja den besonderen Vorteil, dass man keine Probleme mit Achsen und Achsenwechsel bekommt. Wenn der Zuschauer die Bewegung im Raum mitverfolgen kann, gibt es keine Probleme mit Anschlüssen. Das eröffnet dann die Möglichkeit, in der Kadrierung ganz andere Wege zu gehen, weil der Zuschauer die Anschlüsse, die quasi vor seinen Augen entstehen, mitvollziehen kann. Ist diese Arbeit mit Plansequenzen in* LE MÉPRIS *auch ein Weg gewesen, zu einer neuen Form der Cadrage zu gelangen?*

Ich möchte noch etwas anfügen, was die Dreharbeiten mit Jean-Luc betrifft. Jeder hat den Eindruck, dass Jean-Luc immer mit der Handkamera gedreht hat. In Wirklichkeit sieht es anders aus: À BOUT DE SOUFFLE ist tatsächlich mit einer Handkamera gedreht. LE PETIT SOLDAT (1963) wurde nur teilweise mit einer

gens couraient à côté ... Pour les autres scènes dans la plupart des plans en mouvement, j'étais dans un petit fauteuil d'infirme, que Jean-Luc manœuvrait lui-même.

Dans LE MÉPRIS, sur le toit de la maison à Capri: Brigitte Bardot passe, on la suit, on arrête. Puis Michel Piccoli revient. Là, Jean-Luc m'avait dit de le laisser arriver jusqu'au bord du cadre, comme s'il allait sortir. Il n'y avait pas de raison que j'en discute.

Dans ce film, il y a aussi un autre plan: sur la terrasse de la maison à Capri, Brigitte Bardot prend un bain de soleil, elle a un roman policier sur les fesses. Le titre du livre: Entrez sans frapper!, illisible pour la caméra, une idée de Jean Luc. Les Américains avaient donné beaucoup d'argent pour les fesses de Bardot. Il est vrai qu'à cette époque les demoiselles ne montraient pas facilement leur derrière, alors on voyait cela au cinéma. Mais le distributeur américain n'a pas été satisfait. Les Américains voulaient voir plus de Bardot. C'est pourquoi le film démarre avec des plans de Bardot et Picolli en couleur. Comme je n'étais pas libre, c'est mon ami Alain Levent qui les a tournés.

Rolf Coulanges: *Je voudrais encore poser une question sur les travellings. Le travelling donne l'avantage qu'on n'a pas de problème avec les axes et les changements d'axes. Quand le spectateur peut suivre le mouvement à travers l'espace, il n'y a aucun problème avec les montages. Cela permet d'autres solutions pour le cadrage puisque le spectateur prend conscience du montage qui s'accomplit devant ses yeux. Avons-nous, avec ce travail des séquences de plans dans* LE MÉPRIS, *une méthode pour arriver à une nouvelle forme de cadrage?*

Je voudrais encore dire une chose sur le tournage avec Jean-Luc. Tout le monde pense que Jean-Luc a toujours tourné avec une caméra à la main. En réalité, A BOUT DE SOUFFLE a bien été fait avec une caméra à la main. LE PETIT SOLDAT (1963) a été partiellement fait avec une caméra à la main car toute une

Handkamera gedreht, weil ein großer Teil mit Direktton und mit einer geblimpten Kamera gedreht wurde. UNE FEMME EST UNE FEMME wurde ganz mit einer Mitchell gedreht. LES CARABINIERS wurde ebenfalls mit einer Handkamera gedreht. Die darauf folgenden Filme wurden mit einer Mitchell gedreht.

Da Jean-Luc die Kamera viel bewegen wollte, haben wir einen kleinen Wagen gebaut, der heute Western Dolly genannt wird, den es aber zu dieser Zeit noch nicht gab. Das war ein kleiner dreieckiger Wagen, zwei Räder hinten, ein Rad vorne. Die Mitchell mit ihrem Stativ wurde darauf gestellt, Gewicht: ungefähr 80 kg. Zwei Kameraassistenten stiegen mit auf, um zu verhindern, dass die Kamera wackelt. Dazu kam noch der Kameramann, eng an seine Kamera gepresst. Bei einem solchen Gewicht wurden die Reifen beinahe plattgedrückt. Daher wackelte notwendigerweise die Kamera. Wenn man die Richtung wechselte, wackelte die Kamera in die andere Richtung. Das Ganze vermittelte den Eindruck, als sei der ganze Film mit der Handkamera gedreht worden. Dies erlaubte Jean-Luc, wackelnde Plansequenzen mit Bewegungen in alle Richtungen zu drehen. Es war viel einfacher als auf einer Schiene, wo man an eine Richtung gebunden ist. Die einzige Schwierigkeit: Damals wurden die Kameras zwar mittels Batterien angetrieben, waren aber durch Leitungen mit dem Ton verbunden. Also musste man vorher genau wissen, wie viele Drehungen mit der Kamera auszuführen waren, die Kabel entsprechend aufwickeln, um am Ende nicht eingeschnürt zu werden.

Karl Prümm: *Sie haben auch als Regisseur gearbeitet. Hat diese Tätigkeit Ihren eigenen Blick auf die Kameraarbeit verändert?*

Meine Arbeit als Regisseur hat nichts verändert, aber eine Selbstverständlichkeit bestätigt: die Schwierigkeit der Kommunikation zwischen dem Regisseur und dem Kameramann. In den Filmen, die ich gedreht habe, war einer meiner Assistenten der Chefkameramann. Ich kannte ihn also sehr gut. Ich habe ihm immer ausführlich erklärt, was ich wollte und also dachte ich, er würde dementsprechend alles verstehen.

Kameraarbeit bedeutet mehrere Dinge: die Kamera in die Richtung bewegen, die man wünscht und – das Licht setzen. Das sind ganz verschiedene Dinge. Sehen wir einmal von der Bewegung der Kamera ab. Damit es schneller geht, habe ich die Cadrierung selber gemacht. Aber mit dem Licht habe ich mich überhaupt nicht beschäftigt. Meinem Assistenten, also dem Chefkameramann, habe ich mitgeteilt, was ich wollte. Doch bisweilen konnte man den Eindruck haben, ich hätte Tschechisch mit ihm gesprochen, denn das Ergebnis entsprach in keiner Weise dem, was ich von ihm verlangt hatte. Aber ich ließ ihn machen.

partie a été tournée en son direct avec un blimp. UNE FEMME EST UNE FEMME a été entièrement fait avec une Mitchell. LES CARABINIERS a été aussi fait avec une caméra à la main. Les films qui viennent ensuite ont été faits avec une Mitchell.

Comme Jean-Luc voulait beaucoup bouger, on avait mis au point un petit chariot qu'on appelle aujourd'hui un Western Dolly , mais qui n'existait pas encore à l'époque. C'était un petit chariot en forme de triangle, deux roues derrière, une roue devant. On mettait la Mitchell dessus avec son pied, environ 80 kg, deux opérateurs montaient dessus pour l'empêcher de bouger, et de plus le caméraman , accroché à la machine. Donc, vu le poids, on écrasait forcément les pneus! La caméra avait alors tendance à bouger. Quand on repassait, la caméra bougeait dans l'autre sens. Et tout cela donnait l'impression que le film avait été tourné avec une caméra à la main. Ça permettait à Jean-Luc de faire des plans en mouvement, tournants. C'était plus facile que d'être sur un rail où on est astreint à une seule direction. La seule difficulté: à l'époque, les caméras étaient alimentées par des piles électriques mais reliées au son. Il fallait savoir combien de tours il fallait faire, bien entourer le fil pour ne pas se retrouver coincé.

Karl Prümm: *Vous avez aussi travaillé comme metteur en scène. Cela a-t-il modifié votre regard sur le travail de la caméra?*

Ça n'a rien changé, mais confirmé une chose évidente: la difficulté de communication entre le metteur en scène et l'opérateur. Dans les films que j'ai faits, le chef opérateur était un de mes assistants. C'était un gars que je connaissais très bien. Je lui ai toujours bien expliqué ce que je voulais et je pensais qu'il allait forcément comprendre.

Faire de la caméra, c'est faire plusieurs choses: agiter la caméra dans le sens où l'on veut et puis faire la lumière. Les choses sont bien différentes. Ne parlons pas de bouger la caméra. Pour aller plus vite, je préférais faire le cadre moi-même. Mais pour la lumière, je ne m'en occupais pas du tout. Je disais à mon assistant, le chef-opérateur, ce que je voulais. Mais parfois on aurait dit que je lui avais parlé en tchécoslovaque parce que le résultat n'était pas du tout ce que je lui avais demandé. Mais je le laissais faire!

Karl Prümm: *Waren Sie am Ende mit der Kameraarbeit zufrieden?*

Ja, bei den Filmen, bei denen ich Regie geführt habe. Es gab keine Konflikte.

Sicher – ich habe gelegentlich bemerkt, dass der Chefkameramann etwas anderes machen wollte als das, was ich ihm erklärt hatte. Ich habe ihn machen lassen, denn ich dachte, er hätte eine bessere Idee als ich. Es ist sehr wichtig, dass es eine Kohärenz durch alle Einstellungen hindurch gibt. Man darf auf keinen Fall den Eindruck bekommen, nur Teile eines Films vor sich zu haben, statt eines kohärenten Ganzen mit einer Idee zu Beginn.

Eine Sache möchte ich noch loswerden: Ich glaube, ich bin während der Dreharbeiten ziemlich unangenehm, sowohl als Kameramann wie als Regisseur. Ich habe ein Prinzip: Ich lobe niemanden, denn wir sind alle engagiert, um gut zu arbeiten. Allerdings brülle ich die Leute an, wenn die Arbeit schlecht gemacht wird.

Rolf Coulanges: *Es ist Dir also mit Deinem Assistenten, der Dein Kameramann war, ebenso ergangen, wie es Dir mit Godard ergangen ist. Die Kameraarbeit verselbständigt sich in einer bestimmten Weise, außerdem gibt es Kommunikationsprobleme. Und letztendlich entwickelt man das an der Kamera, was man dort zu sehen glaubt. Du hast dies toleriert, so wie Godard dies bei Dir toleriert hat. Die Koinzidenz dieser beiden Erfahrungen finde ich interessant.*

Ich delegiere gern. Ich habe meine Assistenten. Ich will nicht alles allein machen, ich bin ein bisschen faul. Die Mitarbeiter tragen Verantwortung und ich kümmere mich nicht darum, was sie tun, es sei denn, es gibt Probleme. Die Qualität eines Chefs – und ich bin ein Chef – besteht darin, genau in dem Moment einzugreifen, wenn die Katastrophe sich anbahnt.

Jost Vacano: *Ich möchte auf das Verhältnis von vorgefundenem, natürlichem Licht und zusätzlichem, künstlichen Licht bei* PRÉNOM CARMEN *zu sprechen kommen. Im allgemeinen gilt: Der Regisseur inszeniert etwas vor der Kamera, was dann mit der Kamera fotografiert wird. Bevor es fotografiert wird, muss man darauf achten, dass die Personen, die vor der Kamera inszeniert werden, auch Licht haben. Man baut also Lampen auf und beleuchtet die Personen, damit man sie fotografieren kann.*

Hier ist jedoch die Situation genau umgekehrt. Es ist ein natürliches Licht vorhanden, beispielsweise das Fenster. Ich kann also nicht das Fenster um zwei Meter nach links verschieben, damit das Fensterlicht die Schauspieler besser beleuchtet. Also muß man umgekehrt vorgehen und die Schauspieler oder die Szenerie sozusagen ins Licht stellen, ins Licht bringen, weil das Licht nicht zu ihnen gebracht werden kann. Nun sieht man in PRÉNOM

Karl Prümm: *Est-ce que le travail de la caméra vous a satisfait?*

Oui – pour les films où j'étais metteur en scène. Il n'y pas eu de conflit.

Par exemple, j'ai bien remarqué à un moment que le chef-opérateur avait envie de faire autre chose que ce que je lui avais expliqué. Je l'ai laissé faire en pensant qu'il avait peut-être une meilleure idée que moi. Ce qui est important, c'est qu'il y ait une cohérence dans tous les plans. On ne doit pas avoir l'impression d'avoir des bouts de film, mais un tout cohérent, avec une idée au départ.

Je dois encore avouer une chose: je crois que je suis assez désagréable lors d'un tournage, en tant que caméraman ou metteur en scène. J'ai un principe: je ne félicite jamais personne; on est tous engagés pour bien travailler. La seule chose que je fais, c'est engueuler quand le travail est mal fait.

Rolf Coulanges: *Tu as fait avec ton assistant qui était aussi ton chef-opérateur, les mêmes expériences que Godard avec toi-même. Le travail de la caméra s'émancipe, de plus il y a toujours des problèmes de communication. Et en fin de compte, on fait à la caméra l'image qu'on croit y voir. Tu l'as toléré, tout comme Godard l'a toléré avec toi. Je trouve cette coïncidence des deux expériences très intéressante.*

J'aime bien déléguer les choses! J'ai mes assistants. Je ne veux pas tout faire, je suis un peu paresseux. Les gens doivent avoir des responsabilités, je ne m'occupe pas de ce qu'ils font, sauf en cas de discussion. La qualité d'un chef – car je suis un chef – est d'arriver au moment où la connerie est en train de se préparer!

Jost Vacano: *Je voudrais parler des rapports entre la lumière naturelle existante et la lumière artificielle additionelle dans* PRÉNOM CARMEN. *En général, le réalisateur met en scène devant la caméra ce que la caméra va alors photographier. Avant de photographier, il faut donc bien faire attention que les personnes soient bien éclairées. On installe donc des lampes qui vont éclairer les personnes afin qu'on les photographie.*

Mais là, nous avons l'inverse. Nous avons une lumière naturelle qui entre par la fenêtre. Je ne peux pas pousser la fenêtre deux mètres à gauche, par exemple, pour que les comédiens soient parfaitement éclairés. On va donc agir autrement, les acteurs ou le décor doivent être placés dans la lumière, la lumière ne peut pas venir à eux. On voit très bien cet arrangement de la lumière existante dans PRÉNOM CARMEN. *C'est très intéressant et magnifique. Je pense à cette scène où le couple arrive dans une pièce vide et se déplace dans cet espace.*

Raoul Coutard mit der Schauspielerin Huynh Casenas während des Drehs von HOA-BINH *(1969)*

CARMEN, *dass dies in hochinteressanter und wunderbarer Weise in Relation zum vorhandenen Licht arrangiert ist. Wenn ich etwa an die Szene denke, in der das Paar in die leere Wohnung kommt, sich beständig darin bewegt und der Mann dasteht und sich die Schuhe zubindet. Diese Szene ist nur an bestimmten Stellen der Dekoration möglich, nämlich dort, wo gerade das Licht ist. Meine Frage lautet nun: Wie hat sich Godard darauf eingestellt? Hat er Wert darauf gelegt, dass die Szenerie genau dorthin inszeniert wird, wo es vom Licht her schön ist? Oder hat er gesagt: Mach Du Dein Licht, wie Du willst, ich stelle meine Schauspieler dorthin, wo ich sie haben möchte?*

Man muss unterscheiden zwischen Dreharbeiten im allgemeinen und Drehen mit Godard. Sprechen wir zunächst von Dreharbeiten im allgemeinen. Wird in einem natürlichen Dekor gedreht, gibt es das Problem, dass das natürliche Licht wechselt. Morgens ist das Licht rosa, mittags weiß und abends rot. Morgens, zu Beginn des Drehs, ist dies nicht besonders schwierig, denn das rosa Licht wird allmählich weiß und unproblematisch, aber am Abend wird es wieder farbiger. Das führt zu Schwierigkeiten, wie ich vorher schon erklärt habe.

Bei einem klassischen Regisseur, der 10 Einstellungen (beispielsweise 5 Totale und 5 Nahaufnahmen) zu drehen hat, werden alle Totalen zur gleichen Zeit abgedreht, denn bei den Naheinstellungen kann man notfalls mit zusätzlichem Licht arbeiten. Der größte Teil der Arbeit muss bis gegen 17 Uhr beendet sein. Zwischen 17 und 19 Uhr werden dann die Naheinstellungen gedreht.

L'homme s'arrête et attache ses chaussures. Cette scène n'est possible qu'à des endroits bien précis du décor, là où il y a la lumière. Ma question est la suivante: Godard s'est –il conformé à ces données? A-t-il jugé important de tourner la scène de telle façon que la lumière la rende la mieux possible? Ou, a-t-il dit: «Fais la lumière comme tu veux et je mets les comédiens là où je les veux!»?

Il faut distinguer deux choses: on parle d'un tournage avec Godard ou d'un tournage en général. Parlons d'abord d'un tournage en général. Quand on tourne dans un décor naturel, il y a un risque: la lumière naturelle change. Le matin, elle est rose, à midi elle est blanche et le soir rouge. Quand on démarre, ce n'est pas difficile parce que la lumière rose du matin devient peu à peu correcte, mais le soir, elle est plus colorée. Cela pose des complications, comme je l'ai déjà expliqué plus haut.

Avec un metteur en scène classique qui a 10 plans à faire par jour(par exemple 5 plans généraux, 5 gros plans), on va faire tous les plans généraux vers la même heure, les gros plans, on peut les reprendre à la limite avec la lumière ad-

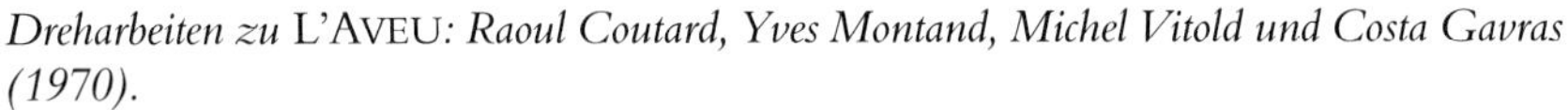

Dreharbeiten zu L'AVEU: *Raoul Coutard, Yves Montand, Michel Vitold und Costa Gavras (1970).*

Mit Godard ist das anders. Es muss schnell gedreht werden. Es wird in einem bestimmten Dekor gedreht, und man muss mit diesem Dekor in diesem konkreten Moment zu Rande kommen. Ob Licht hinzugefügt werden muss oder nicht, lässt sich nie vorher sagen, das hängt vom Augenblick und von der Laune Godards ab. Das ist wie bei einem Spaziergang auf einem Feldweg, auf dem sich ein großer Kuhfladen befindet. Entweder tritt man hinein oder man tritt nicht hinein.

Godard kommt zum Set und sagt: „Wir machen dies, das und dann das!“ Brauchen wir zusätzliches Licht? Wenn ja, gibt es keine Probleme. Wenn wir kein Licht setzen, geht es darum, die Geschichte mit dem Kuhfladen zu vermeiden. Also muss ich ihm sagen, es sei nur möglich, bis zu einem bestimmten Punkt zu drehen, darüberhinaus sei es ohne zusätzliches Licht unmöglich. Möglicherweise meint Jean-Luc, wir sollten es trotzdem probieren, möglicherweise könne es doch funktionieren. Mit Jean-Luc kann man es wagen. Wenn es nichts geworden ist, gibt es bei ihm kein Problem: Wir drehen es nochmal!

Es ist aber auch möglich, dass er mich fragt, wie weit das Bild ohne zusätzliches Licht korrekt bleibe. Dann achtet er bei seiner Inszenierung genau auf diesen Rahmen.

Jost Vacano: *Ich möchte noch auf etwas hinweisen, was mir sehr gut gefallen hat. In* PRÉNOM CARMEN *gibt es viele Szenen mit Großaufnahmen vor dem Fenster. Diese Einstellungen waren wunderbar arrangiert, und da merkt man natürlich, dass hier ein Künstler mit der Kamera und dem Licht gearbeitet und der Regisseur ihm an dieser Stelle auch Gestaltungsmöglichkeiten überlassen hat. Die Bildaufteilung war bemerkenswert. Meist war das Fenster auf der rechten Seite des Bildes, das Tageslicht wurde so zum Seitenlicht und spielte wunderbar auf dem Gesicht der Carmen. Demgegenüber war der Mann, der unmittelbar am Fenster stand, immer eine dunkle Silhouette, da das Licht ja nicht um ihn herum konnte. Das war sehr schön gemacht, weil es auch die Essenz der Szene vollendet ausgedrückt hat. Daran ist mir noch folgendes aufgefallen: Wenn man so etwas dreht, eine Großaufnahme, ein Gesicht vor einem überstrahlten, überhellen Fenster, da besteht immer die Gefahr, dass die Überstrahlung das Profil unklar werden lässt. Dieses Problem wurde durch die Frisur der Frau sehr gut gelöst, denn die Frisur hat das Gesicht gegenüber der Überstrahlung durch das Fenster noch einmal abgedeckt. Dadurch behielt das Gesicht seine Klarheit. Es gab nur eine Szene, in der Carmen sehr im Profil gespielt hat, da ließen sich die Haare nicht in dieser Weise einsetzen. Da gab es plötzlich draußen vor dem Fenster einen blaugrünen Fensterladen, den man ansonsten nicht gesehen hat, der dann auf einmal ein Stückchen zugeklappt war. Das war genau der Bereich hinter dem Gesicht, so dass der überstrahlte Himmel etwas verdeckt war. Da wird deutlich, mit welcher Raffinesse Raoul Coutard gearbeitet hat, um mit dem Licht zu spielen. Dafür ein großes Kompliment!*

ditionelle. Le gros du travail doit être terminé vers 17 heures. De 17 à 19 heures on fait les grands plans.

Avec Godard, c'est différent. Il faut tourner à toute vitesse. On est dans un décor et il faut faire avec le décor dans le moment présent. Le problème: est-ce qu'on rajoute de la lumière, oui ou non? On ne peut pas le savoir, ça dépend du moment et de l'humeur de Jean-Luc. C'est comme le gars qui marche sur le chemin où il y a une merde de vache. Ou bien il marche dedans, ou bien il passe à côté.

Jean-Luc arrive et dit: «on va faire ça, ça et ça!» Est-ce qu'on va mettre de la lumière? Si on met de la lumière, il n'y a pas de problème. Si on ne met pas de lumière, il y a le problème de la bouse de vache à éviter. Il faut alors lui dire, il est possible de tourner jusqu'à tel endroit, mais après c'est impossible. Sans lumière, on ne peut plus aller à cet endroit. Jean-Luc peut dire, on va le faire quand même, pour voir si par hasard ça ne marcherait pas. Avec Jean-Luc on peut tenter le coup. Si ce n'est pas réussi, avec lui, pas de problème: on refait.

Il peut me demander jusqu'où on peut aller pour que l'image sans lumière reste correcte. Il fait alors sa mise en scène dans cette partie-là.

Jost Vacano: *Je voudrais aussi attirer l'attention sur ce qui m'a beaucoup plu dans* PRÉNOM CARMEN. *On y voit beaucoup de scènes avec des grands plans devant la fenêtre. Ces plans sont magnifiquement arrangés. On se rend compte qu'on avait un artiste à la caméra qui travaillait avec la lumière et que le metteur en scène lui avait laissé toutes possibilités de réalisation. La composition de l'image est remarquable. Le plus souvent, on a la fenêtre à droite de l'image, si bien que la lumière du jour entre de côté et joue à merveille sur le visage de Carmen. En face d'elle, près de la fenêtre, l'homme, toujours silhouette sombre puisque la lumière ne peut pas le traverser. Le résultat est parfait car il exprime en excellence l'essence de la scène. Je voudrais encore évoquer une chose: quand on tourne en grand plan un visage devant une fenêtre inondée de lumière, il y a toujours le danger de surexposition. Le profil du visage devient alors flou. Le problème a été résolu par la coiffure de Carmen. Cette coiffure met son visage à l'abri du trop de lumière venant par la fenêtre. Et le visage garde toute sa clarté. Mais il y a aussi une scène où Carmen joue de plein profil et où les cheveux ne peuvent jouer leur rôle. Alors, on a soudain un volet bleu-vert devant la fenêtre qu'on n'avait pas vu jusqu'alors et qui est un peu entrouvert, juste derrière le visage de Carmen, si bien que le trop de lumière du ciel se retrouve atténué. On voit bien là, tout le raffinement du travail de la lumière de Raoul Coutard. Je vous fais mes plus grands compliments!*

Vielen Dank! Ich muss noch etwas zum Material sagen. Am Anfang meiner Arbeit in den fünfziger Jahren, als ich einen Film in Afghanistan drehte, da arbeiteten wir mit Kodak und mit 25 ASA. Das war natürlich nichts für Dämmerung! Am Ende, das heißt 45 Jahre später, habe ich mit Filmmaterial mit 500 ASA gearbeitet. Das ist doch ein kleiner Unterschied.

In den Anfängen des Farbfilms gab es eine besondere Schwierigkeit: Es gab noch nicht die Möglichkeit, die Differenzierungen des Lichts zwischen sehr hellem Licht und Schatten zu erfassen. Es standen nur 4 oder 5 Blenden zur Verfügung. Heute sind es 13 Blenden. Als wir diese Einstellungen aus dem Film PRÉNOM CARMEN gedreht haben, arbeiteten wir mit 11 Blenden, um das Licht zu differenzieren und so waren wir uns unserer Sache einigermaßen sicher. Das ist besser als das Schwarz-Weiß heute.

Noch dazu hatten wir den Vorteil, die neuen Zeiss-Objektive einsetzen zu können, die uns erlaubten, im Gegenlicht zu drehen, ohne dass sich Reflexe im Bild bemerkbar machten. So haben wir zum Beispiel in PRÉNOM CARMEN jene Einstellung im vollen Sonnenlicht mit nur geringen Reflexen drehen können. 15 Jahre früher wäre das Bild in einem wahren Nebel von Licht versunken.

Es hat also einen Fortschritt in der Qualität des Materials gegeben, was sowohl den Rohfilm als auch die optische Technik betrifft. Somit konnte man auch mehr erreichen.

Außerdem hatten wir sehr viel Glück mit der Schauspielerin. Maruschka Detmers hatte eine wunderbare Haut, die vom Licht umschmeichelt wird. So viel Glück hat man nicht immer mit den Schauspielerinnen. Das Photogenie ist nicht auf den ersten Blick zu erkennen. Deswegen muss man mit der Schminke achtsam umgehen. Für Männer jedoch gibt es keine großen Probleme. Ein Mann ist immer schön.

Als ich bei den Dreharbeiten zu À BOUT DE SOUFFLE Jean Seberg zum ersten Mal gesehen habe, dachte ich, ihre Haut könnte Probleme bereiten. Diese schien eher einer Krokodilhaut zu ähneln. Im Film kam sie jedoch wunderbar heraus. Das gehört zum Kapitel Fotogenie. ..

Da gibt es immer wieder Überraschungen. In LA PASSE DU DIABLE (1957) spielte ein Reiter mit, der maß 2,10 m, im Film wirkte er wie ein Winzling. Bei Brando ist es umgekehrt. Er ist ein Dreikäsehoch und erscheint im Film wie ein Herkules.

Benedict Neuenfels: *Ich habe eine Frage, die das Herz des Kameramanns betrifft: Wann entscheiden Sie sich eigentlich für ein Projekt? Reizt Sie die Geschichte? Oder sind es die Bilder? Oder eine neue Technik, die Sie anwenden können? Oder ist der Regisseur für ihre Entscheidung ausschlaggebend?*

Merci beaucoup! Il faut encore parler de quelque chose de très important concernant le matériel. Quand j'ai commencé dans les années 50, par exemple en Afghanistan, j'ai travaillé avec de la Kodak de 25 ASA. Ce n'était donc rien pour les crépuscules. A la fin, c'est-à-dire 45 ans plus tard, j'ai travaillé avec des pellicules qui font 500 ASA. C'est un paquet de plus.

Le gros drame de la couleur au début: il n'y avait pas de grandes possibilités entre les hautes lumières et les ombres. On avait 4 ou 5 diaphragmes de possibilité. Maintenant, on en a 13. Quand on a tourné ces plans de PRÉNOM CARMEN, on pouvait avoir 11 diaphragmes de différence entre les hautes lumières, on avait donc une relative sécurité dans la prise de vue. C'est mieux que ce qu'on a maintenant en noir et blanc.

En même temps, on a eu l'avantage d'avoir de nouveaux objectifs Zeiss qui permettent de filmer avec de hautes lumières en face sans avoir de reflets à l'intérieur. C'est ainsi, par exemple, qu'on a pu faire ce plan où on a le soleil en face avec juste quelques petites réflexions. 15 ans plus tôt, cela aurait disparu dans un brouillard de lumière.

Donc il y a eu une progression dans la qualité du matériel film et du matériel prise de vue. On a de plus eu beaucoup de chance avec l'actrice. Maruschka Detmers avait une peau extraordinaire. La lumière roule dessus. Ce n'est pas toujours le cas avec les actrices. Sans doute un problème non visible au premier abord, la photogénie. C'est pourquoi, il faut être vigilant avec le maquillage. Pour les hommes, pas de grosses difficultés. Un homme, c'est toujours beau.

Dans À BOUT DE SOUFFLE, la première fois que j'ai vu Jean Seberg, j'ai pensé qu'avec sa peau on allait avoir du mal. Elle semblait être comme une peau de crocodile. En fait, elle est magnifique! Cela fait partie de la photogénie...

Ce n'est pas toujours facile. Par exemple, dans LA PASSE DU DIABLE (1957) on avait un chevalier de 2,10 m qui, dans le film, ressortait comme un petit mec. Brando, lui, c'est le contraire: il est haut comme trois pommes à genoux et devient un vrai balèze.

Benedict Neuenfels: *Une question qui touche le cœur du caméraman: Quand prenez-vous la décision de travailler à un projet? Qu'est-ce qui vous attire? Une nouvelle histoire, de nouvelles images, une nouvelle technique que vous pourriez utlisée? Ou bien le metteur en scène joue-t-il en fin de compte le rôle déterminant pour votre décision?*

Für meine Entscheidung sind immer mehrere Gründe maßgebend. Habe ich mit einem bestimmten Regisseur gute Erfahrungen gemacht, ist es mein Wunsch, die Zusammenarbeit zu erneuern. Gerne lese ich auch das Drehbuch, um zu sehen, ob die Geschichte mir gefällt und in welchen Zusammenhängen sie steht.

Michael Neubauer: *Ich habe nun gelernt, dass es nervenzerreißend, aber auch spannend gewesen sein muss, mit Jean-Luc Godard zu arbeiten. Als Kameramann musste man sicher eine unheimliche Einlassungsfähigkeit und Duldsamkeit aufbringen, um mit ihm erfolgreich und über so lange Zeit zusammen zu arbeiten. In Ihren Erläuterungen habe ich Sie als einen Kameramann kennengelernt, der sich ganz selbstverständlich in den Dienst des Regisseurs stellt, um dessen Vorstellungen umzusetzen. Dennoch möchte ich Sie in aller Freundlichkeit dazu provozieren, einmal ihre Bescheidenheit zu verlassen und vielleicht zu benennen, an welcher Stelle, in welchen Punkten die Filme anders aussehen würden, wären sie nicht von Raoul Coutard ins Bild gesetzt. Oder anders gefragt: Worin sehen Sie Ihre größte Fähigkeit, auf die Sie sich in den langen Jahren Ihrer erfolgreichen Tätigkeit immer verlassen konnten?*

Hätte jemand anderes die Filme gedreht, wäre selbstverständlich das Bild ein anderes, aber die Filme wären dadurch keineswegs schlechter.

Ich denke, dass ich eine gewisse Einfachheit und eine gewisse Annehmlichkeit in die Produktion einbringe. Ich treffe alleine meine Entscheidungen, ich nehme meine Verantwortung wahr. Ich frage nicht andauernd: „Was soll ich machen?“ Beim Dreh von PRÉNOM CARMEN habe ich die Bilder gemacht und Jean-Luc nur das Nötigste gefragt. Bei der Vorführung der Muster würde man sehen, ob er es gut findet oder ob er etwas zu meckern hat.

Karl Prümm: *Wir sind am Ende des Gesprächs angekommen. Ich danke Ihnen, Raoul Coutard, für die große Geduld und Offenheit, mit der Sie auf die vielen Fragen geantwortet haben!*

Ich danke dem Publikum, dass es so aufmerksam zugehört hat.

Ich hoffe, Ihr habt nicht geschlafen!

Gesprächsprotokoll und Übersetzung: Monique Prümm

Ma décision tient à plusieurs critères. En général, quand j'ai déjà travaillé avec un réalisateur, si l'expérience a été bonne, je souhaite la renouveler. J'aime aussi lire l'histoire pour voir si elle me plaît et pour connaître l'environnement.

Michael Neubauer: *Je viens d'apprendre combien il était énervant mais aussi enrichissant de travailler avec Godard. Le caméraman devait sans aucun doute faire preuve de beaucoup de sensibilité et de patience pour travailler avec succès et aussi longtemps avec lui. Vous vous êtes présenté comme un caméraman qui se met tout naturellement au service du metteur en scène pour réaliser ce qu'il souhaite. Mais je voudrais, en toute amabilité, vous demander d'oublier votre modestie et de nous dire, en quoi et à quels moments, les films que vous avez tournés seraient autres, s'ils avaient été mis en image par un autre. Bref: En quoi voyez-vous votre plus grande compétence sur laquelle vous avez pu compter tout au long de votre carrière?*

Tourner avec un autre, il est évident que la photo serait autre, mais le film n'en serait pas moins bon pour autant.

Je pense que j' apporte une certaine facilité, un certain confort. Je prends mes décisions moi-même, j'assume mes responsabilités. Je ne demande pas continuellement: «Qu'est-ce que je fais?» Par exemple, dans PRÉNOM CARMEN, je fais les images, je ne demande que l'essentiel à Jean-Luc, on verra aux rushes, si c'est bon ou s'il râle.

Karl Prümm: *Nous voilà arrivés à la fin de notre discussion. Raoul Coutard, nous nous remercions beaucoup pour votre patience et pour la grande sincérité avec laquelle vous avez répondu à nos nombreuses questions!*

Je remercie le public de m'avoir écouté si patiemment.

J'espère que vous n'avez pas dormi!

Transcription: Monique Prümm

Raoul Coutard als Fotoreporter (in der Bildmitte) bei der Befreiung des General de Castrie (Hanoi 1954)

Jürgen Heiter

Ein Bauer der Photographie

„Ich bleibe auf dem Teppich. Ich halte mich an die Realität. Das ist alles. Künstler zu sein ist nicht nötig.“[1]
Roberto Rossellini

Probleme mit der Sonne

Im Sommer 1982 machte ich einen Film über Raoul Coutard mit dem Titel: EIN BAUER DER PHOTOGRAPHIE. Die folgenden kursiv geschriebenen Textteile sind aus Gesprächen mit Coutard[2] zusammengesetzt, die wir im Rahmen dieses Films führten. Der Filmtitel EIN BAUER ... ist natürlich irreführend, denn mit Säen und Ernten und gebauter Photographie haben der Film und auch Coutard nichts zu tun.

Zu diesem Titel kam es so: 1981 konnte man in den Filmzeitungen lesen, dass Godard nach einer Pause von 13 Jahren wieder mit Raoul Coutard arbeitete. Der Film hieß PASSION.

Nach Abschluss der Dreharbeiten erzählte Godard in einem Interview[3] ein paar Details über die Vorbereitungen zu PASSION: Vier Kameramänner hatten den Film abgelehnt – Vittorio Storaro, Ricardo Aranowicz, Henri Decae und Henri Alekan – weil Godard mit dem Licht gewisse Risiken vorhatte: Er bestand darauf, dass sie mit ihm zusammen das Außenlicht genauer erforschen sollten, um feststellen zu können, in welchem Lichtgebiet sich das Erzählen abspielen könne, da sie ja das Licht in den Bildern (nachgestellte Meisterwerke der Malerei, u.a. Rembrandts *Nachtwache*) und das Licht der Wirklichkeit aneinander anpassen mussten.

Am borniertesten hat sich Storaro verhalten, der ganze LKW-Ladungen Licht verlangte.

Godard soll ihm daraufhin den Rückflug aus der Schweiz nicht mehr bezahlt haben – aber Probleme mit der Sonne hatten alle vier. Godard erinnerte

1 Roberto Rossellini: Interview in *Filmcritica*, 264-265, Mai-Juni 1976.
2 Jürgen Heiter u. H-H. Schwarz: Gespräche mit Raoul Coutard. In: *Filmkritik* 319, Juli 1983.
3 Jean-Luc Godard / Gideon Bachmann: „Im Kino ist es nie Montag“, *Cinema* 1982.

sich dann „an meinen alten Freund Raoul Coutard, der nicht, wie die anderen, ein Oberst der Photographie, sondern eher EIN BAUER DER PHOTOGRAPHIE ist, ein bescheidener und dabei sehr praktischer Mann. Er gab mir Vertrauen. Er half mir zu sehen, bevor ich erfinden konnte."

Für viele Leute ist es schwieriger, mit Jean-Luc zu arbeiten als im herkömmlichen Kino, denn dort gibt es keine Überraschungen. Jean-Luc hat deshalb wohl auch oft mit Kameramännern Probleme gehabt – er erklärt die Dinge ja nie konkret und cartesianisch, und selbst wenn er sie so erklären würde, es wäre immer noch schwierig und kompliziert... Das muss man wissen bei ihm – man kann ihn nicht drängen, man kann nicht wissen wollen... Die Dinge müssen sich erst entwickeln. Denn das ist das Problematische bei diesem Beruf; die Dinge sind da eben nicht so definiert wie in der Mathematik, wo zwei und zwei vier ist. Das Schwierigste ist die Kommunikation – das, was man als Idee im Kopf hat, so den anderen zu vermitteln, denn der andere hat eben nicht die gleiche Konzeption davon. Und wenn man Regisseur ist, hat man diese Dinge schon sehr lange im Kopf und muss doch die Form, in der man sie mitteilen kann, unmittelbar finden. Und der Kameramann – das ist sein Problem – muss mit diesen unmittelbar erfolgten Erklärungen anderer eine Kontinuität für den ganzen Film schaffen, jedesmal wieder neu.

Godard und Verneuil (Die Kunst)

Als wir 1982 Coutard in Berlin trafen, war er dort mit der Regie des Kriminalfilms S.A.S. À SAN SALVADOR beschäftigt. Wir verabredeten, dass er sich für unseren Film in den zehn Tagen seines Berliner Aufenthaltes immer dann Zeit nehmen sollte, wenn Zeit da war. Wir sahen ihn oft. Meist am frühen Abend oder sehr früh am Morgen, also immer vor oder nach seinem eigenen Drehbeginn. Uns war es recht. Im Juni ist das Licht dieser Tageszeiten wunderbar, daher besorgten wir uns aus der Schweiz eigens ein spezielles Kodak-Material, das äußerst brillante Farben ermöglichte. Für uns lief also alles glatt.

Coutard dagegen war über die Arbeit an S.A.S. nicht begeistert, es war ein reines Auftragsprojekt. Doch er war auch nicht deprimiert. Seine Haltung war die richtige, er hatte einen Film zu machen, und der musste unbedingt so gut gemacht werden, wie es die Umstände erlauben. Und die Umstände waren miserabel, so hatte er keinerlei Mitspracherecht bei der Auswahl der Darsteller. Andererseits, wenn Stil bedeutet, mit Freiheit auf Notwendigkeiten zu reagieren, war immer noch alles zu tun. Coutard fragte sich nicht: Ist das Kino? Soll ich das ablehnen? Sondern da gab es eine viel natürlichere Weise, sich kritische Fragen zu stellen. Das ist das Gefühl, das man vor Picasso empfindet, wenn man ihn in Clouzots Film sieht: Sich Problemen zu stellen, ist keine kritische Haltung, sondern eine natürliche Funktion. Von einem Autofahrer in einer kritischen Verkehrssituation sagt man einfach: Er fährt Auto, und von Picasso: Er malt. Und von Coutard: Er dreht. In Clouzots Film setzt Picasso übrigens das eine und andere Bild ziemlich in den Sand. Aber darum geht es nicht.

Was das Künstlerische beim Film angeht, so ist es üblich, wie in der Literatur zu unterscheiden; man sagt, das ist Literatur und das ist keine, diese Filme sind wirkliches Kino und jene kommerzielles Kino. Meiner Ansicht nach geht das nicht, denn das Kino ist eine Industrie. Für mich gibt es nicht Kunstfilme und Kommerzfilme, es gibt Filme. Meinetwegen Filme erster Klasse und Filme zweiter Klasse. Ich sehe beispielsweise keinen grundlegenden Unterschied zwischen Filmen von Godard und, sagen wir, Verneuil. Das Ziel ist das gleiche.

Niemand will einen Film machen, den nur zwanzig Leute sehen, man möchte immer, dass der Film von einer Million, von zehn Millionen gesehen wird.

Film is like a battleground (1)

Der neben Godard für Coutards Schaffen wichtigste Filmemacher war Pierre Schoendoerffer. War Godard eine Art Antipode zu Coutard, so war Schoendoerffer für ihn eher wie ein Bruder, ein Kamerad: Sie waren beide Männer der Tat, weitgereiste Abenteurer, die für Magazine wie „Paris-Match" gearbeitet hatten, Typen, die für ein Bild, den richtigen Blickwinkel auf eine Geschichte ihr Leben aufs Spiel setzen, immer wieder. Coutard erlernte sein Handwerk im Nachrichtenkorps der französischen Armee: seinem Wesen nach ist er jedoch ein Autodidakt, ein Eigenbrötler, der alles für sich selbst herausfinden und aus prinzipiellen Erwägungen sämtliche Regeln brechen muss. So ist er unter Kameraleuten legendär für seine selbstgebrauten Mixturen, mit denen er seine Filme entwickelte.

Seine Lebensmaxime lautete: „Das Reglement ist eine Hure, die jeder auf seine Weise vögelt."

Coutards Haltung zu seinem Beruf wie zum Leben selbst bedingt eine Arbeitsweise der größtmöglichen Einfachheit, die ihren Ausdruck in seinem Umgang mit Naturlicht findet, verbunden mit einem für Autodidakten typischen Hang zum Individualismus: So wie man filmt, wenn man aus einem Schützengraben in ein Sperrfeuer springt und dabei versucht, die Wesenheit des Lebens in diesem einen Augenblick zu fixieren – mehr Chancen als diese eine wird man nicht haben." Das schrieb Olaf Möller im Pressetext zu unserem Film, als der das erste Mal zum zweiten Mal herauskam.

Es ist wahr, dass ich zwischen Film und Krieg viele Parallelen ziehe. Wie beim Militär gibt es beim Film letztlich nur das Ziel: man muss gewinnen. Einen guten Film ma-

chen, die Schlacht gewinnen. Dann die ganze Infrastruktur, die Organisation, die Logistik. Ich beziehe mich oft auf eine Stelle bei Clausewitz: Wenn eine Operation beschlossen ist, dann muß sie auch durchgeführt werden. Wenn man eine Außenaufnahme machen will, dann muß man auch hinfahren, selbst wenn am Morgen schlechtes Wetter ist, statt zu sagen, wir drehen innen, denn das Wetter kann sich ändern. Man muß immer kämpfen, ganz gleich, welchen Beruf man ausübt. Kämpfen nicht im Sinne von Gewaltanwendung, sondern kämpfen, um etwas besser zu machen, weiter zu gehen, mehr zu machen...

Film is like a battleground (2)

Das zu erreichende Ziel, das ist der Film, aber wenn er fertig ist, wird einem klar, dass er nur die Route war, der Weg zum Ziel. Wenn er also fertig ist, wenn man den Krieg gewonnen hat, geht das Leben weiter. Und vielleicht geht der Film damit erst eigentlich los.

Vor dem Indochinakrieg habe ich eine Ausbildung in einem Fotolabor gemacht, da wurden Filme entwickelt und abgezogen. Ich wollte Fotograf werden, aber ich wusste nicht so recht... ich hatte Lust, Porträtaufnahmen und solche Dinge zu machen. Und dann war ich eine Zeitlang Soldat und fand mich in der Presseabteilung der Armee wieder.

Es war relativ gefährlich, es gab kaum Pressefotografen, die damals nach Indochina gingen. Man zog es vor, dass so kleine Idioten wie wir das machten. Da habe ich auch ein bißchen gedreht, Kriegsberichterstattung.

Als wir nach dem Krieg nach Frankreich zurückkamen, dachten wir, jede Zeitung würde uns nehmen. Aber sie brauchten uns nicht. Nur Camus, der noch heute bei Paris-Match *ist, und ich, wir wurden genommen.*

In Indochina habe ich Wochenschauen gemacht, die in den Kinos liefen – diese drei- oder vierminütigen Kurznachrichten, die vor dem Kurzfilm und dem Hauptfilm liefen. Dann noch einen Dokumentarfilm über Saigon und einen über die dortigen ethnischen Minderheiten.

Als dann Pierre Schoendoerffer fragte, ob ich bei seinem Film THAN LE PÊCHEUR *Kamera machen wollte, musste ich beim* Centre du Cinéma *eine Ausnahmegenehmigung beantragen. In Frankreich gibt es noch ziemlich strenge Vorschriften für die Arbeit beim Film. Schlüsselfunktionen wie zum Beispiel Kamera, Ton, Script oder Ausstattung darf man nur mit einem Berufsausweis ausüben, der eine Reihe von Bedingungen voraussetzt wie Praktika oder den Besuch von Schulen und dergleichen, was alles bei mir nicht der Fall war. Aber die Genehmigung habe ich dann bekommen.*

Es fügte sich dann, dass ich noch zwei weitere Filme mit Schoendoerffer machte, und alle wurden sie vom gleichen Produzenten produziert, von Georges de Beauregard.

Die Nouvelle Vague *gab es da noch nicht, sie kam erst auf mit Filmen wie* LE BEAU SERGE *von Chabrol und* LES QUATRES CENT COUPS *von Truffaut. All diese Leute – Chabrol, Truffaut und auch Godard – arbeiteten bei den* Cahiers du Cinéma. *Sie brachten einen mit ihren boshaften Kritiken zum Lachen. Chabrol und Truffaut kannte ich durch ihre ersten Filme, von Godard wusste ich nichts.*

Die Pony-Ranch in Wirklichkeit

In der Filmzeitschrift *Sigi Götz-Entertaniment*[4] schreibt Rainer Knepperges: „Mir kamen die 80er, meine Jugendzeit, damals schon nostalgisch vor. 1986 sang Prince: sometimes it snows in April. Jetzt passiert es tatsächlich. Heinz Pehlke, Kameramann von Tressler und Käutner im Gespräch mit Norbert Jochum, 1985: Früher war die Kantine der Ort in einem Studio, an dem man sich traf, der Ort für Begegnungen und Informationen. Von dort aus wurde man weitergereicht; man wusste immer, was los war: wer wann wo was drehte oder zu drehen anfing. Heute ist in einer Stadt wie dieser alles zersplittert; die eine Produktion ist in Steglitz, die andere in Spandau, die dritte in der City. Das sind jetzt alles Produktionscliquen geworden, zu denen man kaum noch Zugang hat."

Godard und Verneuil... Coutard hatte recht. Beide gehörten zur Familie, auch wenn die schon ziemlich kaputt war. Der eine mit mehr, der andere mit weniger Verantwortung. Aber sie trafen sich noch in der gleichen Kantine.

De Beauregard hatte also nach meinem ersten Film mit Schoendoerffer, der auch de Beauregards erster Film gewesen war, noch zwei Filme gemacht – ganz in der Tradition des phantasielosen Produzenten. Godard arbeitete zu jener Zeit in der Werbeabteilung der Fox, die auch Schoendoerffers Filme verlieh, und so wusste er von de Beauregard, und eines Tages ging er zu ihm mit einem Drehbuch, das heißt mit einem Stück Papier, auf dem fast nichts stand, und einem Zeitungsartikel, an dessen Rand Truffaut geschrieben hatte: Sieh an, eine hübsche Idee für ein Drehbuch.

De Beauregard, der immer die Nase im Wind hatte, fragte, ob Truffaut einverstanden sei, für das Drehbuch zu zeichnen, und ob Chabrol als technischer Berater figurieren würde, denn es war Godards erster Spielfilm, und da wollte man sich natürlich absichern. Und da Chabrols LE BEAU SERGE *und Truffauts* LES QUATRE CENT COUPS *finanziell und ästhetisch Erfolg gehabt hatten, konnte de Beauregard mit diesen beiden Namen im Rücken das Geld zusammenkriegen, mit dem* À BOUT DE SOUFFLE *gemacht wurde. Und da ich der einzige Kameramann war, den de Beauregard wirklich kannte, habe ich die Kamera gemacht. Wie schön der Zufall die Dinge vorantreibt.*

4 Rainer Knepperges: *Sigi-Götz Entertainment*. München 2002.

Hänsel und Gretel

Jeremy Prokosch, der Produzent in LE MÉPRIS, hält es mit den Göttern. „Oh Götter. Ich mag Götter. Ich weiß genau, was in ihnen vorgeht." Fritz Lang kontert sofort: „Nicht die Götter haben die Menschen erschaffen, sondern die Menschen die Götter." Und die Kunst.

Zehn Tage also verbrachten wir mit Coutard in Berlin. Es war eine schöne Zeit. Schließlich war da jemand, dessen Filme wir liebten, ein Monument der Filmgeschichte gewissermaßen, und trotzdem musste keiner vor Bewunderung in Ohnmacht fallen. Coutard war offen, interessiert und machte durch seine Präsenz schnell klar, dass er unser Unternehmen zunächst einmal ernst nehmen würde. Also konnten oder mussten auch wir uns ernst nehmen – mit 1100 Metern Material war das auch dringend angeraten – und nichts würde schief gehen. So war es dann auch.

Natürlich, dass eine Gruppe junger Leute, die selber Kamera oder Regie führen wollten, ihn für zehn Tage zu ihrem Meister erkoren hatten, machte ihm wahrscheinlich auch Freude, zumal es mit den S.A.S.-Leuten nicht viel zu lachen gab und so war er sicher hier und da froh, uns Enthusiasten zu sehen. Wenn wir uns zu fest verabredeten Zeiten für Filmaufnahmen trafen, mussten wir nicht einmal auf Coutard warten. Hatten wir uns auf 7.00 Uhr geeinigt, konnten wir die Kamera einrichten, und um 7.00 Uhr war er bei uns. Meist drehten wir auf einer Baustelle vor seinem Hotel, da gabs die farbigen Flächen, die wir für unseren Film brauchten, blaue und rote Bauwagen, ockerfarbene Mauern usw. Selbst an seinem freien Tag drehten wir auf dieser wunderbaren Baustelle und würden vielleicht noch immer da drehen, wäre nicht das Licht plötzlich verschwunden ... Die Verabredungen für den nächsten Morgen oder den gleichen Abend trafen wir immer tagsüber an seinem Set, an dem wir uns ständig frei bewegen konnten. Ab und zu stellte er sich dann zu uns und rauchte eine seiner unzähligen Zigaretten. Er hatte grundsätzlich mindestens drei Pakete Zigaretten in der Tasche, und in unserem Film gibt es keine Einstellung, in der er nicht raucht. Bei den Studioszenen konnten wir übrigens ganz nebenbei beobachten, wie einfach und klar Coutard auch mit Kunstlicht arbeitet.

Wir müssen für die S.A.S.-Crew ein merkwürdiges Bild abgegeben haben, denn einmal, als ich mit Ulrike Pfeiffer, die unsere Kamera führte, im Studio auftauchte, hörte ich einen Beleuchter, der leise zu seinem Nachbarn sagte: Hänsel und Gretel sind auch wieder da.

Egal. Das was blieb, neben den Erinnerungen: Die Kunst fällt nicht vom Himmel, die ist gemacht. „Filme sind gemacht. Ein Strumpf ist ein Strumpf, solange er nicht von Verbrechern als Maske gebraucht wird und der Louvre kann sehr wohl zum Sportplatz werden, wenn man die Absprache bricht, wonach er ein Museum ist", schreibt Frieda Grafe über BANDE À PART[5]. Filme sind gemacht. Man kann sich über die Beschaffenheit verständigen. Allerdings nur in Form einer unabschließbaren Betrachtung.

À BOUT DE SOUFFLE *war ein Film, der an Originalmotiven gedreht wurde, ich hatte also keine Probleme mit Aufbauten etc., die ganze Vorbereitung war sehr einfach. Vielleicht bis auf das Filmmaterial. Wir wollten das Illford-HP-5-Material benutzen, das ich vom Fotografieren her kannte und Jean-Luc vorgeschlagen hatte, das es aber als Kinefilm nicht gab, sondern nur als Fotofilm auf Zehn-Meter-Rollen. Wir mussten es im Kopierwerk in einer speziellen Maschine entwickeln lassen. Es gab da eine kleine Entwicklungsmaschine für Tests, und wir erreichten, dass sie in diese Maschine ein Spezialbad gaben, das die Empfindlichkeit erhöhte. So konnten wir eine Reihe von Aufnahmen ohne zusätzliches Licht machen. Wir kauften also den ganzen Lagerbestand an Fotofilm auf, den Ilford hatte, und zwei Assistenten legten ununterbrochen ein. Zehn Meter, das sind zwanzig Sekunden, wir hatten jede Menge Kassetten und luden ohne Pause.*

Damals schaute Jean-Luc nie durch die Kamera – schon allein, weil alles aus der Hand gedreht wurde, ein Stativ nahmen wir fast nie. Er machte Angaben wie: Das und das will ich groß – aber immer negative Angaben, wie das seine Art ist. Er sagt: Ich will, dass man das und das nicht sieht – und so kann man ungefähr ahnen ... Wenn er zum Beispiel eine Großaufnahme wollte, sagte er: Ich will die Brusttasche am Hemd nicht. Oder was auch immer nicht ... Als wir anfingen zu drehen, war jeder über Godards Arbeitsweise erstaunt. Die Seberg war zu jener Zeit nicht mehr der große Star wie bei Preminger in SAINT JOAN, *aber sie hatte da in Komfort und Luxus gedreht und war über Godards Arbeitsstil verstimmt. Nun, letztlich hat sie ihre Arbeit trotzdem gut gemacht. Die Amerikaner sind wirklich Professionelle, sie machen ihre Sache auch dann gut, wenn sie nicht zufrieden sind. Das gilt auch für Belmondo.*

„Schnell, ins Rückgrat."

Truffaut hatte für À BOUT DE SOUFFLE einen anderen, weniger harten Schluss vorgesehen. Später erzählte er: „Jean-Lucs Schluss war gewalttätiger, weil er unglücklicher war als ich. Er war wirklich verzweifelt, als er diesen Film machte. Für ihn war es ein Bedürfnis, den Tod zu filmen, er brauchte diesen Schluss. Nur einen Satz habe ich ihn gebeten zu schneiden, der fürchterlich war. Zum Schluss, wenn die Polizisten auf Belmondo zielten, sagte einer zum

5 Frieda Grafe in *Filmkritik* 2/1965.

anderen: „Schnell, ins Rückgrat." Ich wurde sehr heftig. Er hat dann den Satz rausgenommen.

Anfangs wollte es nicht so recht klappen, bei den Dreharbeiten: Jean Seberg hatte kein Vertrauen zu Jean-Luc, und auch Beauregard war sehr nervös. Er verstand Jean-Lucs Methoden nicht, und er konnte nichts mit dem anfangen, was er sah. Die Stimmung im Team war ziemlich schlecht, sogar die Freundschaft mit Coutard entstand erst nach und nach. Nur Belmondo war voller Vertrauen. Die Situation änderte sich dann aber. Einmal kam ich im Wagen aus Südfrankreich zurück, ich sah auf der Straße ein kleines Team beim Drehen: es waren Coutard, Godard und Belmondo. Sie drehten die Einstellungen mit dem Auto zu Beginn des Films. Ich hielt an. Es war der Schluss der Dreharbeiten. Ich habe eine schöne Erinnerung daran."[6]

Truffaut und Godard waren zur Zeit von À BOUT DE SOUFFLE *ja befreundet, und Truffaut kam zu den Dreharbeiten, um zu sehen, wie es lief. Es erschien ihm wohl ... er hatte* LES QUATRE CENT COUPS *mit Decae, einem äußerst klassischen Kameramann, gemacht – also nicht unbedingt jemand, der Happenings mitmachen würde, sondern der alles sehr genau wissen musste. Ein sehr guter Kameramann, aber jemand, der kein Risiko eingehen würde. Alles muss stimmen, wenn das Licht nicht gut ist, wird nicht gedreht, und alle sagen, gut, wir drehen nicht, niemand traut sich, zu sagen, wir probieren mal, ob es nicht doch geht. Sehr klassisch, sehr gute Photographie, aber ... Vielleicht machte es Truffaut Spaß, zu sehen, wie wir drehten.*

Mit Truffaut war es schon so wie im klassischen Kino, das sind richtig durchorganisierte Filme. Ab und zu ändert er mal was am Drehbuch, aber immer auf die klassische Weise. Man weiß morgens genau, was passiert, alle sind pünktlich da, man hat einen Acht-Stunden-Tag. Mit Pierre Kast war es genau so, nur dass er nie wusste, wie er die Szenen auflösen wollte. Was bei Truffaut ein wenig anders war als beim normalen Film, war die Atmosphäre beim Drehen – es gab zwar den organisierten Apparat, in dem jeder für seine spezielle Funktion zuständig war, aber wenn zum Beispiel ein Tisch oder Flaschen im Bild umgestellt werden mussten, wartete Truffaut nicht auf den Requisiteur, sondern machte es selbst. Aber das Drehen war wie im klassischen Kino.

Wenn man mit Godard arbeitet, ist man normalerweise zu zehnt oder zu zwölft, und wenn etwas verschoben wird, kann man sich verständigen. Bei dreißig Leuten geht das nicht. Da muss alles aufgeschrieben sein – morgen brauchen wir eine Krawatte von der und der Farbe, usw. Ich meine, man kann nicht wie Godard arbeiten, wenn man einen großen Apparat um sich hat, es ist eine andere Art, Filme zu machen. Obwohl das Schwierigere von beidem vielleicht doch die Arbeitsweise Jean-Lucs ist.

6 François Truffaut: „Jean-Luc Godard", *Présentation Jean Collet*, Paris 1963 (deutsche Übersetzung: *Filmkunstreihe Nr. 83, Neue Filmkunst Walter Kirchner*).

Kunst (2)

Coutards klassische Periode begann sofort mit seiner Kameraarbeit für À BOUT DE SOUFFLE, der wiederum das Ende des klassischen Kinos in Europa einläutete. Damals wie heute machte die Unterscheidung zwischen einem Kunstfilm und einem kommerziellen Film keinen Sinn. Aber damals machte man ihn auch noch nicht, denn es gab das Kino. Heute gibt es statt dessen nur noch diesen Unterschied. In einer Art negativen Dialektik sind die Filme Godards/Coutards natürlich auch für diese Situation mitverantwortlich.

Die Technik der ersten Filme Godards war bestimmt von dem Vorsatz, das Kino ins Wanken zu bringen, und auch ich fand es interessant, für den Bereich der Kamera dabei mitzumachen. Gleichzeitig waren sie natürlich so beschaffen, weil wir gezwungen waren, so zu arbeiten. Es gab kein Geld, das heißt, wir machten im Film, was ein Fotoreporter in der Fotografie macht.

Jean-Luc fühlt sich immer wohl bei Filmen mit niedrigem Budget. Übrigens werden wir bald wieder einen machen, CARMEN. *Er hat schon gesagt, es gebe kein Geld dafür, man wird schnell drehen müssen mit kleinem Team. Bei* À BOUT DE SOUFFLE *hatte Jean-Luc unumwunden beschlossen, völlig aus dem traditionellen Kino auszubrechen, das heißt, er machte alles so, wie er es wollte. Sollte zum Beispiel bei einer Diskussion zwischen zwei oder drei Personen ein Gegenschuss gemacht werden, fragte er das Script, auf welche Seite die Kamera normalerweise gestellt würde. Das Script sagte, auf diese Seite hier, und er stellte sie dann auf die andere Seite. Er wollte zeigen, dass das traditionelle Kino eine Sprache gebrauchte, die falsch war. Gut. Aber er hat dann schnell gemerkt, dass man zwar die Seiten einfach im Gegensatz zum klassischen Kino wechseln kann, dass es aber auch Dinge gibt, die man nicht machen kann, weil der Film dann nicht funktioniert. Inzwischen kennt Godard die Technik sehr gut, er greift oft in die Photographie ein – technisch. Er sagt: Was hast du für ein Licht gemacht, mach den Scheinwerfer aus … Welche Blende hast Du, nein, nein, ich will lieber die … und so weiter. Man muss immer genau sagen, warum man es so macht, wie man es macht. Man muss genau sein, denn wenn es eine Möglichkeit gibt, es anders zu machen, er findet sie.*

Der einzige Film, wo übrigens wirklich Geld da war, das war LE MÉPRIS, *der für damalige Verhältnisse sehr teuer war. Mit einem Star wie der Bardot braucht man zwangsläufig eine Menge Dinge, die den Rahmen sprengen – nicht nur ihre Gage, sondern auch ihr Friseur, ihre Garderobiere und ähnliches. So etwas verändert die ganze Organisation des Films völlig. Plötzlich bekommt der Film durch die Kosten ein riesiges Gewicht, ohne dass sich das gleich auf der Leinwand manifestieren würde.*

Autoren

Auf der Rampe vor dem runtergekommenen Teatro n. 6 eines italienischen Filmstudiogeländes (Cinecittà) hält der Produzent Jerry in LE MÉPRIS eine Rede auf den Tod des Kinos: „Gestern noch gab es hier Könige, Könige und Königinnen, Krieger und Liebende, menschliche Wesen in ihrer ganzen Fülle und Vielfalt – und jetzt wird man hier fünf- oder zehnstöckige Fertigteilhäuser hochziehen. Dieses Königreich ist mein letztes."

Die Credits von LE MÉPRIS hat Godard in der französischen Version des Films selber eingesprochen. Während in der ersten Einstellung Raoul Coutard zu sehen ist, der auf einem Schienenwagen hinter seiner Mitchell auf dem römischen Studiogelände an einer Aufnahme arbeitet, hören wir zu den tragischen Akkorden der Musik von Georges Delerue Godards Stimme, die die Namen der Mitwirkenden einspricht, von Brigitte Bardot über Fritz Lang und Raoul Coutard bis hin zur Produktionsgesellschaft Rome-Paris-Film.

Die Stimme macht keinen Unterschied mehr zwischen der Bedeutung etwa Fritz Langs oder des Tonmannes William Sivel für diesen Film, der vom Zauber des Kinos erzählt und von dessen Tod. Der ernste und ein wenig wehmütige Tonfall scheint keinen Zweifel zu lassen: Alle Beteiligten sind die Autoren/Akteure einer verlorenen Welt. Oder einer Welt, die neu erfunden werden muss, so, wie auch die Odyssee mit diesem Film neu erfunden, übersetzt werden musste.

Nach den Credits zitiert die Stimme André Bazin. „Das Kino schafft für unseren Blick eine Welt, die auf unser Begehren zugeschnitten ist. LE MÉPRIS ist die Geschichte dieser Welt."

Raoul Coutard, am Ende seiner Fahrt, prüft noch einmal mit einem Blick durchs Grauglas den Stand der Sonne, schwenkt dann die Mitchell auf uns, senkt sie, bis wir ins Objektiv schauen.

Plötzlich können wir nicht mehr aus dem Blick verlieren, dass wir im Kino sitzen und träumen, Bilder sehen, eine gemachte Welt, ganz nach unserem Begehren. Und sehen ein Stück Wirklichkeit, oder anders, wir sehen die Möglichkeit, im Kino die Wirklichkeit (besser) zu sehen.

Ich glaube nicht, dass das Kino ein Handwerksberuf ist, denn es kommt viel Geld ins Spiel und die Arbeit wird im Team gemacht; man braucht als Regisseur einen Haufen Leute und das entspricht einer Art künstlerischer Industrie, in der der Regisseur die Dinge leitet wie ein Dirigent sein Orchester. Die Geräte geben einen Spielraum vor, den man einhalten muss – doch würde ich dennoch sagen, dass der Beruf des Kameramannes ebenso wie der des Tonmannes und des Ausstatters zu den sogenannten schöpferischen Berufen gehört, zu denen, die etwas mehr zum Film beitragen.

Allerdings bin ich der Meinung, dass der Kameramann ganz dem Regisseur zur Verfügung stehen muss. Er darf nicht seinen eigenen Vorstellungen nachgehen, sondern er soll die Fotografie machen, die der Regisseur will. Der ist der Dirigent dieser Maschine und der einzige, der eine Vorstellung davon hat, wie das Resultat beschaffen sein soll. Für mich ist das eine moralische Kategorie, dass der Kameramann für den Regisseur da sein muss. Der Regisseur hat am Drehbuch gearbeitet, er macht die Inszenierung und dann die Montage, niemand sonst macht den Film so von Anfang bis Ende mit.

Die Bresche

Der Vater der Nouvelle Vague war Roberto Rossellini. „Das ist unser Kino, jetzt sind wir dran, die wir uns nun anschicken, Filme zu drehen... Es scheint mir unmöglich, dass man VIAGGIO IN ITALIA sieht und nicht schlagartig erkennt, dass dieser Film eine Bresche öffnet, durch die das ganze Kino unter Androhung der Todesstrafe hindurch muss," schreibt Jacques Rivette in seinem „Brief über Rossellini"[7]. Das, was Rossellini suchte, war nicht mehr filmische Perfektion... Eine Ästhetik des Unperfekten heißt nun nicht, dass es darum geht, eine Sache schlecht zu machen, sondern einfach, dass es wichtigere Dinge gibt als das Streben nach Perfektion. So wie in der klassischen japanischen Keramik die im Material enthaltenen Fehler in die Form integriert werden oder in der Lehre des Zen der Weg wichtiger ist als das Ziel, so versucht Rossellini in diesem Film etwas zu finden; etwas, was er noch nicht weiß ... etwas Flüchtiges. Nennen wir es Glück, nennen wir es Wahrheit... Es geht auf jeden Fall darum, worum es in jeder Kunst geht: um den Versuch, die Wirklichkeit zu sehen und darzustellen." (R.Thome)[8].

Eine schöne Definition auch für Raoul Coutards Arbeit: Etwas finden, was man noch nicht weiß. Das ist mit Risiken verbunden, vor allem, wenn man sich auf ungechartertem Gebiet bewegt. Noch einmal: Keiner macht Filme für sich selbst, und wenn die Filme schwierig sind, wünscht man sich trotzdem, dass sie beim Publikum ankommen, auch wenn man nicht sicher ist, dass das möglich sein wird. Aber Respekt zu haben für das Publikum bedeutet auch, dass man eine Verantwortung übernehmen muss, die diesem Respekt entspricht. Denn das Kinopublikum selbst respektiert sich ja weniger als z.B. ein Fußballpublikum, das, wenn ihm etwas nicht gefällt, sich auch auszudrücken weiß.

7 Jaques Rivette:„Lettre sur Rossellini", *Cahiers du Cinéma 46*, April 1955 (deutsche Übersetzung: *Filmkritik* 7, 1969).

8 Rudolf Thome: *Roberto Rossellini*, Hanser Reihe Film 36, über *Viaggio in Italia*.

Wenn man eine Kadrage macht, gibt es verschiedene Systeme – die klassische Ausschnittbestimmung nach dem Goldenen Schnitt etwa, und gleichzeitig besteht das Problem des Interesses: was will man mit dem Film. Richtet sich das Interesse darauf, eine Bewegung zu filmen, dann muss man sie suchen und doch im Augenblick reagieren können, denn alles ist ständig in Bewegung, besonders dann, wenn der Schauspieler keine Angaben zu seinen Positionen bekommen hat. Für die Wahl des Ausschnitts gelten gleichermaßen feste ästhetische Übereinkünfte wie das, was sich aus dem Moment der Bewegung ergibt. Das Kino ist die Kunst der Bewegung. Wenn zum Beispiel in einer Einstellung jemand im Bild aufsteht, kann es interessanter sein, den Kopf abzuschneiden, um die Bewegung in ihrem Fluss zu erhalten, als den Ausschnitt auf die Person zu konzentrieren.

Als wir bei PASSION *das Gemälde mit der Jungfrau Maria aufnahmen, haben wir eine Anzahl Kranbewegungen gemacht, nicht, um die Gesichter der Darsteller im Bild zu halten, sondern um eine spiralförmige Bewegung zu erhalten – es ging uns um die Bewegung der Kamera und nicht um den Bildausschnitt. Das ist bestimmt von einer anderen Ästhetik – wie dieses Dürer-Bild, wo der Kopf am Bildrand ist und zu diesem Bildrand hin schaut, also etwas ganz Unübliches.*

Um sich zu orientieren, muss man sagen: Die Regel des Goldenen Schnitts ist etwas, auf das man zurückkommen muss, wenn man Zweifel an der Schönheit des Ausschnitts hat. Dazu kommt die eigene Interpretation der Einstellung. Ich sage es jetzt einmal grob und ordinär wie beim Militär: Das Reglement ist eine Nutte, die fickt jeder auf seine Art.

Das heißt, es gibt das Festgelegte, das Reglement, aber man kann es auch umgehen. Man muss sich nicht an die Regel halten, nur: Man muss sich an eine bestimmte Ästhetik halten. Bisweilen bricht Jean-Luc absichtlich die Regeln, aber ich würde sagen, diese Regeln brechen ... Man kann ständig Regeln brechen, worauf es ankommt, das ist, eine Ästhetik zu finden.

Tagwache

18 Jahre nach LE MÉPRIS, Godard und Coutard drehen PASSION, haben die Verhältnisse sich geändert: Es gibt kein Kino mehr, nur noch Filme. Das ist schlecht. Aber was ist gut daran, dass es so schlecht steht? Alte Fragen können neu gestellt werden: Woher kommt das Licht? Von der Studiolampe? Von links? Von der Sonne? In PASSION hören wir Coutard in einem Off-Gespräch. Er spricht mit den Personen aus der Fiktion, mit dem Regisseur Jerzy, der im Film Meisterwerke der Malerei nachstellt. Jerzy ist mit dem Studiolicht unzufrieden. Coutard spricht als Raoul Coutard (also als einer der für den Film verantwortlichen Autoren): „Alles ist richtig ausgeleuchtet, von links nach rechts, ein bisschen von oben nach unten, ein bisschen von vorne nach hinten." Was

Coutard hier lobt, sind nicht die Studiolampen, sondern das Sonnenlicht. Denn Godard und er waren nicht wie Jerzy daran interessiert, das Licht der Bilder nachzumachen, ihnen ging es um den Geist des Lichts. Folglich kann Coutard dann auch sagen, das Tableau von Rembrandts Nachtwache sei keine Nachtwache, sondern eine Tagwache.

Das Sonnenlicht/Tageslicht gab es schon von Anbeginn in Coutards Arbeiten. In PASSION jedoch findet eine Verschiebung statt: Das Licht kommt jetzt von „woanders“, aus einer Übersetzung des künstlichen Lichts hin zum natürlichen und umgekehrt, das Licht der Wirklichkeit speist das der Fiktion. Dieses „woanders“, das Lichtgebiet, in dem sich das Erzählen abspielen würde, ist ein Gebiet ohne Regeln, eine Welt ohne Gesetze. In dieser Welt war mit den LKW-Ladungen Licht, die Storaro wollte, nichts anzufangen.

Die Aufgabe des Kameramannes besteht vor allem darin, für Kontinuität im Licht zu sorgen. Bei den meisten europäischen Filmen ist das Problem, dass man morgens um acht Uhr anfängt und gegen fünf Uhr abends aufhört, und das Licht ändert sich die ganze Zeit. Da ist es schwer, eine Lichtkontinuität zu wahren. Bei PASSION *war bei einer Einstellung im Schnee ein Abdeckblech im Bild, das ich übersehen hatte. Wir beschlossen, die Einstellung nachzudrehen, aber das Wetter hatte sich geändert. Es war neblig, und Godard sagte: Macht nichts, diese Einstellung spielt eben im Nebel. Zwischen all den anderen. So, wie wenn man mit dem Flugzeug losfliegt, und es regnet oder es ist neblig, und dreihundert Meter höher, wenn man durch die Wolken gestoßen ist, scheint die Sonne. Aber das ist Jean-Luc. Man darf nie vergessen: In seinen Filmen gibt es nie eine Geschichte – also das Thema von* PASSION, *wo der Regisseur ständig fragt: Warum ist eine Geschichte nötig?, aber es wird keine erzählt. Godard, das ist fast wie die Berichte in den Zeitungen; Teile, Momente aus dem Leben, aber nie in einer logischen Abfolge. Momente, die auch als solche erscheinen, und die so, wie sie erscheinen, etwas zerrissen wirken. Und die dann notwendigerweise auch im Licht zerrissen wirken müssen. Und auch im Ton zerrissen sind.*

Es gibt keine Autoren (Abschweifung)

Von Aragon heißt es, dass er einmal eine Vorlesung über Petrarca hielt und die ganze Stunde über Matisse sprach. Da meldete sich ein ungeduldiger Student und sagte: Monsieur Aragon, bitte kommen Sie zur Sache, keine Abschweifungen mehr, wir wollen etwas über Petrarca hören. Aragon antwortete: Ich bin bei der Sache, denn Petrarcas Spezialität war die Abschweifung. In unseren Gesprächen mit Coutard gab es immer wieder den Punkt, an dem wir bei seiner Arbeit mit Godard landeten. Ich finde das nicht weiter verwunderlich, denn diese Zusammenarbeit hat schließlich die filmische Moderne bestimmt. Und wenn er ausführlich darstellt, wie Godard arbeitet, beispielsweise ohne Drehbuch usw., dann vergewissert er sich so seines eigenen Beitrages, denn er hat ja dieses Flüchtige, nicht Aufgeschriebene, Unsichtbare, photographiert. So kommt er zu sich selbst. In einem Interview aus dem Jahre 1984 sagt Coutard: „Seit 20 Jahren rede ich jetzt über Jean-Luc. Verständlicherweise habe ich langsam die Nase ein wenig voll davon, und zugleich wird mir bewusst, je mehr ich darüber rede, dass vielleicht nicht alles so abgelaufen ist, wie ich geglaubt habe... Wenn man Kino macht, muss man lernen, was Ungerechtigkeit ist. Letztendlich ist es auch gut, dass die Welt ungerecht ist. Wäre die Welt gerecht, wäre sie ohne Bewegung. Und dann gäbe es kein Kino, denn das Kino ist die Kunst der Bewegung."[9]

Die Frage nach der Autorenschaft des Kameramannes beantwortet Coutard also auf seine Weise. Aber die Nouvelle Vague hat diese Fragerei mit auf den Weg gebracht, denn der Filmautor ist eine Erfindung der Nouvelle Vague. Viel später hat Godard versucht, zu retten, was zu retten ist: „Es gibt keine Autoren. Aber damit die Leute begreifen, in welchem Sinne man das sagen kann, muss man ihnen erst hundert Jahre sagen, dass es Autoren gibt. Denn so, wie sie glaubten, es gäbe keine Autoren, war es nicht richtig."[10]

Ich habe mal mit einem Regisseur gearbeitet, der mich vorher gefragt hat, wie ich bestimmte Sachen bei Godard gemacht habe. Er hat mir einen Haufen Fragen gestellt. Ich dachte, er wollte den gleichen Kamerastil wie bei Godard, aber am zweiten Drehtag stellte ich fest: Keineswegs. Er hat mich dann gezwungen, eine Fotografie zu machen, die ich überhaupt nicht mag, im Stil eines der größten Kameramänner jener Zeit, nämlich Matras. Das heißt: sorgfältige Beleuchtungseffekte, kleine Gegenlichtsachen etc. Ich finde diese Art von Fotografie entsetzlich, aber ich war engagiert und musste es machen.

Es gibt Leute ... beim Film passieren viele solche Dinge. Es gibt diese Mentalität, wie ich scherzhaft immer sage: Ich suche ein System, das ich noch nicht gefunden habe, es wäre die Großaufnahme und die Totale in einem. Diese Leute wollen eine Nahaufnahme von einem Darsteller, und dann sagen sie, das ist ja blöd, dass man seine Schuhe nicht sieht. Viele Regisseure, die von der Technik keine Ahnung haben, wollen Dinge, die sie glauben zu wollen, aber in Wahrheit nicht mögen.

9 Raoul Coutard: „Le metteur en scène et la technique", *Art Press 4*, 1984 (deutsche Übersetzung im *Katalog zur Viennale 1998*, Godard-Retrospektive).

10 Interview mit Jean-Luc Godard: *Cahiers du Cinéma* 194, 1967.

Autoren (Drei Sätze)

Schon die amerikanischen Produzenten von LE MÉPRIS wussten um die Klarheit der magischen drei Sätze, mit denen ein gut gebautes Drehbuch darzustellen ist. Sie sagen: „Am Anfang des Films wollen wir eine Szene zwischen Michel Piccoli und Brigitte Bardot, die im Bett liegen und sich lieben. In der Mitte des Films wollen wir eine Szene zwischen Brigitte Bardot und Michel Piccoli, die im Bett liegen und sich lieben. Am Ende des Films wollen wir eine Szene mit Jack Palance und Brigitte Bardot, die im Bett liegen und sich lieben."[11]

Die einhunderttausend Nachwuchstalente, die heute jedes Jahr ihren ersten Film machen, können im sogenannten Pitching ihre Filmidee in aller Kürze und Präzision darlegen. Am besten in den berühmten drei Sätzen. Roberto Rossellini beschreibt sein Vorgehen dagegen noch so: „Prinzipiell dreht man nach einem vorher festgelegten Plan; ich behalte mir allerdings einen Teil Freiheit vor. Ich spüre auch den Rhythmus des Films gleichsam in meinem Ohr ... Ich weiß, wie wichtig das Warten ist, das einem bestimmten Punkt vorausgeht; ich beschreibe also nicht diesen Punkt, sondern die Wartezeit und bin plötzlich bei der Konklusion. Ich bin tatsächlich nicht fähig, anders vorzugehen, weil, wenn man den Punkt hat, den Kern der Sache, und man sich daranmacht, den Kern zu vergrößern, ihn ins Wasser zu legen, ihn auseinanderzuzerren, er nicht mehr ein Kern ist, sondern etwas, das keine Formen mehr hat oder keinen Sinn oder keine Emotion."[12]

Godard diskutiert gern, aber nur über Dinge, die nichts mit dem jeweiligen Film zu tun haben – denn er weiß ja nicht, was sich beim Drehen ergeben wird. Er kann deshalb über allgemeine Inhalte, die den Film betreffen, sprechen, aber selten über Detailfragen. Als wir PASSION *drehten, unterhielten wir uns ab und zu über kinematographische Fragen, aber glücklicher war er, wenn wir über anderes redeten, über Politik, Witze, die Geschichte der Schweiz oder sonstwas. Was ihn besonders aufregt, ist, wenn man vorher wissen will, was später passieren wird, denn er weiß es vielleicht noch nicht und kann keine Antwort geben. Oder antwortet, weil er sich dazu verpflichtet fühlt, aber dann erzählt er meistens etwas anderes, als später passieren wird ...*

11 Interview mit Jean-LucGodard: *film*, 10/1964.
12 Maurice Schérer (Eric Rohmer) und François Truffaut: *Roberto Rossellini*, Hanser Reihe Film 36.

Drehbuch

Wenn man ein präzises Drehbuch schreibt, könnte man sich anschließend gut fragen, warum man den Film überhaupt noch machen soll. Andererseits, für alle technischen Mitarbeiter ist das Drehbuch natürlich eine Möglichkeit, sich ein Bild über den Apparateaufwand zu machen. Aber das geht auch anders: bei der Vorbereitung von CARMEN entschieden Godard und Coutard, dass soviel Geräte gebraucht würden, wie in einen Renault R4 passen.

Godard erklärt sich die Erfindung des Drehbuches so: „Im Kino der Anfangsjahre gab es kein Drehbuch, Mack Sennett hatte keine Drehbücher. Diese wurden erst von den Buchhaltern erfunden. Die wollten wissen, was Sennett an einem Tag verbraucht hatte. Er machte eine Liste: 1 Mädchen, 3 Autos, 2 Polizisten. Daraus entstand dann: Ein Mädchen liebt einen Polizisten der 3 Autos hat. Das nannte man dann Drehbuch. Es wurde vom Geld erfunden."[13]

Godard hat nie nach Drehbüchern gearbeitet. Man sagte immer im Scherz: Godard wird das Drehbuch mit der Rohrpost schicken. Es war immer nur ein Blatt, nie ganz beschrieben, immer nur an einer Ecke etwas. Man wusste ungefähr, was er machen würde, aber es war wie eine Art täglichen Happenings. Morgens erklärte er in groben Zügen, was er machen wollte, und tagsüber wurde dann etwas anderes daraus.

In Frankreich gibt es dieses Centre du Cinéma, und wer einen Film machen will, muss über ein Drehbuch die Dreherlaubnis beantragen, um in den Genuss der Förderung zu kommen. Und da Godard nie ein Drehbuch schrieb, engagierte er einen Monat vorher jemanden, dem er die Geschichte erzählte, und der schrieb sie dann auf. Godard nahm das Drehbuch, sagte, okay, nicht schlecht, reichte es ein und machte etwas anderes daraus.

Man wusste am Vorabend, wann man sich am nächsten Morgen einfinden sollte, bis Jean-Luc dann anrief, um den Drehbeginn zu verschieben. Mich stört das nicht, denn wie auch immer, Jean-Luc weiß genau: wenn er keine Lust hat, dreht er nicht, weil er dann noch nicht weiß, wie er es machen will. Und wenn er Lust hat, kann man nur eine Stunde drehen und ebensogut zehn oder zwölf Stunden ohne Pause. Das hängt ganz davon ab, wie er mit der Szene, die man gerade dreht, zurechtkommt. Im allgemeinen drehen wir aber nie ganze Drehtage über, sondern immer halbe Tage oder einige Stunden.

PIERROT LE FOU *ist von einem auf den anderen Tag gedreht worden, ohne jedes Drehbuch. Nur bei* LE MÉPRIS *gab es eins, und da musste es sein, wegen der Schauspieler wie Bardot und Palance und vor allem, weil amerikanisches Geld in der Produktion steckte. Bei amerikanischen Produktionen muss man das abliefern, was im Drehbuch steht, sonst kriegt man Ärger.*

13 Jean-Luc Godard / Gideon Bachmann: „Im Kino ist es nie Montag". *Cinema* 1982.

Die Honigpumpe

Filmleute oder andere Künstler bei der Arbeit – wie die Bienen beim Blütensammeln. Zu sehen kriegt man Tricks und billige Geheimnisse. Am Set von Coutards S.A.S. gab's nicht viel zu sehen. Wir trafen den Seewolf Raimund Harmsdorf, der einen Bösewicht spielte und für unsere Kamera sehr freundlich eine Treppe des Studiogeländes, die entfernt an die homerische Treppe der Casa Malaparte aus LE MÉPRIS erinnerte, hinunterging und dabei eine Pistole zog. Und wir sahen den Hauptdarsteller, der von seiner Coacherin übers Studiogelände geführt wurde: Um in seiner Rolle zu bleiben, behielt er auch in den Drehpausen das versteinerte Gesicht des Agenten Malko bei – wir durften ihn nicht ansprechen.

Der Kunstprozess ist roh, da wird gehobelt, und da fallen Späne und alles ist dreckig, am Ende, aber das Kunstding dann nicht. Es schwitzt nicht. Wir schwitzen. Wir verausgaben uns. Und am Ende steht ein anschauliches Werkstück da. Kunst macht Zeit anschaulich. Das kann schön sein und wahr, oder auch nicht. Die Schönheit ist der Glanz der Wahrheit, heißt es, und: der Mensch braucht die Schönheit. Jedenfalls ist da jetzt etwas, was es vorher nicht gab, was man vorher nicht sehen konnte. Energien. Das Unsichtbare.

In CHAMBRE 666 von Wenders erzählt Godard davon. „Das Unsichtbare ist das, was man nicht sieht. Das ist das Unglaubliche. Das Unglaubliche ist das, was man nicht sieht. Und Film ist, das Unglaubliche zu zeigen, das, was man nicht sieht. Was unglaublich ist."

Wenn Coutard von sich behauptet, dass er sich nicht in die Welt einbringen will, hat er auch hier recht. Er ist ja schon da. Und hat unglaubliche Filme gemacht, macht sie weiterhin, zuletzt mit Philippe Garell.

Sich in die Welt einbringen – diese Ambition hab ich nicht. Mein Ehrgeiz besteht darin, gute Arbeit zu leisten, die Arbeit gut zu machen. Ich bin gern Kameramann. Es gibt Kameraleute, die Regie machen und dann nie mehr Kamera machen wollen, ich sehe das anders. Es hat mit diesen Klassifizierungen zu tun – der Regisseur gilt als das Höchste, und wenn man Kameramann ist, steigt man eine Etage tiefer. Für mich ist jeder bei einem Film wichtig – der Dollyschieber, der Beleuchter, jeder hat eine wichtige Funktion und tut sein Bestes. Der Film ist eine der wenigen Branchen, wo es noch ein richtiges Berufsethos gibt, eine Berufsehre. Wenn man heute sein Auto aus der Reparatur abholt und es fährt immer noch schlecht – dem Mechaniker ist das egal. Wenn beim Film etwas nicht funktioniert, dann sind die Leute wirklich betroffen, weil es nicht gelungen ist. Sie arbeiten noch mit Liebe. Deshalb muss man jedem dankbar sein, der dazugehört.

Natürlich ist die Verantwortung unterschiedlich groß: Wenn ein Dollyschieber eine Fahrt schlecht macht, merkt man es sofort und kann es wiederholen. Wenn der Kameramann einen Fehler macht, sieht man ihn erst in den Mustern, und das ist dann schon eine Katastrophe; und die Verantwortung des Regisseurs betrifft den ganzen Film.

Drei Bilder

Godards Einführung zu einem Drehbuch, die er vor Beginn der Dreharbeiten zu PASSION an seine Mitarbeiter verteilte, besteht aus 41 DIN-A4-Fotokopien, Blätter, auf denen er Abbildungen oder Texte und Abbildungen angeordnet hat.

Blatt 30: „...und sie folgen Cyrano, der nicht sehr weit gefahren ist, er hält am Rande eines Feldes an und sagt, dass er die Kometen anschaut: die Kerosinspuren, die lange goldene Streifen am Himmel sind, wenn man sie gegen fünf Uhr nachmittags filmt, mit der Sonne als Scheinwerfer, aber man muss schnell sein, es hält nicht lange an, und das wäre der Augenblick für Monsieur Beauviala, uns die Aäton 35-8 zu liefern, die wir vor vier Jahren entworfen haben, denn mit einer großen Panavision oder Arri ist es von vornherein zum Scheitern verurteilt durch die Bedächtigkeit, mit der die Techniker sich Zeit lassen, anstatt die Zeit am Schopf zu packen."[14]

Kurz bevor wir Coutard trafen, lief PASSION in Frankreich an. Um den Film zu sehen, fuhren Hans-Heinz Schwarz, der Co-Regisseur, und ich nach Paris. Ein Freund, LKW-Fahrer von Beruf, brachte uns hin. Dieser Freund interessierte sich zwar nicht allzusehr fürs Kino, hatte aber Lust auf einen Paris-Trip. Wir waren die ganze Nacht und den folgenden Vormittag unterwegs, an Schlaf war nicht zu denken. Am Nachmittag saßen wir todmüde in der ersten Vorstellung. Der Film begann, ich sah noch die erste Einstellung, das Blau des Himmels und die goldenen Kondensstreifen eines Flugzeugs, das durch das Blau flog, gefilmt mit einem ziemlich wackeligen Schwenk, dann schlief ich ein. Anschließend fuhren wir zurück nach Deutschland. Unser Freund ,der Fahrer, war hellwach, hatte den gesamten Film gesehen und stellte mir dazu unentwegt Fragen. Natürlich konnte ich keine beantworten.

Als wir dann mit Coutard in Berlin drehten, lief PASSION in Deutschland noch immer nicht in den Kinos, ich kannte also nach wie vor nur die Einstellung

14 Jean-LucGodard: „Passion (Arbeit und Liebe), Einführung zu einem Drehbuch (IIa)". In: *Filmkritik* 319, Juli 1983.

mit dem Kondensstreifen vor dem Blau des Himmel. Und danach fragte ich dann Coutard.

Godard hat in PASSION *viele Einstellungen selber gemacht, zum Beispiel die Sequenz zu Anfang mit dem Flugzeug. Eine der wenigen Sachen die in seinem Heftchen standen, war:*

Ich möchte ein Flugzeug filmen, das durch den Himmel fliegt. Aber alle Kameraleute sind zu blöd, so dass ich glaube, ich werde es niemals machen können. Eines Tages richteten wir gerade etwas ein, und Jean-Luc sah ein Flugzeug und sagte: Schnell, schnell, ein Flugzeug!, und schon war er am Sucher und hat draufgehalten. Und wir haben ihm schnell die richtige Blende eingestellt, damit er seine Einstellung drehen konnte, und um ihm zu beweisen, dass nicht alle Kameraleute Idioten sind ...

Ein Bauer der Photographie

Von unserem Film existiert heute nur noch eine Kurzfassung auf Beta Sp, die ich 1999 zusammen mit dem Filmredakteur Reinhard Wulf aus einer halbwegs zerstörten Ampexkopie am Computer im WDR restaurieren und untertiteln konnte. Die längere 16mm-Originalversion existiert nicht mehr. Das Kopierwerk warf nach einem Inhaberwechsel das gesamte Negativmaterial und das geschnittene Negativoriginal weg. Die Geschäftsleitung in Berlin teilte mir auf Anfrage mit: Mord verjährt auch. Eine nach Frankreich verkaufte Kopie verschwand nach der Pleite des Fernsehsenders Antenne 2.

Komisch ist, dass ich nicht sicher bin, ob man heute so gut mit dem Schwarzweißmaterial umgehen kann wie früher – vor allem die Kopierwerke haben nicht mehr die Übung. Ich habe das unlängst gesehen. Wir hatten eine neue Kopie von Truffauts TIREZ SUR LE PIANISTE *machen lassen, der in Paris wieder ins Kino kam. Ein Schwarzweißfilm, und es war für das Kopierwerk kompliziert. Ich musste dabei sein, sie hatten verlernt, damit umzugehen und es gab eine Menge Diskussionen über technische Probleme. Wir hatten damals Schwierigkeiten mit der statischen Entladung gehabt, es gab Funken, die auf der Kopie Belichtungen hinterließen. Und im Kopierwerk wussten sie jetzt nicht, woher diese Belichtungen kamen, das war völlig aus dem Vorstellungsvermögen verschwunden. Sie hatten nicht mehr das Wissen und das Können dafür. Ich bin sicher, auch bei den Kameraleuten...*

Die Arbeit mit Schwarzweiß ist in mancher Hinsicht einfacher und in anderer Hinsicht komplizierter, und sie haben nicht mehr das Know-how mit den Filtern – rot, grün, gelb, orange–, da wäre ein neuer Lernprozess nötig. Ich finde Schwarzweiß wunderbar, gute Schwarzweißfilme sind von einer außergewöhnlichen Schönheit.

Kino ist das Gedächtnis

Vor einiger Zeit besuchte ich Coutard gemeinsam mit Ulrike Pfeiffer und Sabine Eckhard, seiner langjährigen deutschen Mitarbeiterin in seinem Landhaus bei Chartres. Er kochte uns ein wunderbares vietnamesisches Essen. Später sah ich auf einer Vitrine eine Muschel, die man aufklappen konnte. Die Muschel war etwas verstaubt, hätte auch auf Gloria Swansons Schreibtisch in SUNSET BOULEVARD stehen können (die berühmte Madeleine von Proust, die Erinnerung, hatte auch die Form einer Muschel). Es war die Kassette eines Kamerapreises, den Coutard für, ich glaube, UNE FEMME EST UNE FEMME, bekommen hat. Auf einer darin aufzubewahrenden Spange war das Jahr 1961eingraviert. Der Preis war 40 Jahre alt und signalisierte ein wenig nostalgisch: Das Vergehen der Zeit. UNE FEMME EST UNE FEMME ist 40 Jahre alt, hat seine Frische behalten: Die wiedergefundene Zeit.

Bei all den Auszeichnungen finde ich es schade, dass es keinen Preis für die Aufnahmetechnik gibt, sondern immer nur für schöne Bilder. Die sind meist unkompliziert zu machen. Und es hängt vom Zufall ab, ob man einen Film macht, der gut läuft, aber dann ist man der Beste. Wenn man einen macht, der nicht so gut läuft, dann ist man der Schlechteste, selbst wenn man in Wahrheit der Beste wäre. Die Arbeit, die man leistet, wird nicht anerkannt, sondern nur der Erfolg, den das Produkt hat. Ich glaube, wenn ich nicht À BOUT DE SOUFFLE *gemacht hätte, dann hätte ich diese Karriere beim Film nicht gemacht. Das ist der Zufall, einfach so...*

In Deutschland habe ich Preise bekommen für À BOUT DE SOUFFLE *und für* TIREZ SUR LE PIANISTE. *Jetzt ist die Fotografie von* TIREZ SUR LE PIANISTE *nicht besonders gut und vor allem sehr simpel, und bei* À BOUT DE SOUFFLE *war es wohl wegen der Originalität – und von daher verständlich –, aber kompliziert war auch da nichts gewesen, es war einfach nur neu. Kürzlich habe ich einen Preis für* CRABE-TAMBOUR *von Schoendoerffer bekommen, und da ist es offensichtlich: das Meer sieht schön aus, ein schöner Film, aber überhaupt nicht schwierig zu photographieren. Vielleicht körperlich anstrengend, aber nicht technisch kompliziert. Man hätte der letzte Idiot sein müssen, wenn man unter den Bedingungen keine gute Photographie gemacht hätte.*

Jeder, der keinen Fehler macht, wird erschossen

Am letzten Abend unserer Berliner Dreharbeiten saßen wir mit Coutard noch lange zusammen, tranken ein paar Flaschen Bier. Am nächsten Morgen sollte er nach Nizza weiterreisen, um dort seinen Film zu beenden. Die zurückliegenden Tage am Berliner Set von S.A.S. waren für Coutard nicht einfach, all die zähen Diskussionen mit den Produzenten hatten ihn ein wenig erschöpft. Doch auch hier galt das Clausewitz-Zitat von der Operation, die man, ist sie einmal beschlossen, auch durchführen muss. Philipp von Lucke, unser Dolmetscher, war an diesem Abend nicht dabei, wir sprachen also gewissermaßen freihändig. Der Ersatzdolmetscher, vielleicht war er müde, vielleicht hatte er ein Bier zu viel, übersetzte Coutards „durchführen" (französisch: executer) als „erschossen" (kommt von exekutieren) und dann das ganze Zitat sehr frei und völlig falsch mit: Jeder, der einen Fehler macht, wird erschossen ...

Machen, was man nicht kennt, herausfinden, was man noch nicht weiß ... Der heilige Paulus sagt: Das Bild wird kommen am Tag der Auferstehung. Falls das stimmt, weiß also noch niemand so genau, wie man eins macht. Es gibt keine Regeln. Alles bleibt noch zu tun.

Köln, Cap Gris Nez, Juli 2003

Raoul Coutard – Photographe

So wie Jean-Luc Godard, der sich immer wundert: „Warum muss es immer eine Geschichte geben“, sage ich meinerseits: „Warum muss man die Auswahl von Fotos erklären“, und weiter in der Reihe der Warum-Fragen:

Na gut – Indochina, weil ich es mit Zwanzig entdeckt habe, weil ich dort gelernt … viel geliebt und Ernst Haas getroffen habe, den bedeutenden Fotografen, der mir eines Abends anvertraute: „Jedesmal, wenn sich etwas von etwas anderem abhebt, kann man ein Foto machen“.

Das scheint einleuchtend. Und ist doch nicht so sicher!

Zu dieser Zeit gab es vietnamesische und französische Soldaten, die nur davon träumten, sich die Schädel einzuschlagen. Dieser Wahnsinn spielte sich mitten unter einem kleinen Volk ab, dessen Blicke ich erhascht habe: unruhige, heitere, nach Hilfe suchende, von einer unsagbaren Freude beseelte Blicke und daneben die Ruhe der friedlichen und reinen Bonzen, die sich Gott sicher sind.

Am Anfang war die Dunkelheit, und es wurde Licht. Ich war immer von den holländischen Malern fasziniert, von ihrem glorreichen Licht, das die Gegenstände umspielt, ohne die großen Schatten auszuleuchten.

Ich möchte, um mit Indochina abzuschließen, an Michel Laurent erinnern, an den letzten Fotoreporter, der in Vietnam getötet wurde.

In dem Erdloch, in dem er getroffen wurde, bekannte er seinem Begleiter: „Dieses Mal ist es das letzte Mal, und das alles nur für ein Foto oder drei Zeilen in der Zeitung...“

Und natürlich gibt es die Mythen: Kamakura, die Ali-Moschee in Mazarr-i-Sharif, Baktra, wo Alexander der Große Roxane geheiratet hat, die Stadt, die die wütenden Horden des Ghensis Khan, aber auch die Ankunft des Buddhismus und der gräko-buddhistischen Kunst gesehen hat.

Schließlich – warum gibt es, abgesehen von den technischen Übereinstimmungen, so wenig Gemeinsamkeiten zwischen der Fotografie und der Filmfotografie?

Comme Jean-Luc Godard, qui s'etonne toujours: „Pourquoi faut-il une histoire“ A mon tour: „Pourquoi faut-il expliquer un choix de photos. Et, toujours dans la série des Pourquoi?

Eh bien: l'Indochine parce que je l'ai découverte à vingt ans, j'y ai appris ... aime beaucoup, et rencontré Ernst Haas, remarquable photographe, qui un soir m'a confié „A chaque fois que quelque chose se détache sur autre chose on peut toujours faire une photo“ cela parait evident.

Pas si sûr!

Il y avait à, cette époque des soldats Viet et Français qui ne rêvaient qu'à en decoudre. Cette frénésie se déroulait au milieu d'un petit peuple dont j'ai surpris les regards: inquiets, sereins, quetant un soutien, ou animés d'une joie indicible et aussi la tranquillité des Bonzes paisibles et purs, sûrs de Dieu.

Au debut etaient les Ténèbres et la Lumiere fût. J'ai toujours été fasciné par les peintres hollandais, leurs glorieuses lumières qui s'enroulent autour des sujets sans aller éclairer les grandes ombres.

Je voudrais pour clôre l'Indo, rappeler Michel Laurent le dernier reporter photographe tué au Viêt nam, dans le trou où il avait été touché il a confié à son compagnon:

„Cette fois, c'est la derniere, et tout cela pour avoir une photo ou trois lignes dans un Journal ... “

Et bien sûr, il y a les mythes: Kamakura, la mosquée d'Ali et Bactre où Alexandre a epousé Roxanne, qui a vu les hordes furieuses de Ghensis Khan mais aussi l'arrivée du Bouddhisme et Gandara

Finalement, pourquoi, à part des convergences techniques, n'y a t-il pas beaucoup de points communs entre la photographie et la photo au cinéma?

Raoul Coutard

Kanton-Pagode – Cholon (heute Ho-Chi-Minh-Stadt)

Schatten – Pagode in Cholon

Kamakura – Japan

Angkor Vat – Kambodscha 1952

Balkh – Afghanistan – 1956

Kanton-Pagode – Cholon

Moschee und Grabmal von Ali – Mazar i Sharif (Afghanistan) – 1956

Mascha

Operation in Südvietnam

Töpfe in Nuoc Man

Der Glaube – Cholon – 1953

Schatten der bânh trâng (Reisfladen)

Fischfang – Nha Trang (Vietnam)

Neujahrsfest in Tu Duc (Vietnam)

Die Erwartung der Reliquien – Kambodscha

Fest – Muong Ngam (Laos)

Lichter – Pagode in Cholon

Männer – Lus (Hochebene in Laos)

Junge Frau – Tranninh (Laos)

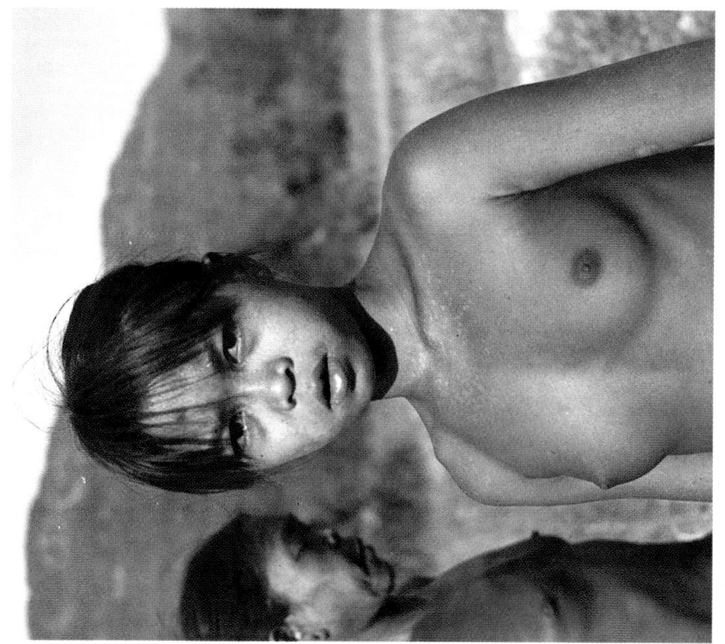

Unruhe und Gelassenheit – Laos – 1951

Junges Mädchen – Plateau des Bolovenes (Laos)

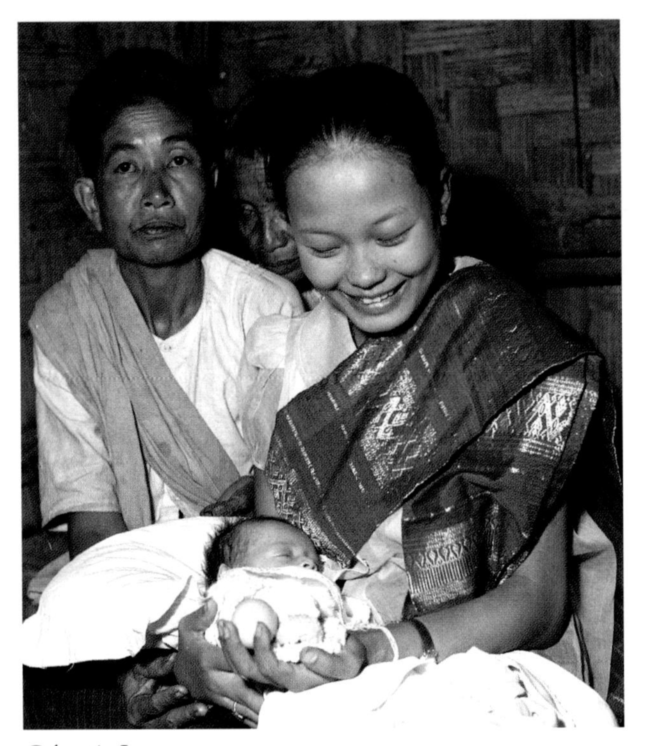

Geburt in Laos

Delta des Roten Flusses – Haiphong – 1951

Raoul Coutard – Biographie

RAOUL COUTARD ist am 16. September 1924 in Paris geboren. Anfang der vierziger Jahre absolviert er eine Lehre in einem Fotolabor mit dem Ziel, Fotograf zu werden. 1945 dient er als Soldat in der französischen Armee in Indochina. Er wird von der Presseabteilung der Armee als Kriegsfotograf eingesetzt.

Indochina, das Land, die Kultur und die Menschen haben Coutard entscheidend geprägt. 1951 kehrt er als Kriegsberichterstatter für Illustrierte wie *Indochine Sud-Est Asiatique*, *Radar*, *Life* und *Paris Match* nach Indochina zurück und dreht auch Wochenschauberichte, die in den europäischen Kinos gezeigt werden. 1955 dreht er in Zusammenarbeit mit Jean-Michel de Kermadec einen Dokumentarfilm über Cholon. Ein Jahr später ist Coutard an einem mittellangen Dokumentarfilm in Laos beteiligt, der im Auftrag des französischen Informationsministeriums produziert wird. 1956 beginnt Coutard als Kameramann eine mehrjährige Zusammenarbeit mit dem Dokumentaristen und Spielfilmregisseur Pierre Schoendoerffer. LA PASSE DU DIABLE (1957) ist ihr erster gemeinsamer Spielfilm, der in Afghanistan entsteht. 1960 übernimmt er die Kameraarbeit bei Jean-Luc Godards aufsehenerregendem und epochemachendem Spielfilmdebut À BOUT DE SOUFFLE (AUSSER ATEM) mit Jean-Paul Belmondo und Jean Seberg in den Hauptrollen. Coutard kreiert in diesem Film einen ganz neuartigen Bildstil und wird zum wichtigsten Kameramann der Nouvelle Vague. Mit François Truffaut dreht er TIREZ SUR LE PIANISTE (SCHIESSEN SIE AUF DEN PIANISTEN 1959/ 60), JULES ET JIM (1961), LA PEAU DOUCE (DIE SÜSSE HAUT 1964) und LA MARIÉE ÉTAIT EN NOIR (DIE Braut trug schwarz 1967). Zugleich arbeitete er intensiv mit Jean-Luc Godard zusammen und war in beinahe allen Godard Filmen in dessen „klassischer Periode" für die Kamera verantwortlich: LE PETIT SOLDAT (DER KLEINE SOLDAT 1960/61). UNE FEMME EST UNE FEMME (EINE FRAU ist eine Frau 1961). VIVRE SA VIE (DIE GESCHICHTE DER NANA S. 1962). LE MÉPRIS (DIE VERACHTUNG; 1963). PIERROT LE FOU (11 UHR NACHTS, 1965). WEEK-END (1967).

Raoul Coutard ist aber nicht nur ein Avantgardist des Kunstkinos. In Zusammenarbeit mit dem griechischen Regisseur Constantin Costa-Gavras entstehen am Ende der sechziger Jahre höchst erfolgreiche Polit-Thriller: Z (1968) und L'AVEU (DAS GESTÄNDNIS, 1969), in denen Yves Montand die Hauptrolle spielt. 1982/83 kommt es noch einmal zu einer Kooperation mit Jean-Luc Godard. PASSION und PRÉNOM CARMEN (VORNAME CARMEN) werden von der Kritik als eindrucksvolle Aktualisierung der Nouvelle Vague gefeiert.

Raoul Coutard arbeitete als Kameramann auch in Großbritannien (THE SAILOR FROM GIBRALTAR, 1967, Regie: Tony Richardson), in den USA (THE JERUSALEM FILE, 1972, Regie: John Flynn) und in der Bundesrepublik (BRENNENDE BETTEN, 1987/88, Regie: Pia Frankenberg).

Der Kameramann Raoul Coutard ist zugleich auch Regisseur in den Filmen: HOA BINH (1969), eine Reflexion seiner Erlebnisse im Indochina-Krieg, LA LÉGION SAUTE SUR KOLWEZI (1979) und SAS À SAN SALVADOR(1982).

Raoul Coutard lebt abwechselnd in Paris-Nanterre und in dem kleinen Ort Fadainville in der Nähe von Orléans.

Filmographie

A) Arbeiten als Bildgestalter

RAMUNTCHO (1957)
Regie: Pierre Schoendoerffer
Drehbuch: Jean Lartéguy
Darsteller: Mijanou Bardot (Gracieuse), Albert Dinan (Baptistin), Marie Glory (Franchita), François Guérin (Ramuntcho), Roger Hanin (Itchoa), Evelyne Ker, Gaby Morlay (Dolorès),
Länge: 90 min
Land: Frankreich
Farbe

LA PASSE DU DIABLE (1957)
Regie: Jacques Dupont, Pierre Schoendoerffer
Drehbuch: Joseph Kessel
Länge: 90 min
Land: Frankreich / Italien
Farbe (Eastmancolor), Mono

PÊCHEUR D'ISLANDE (1958/59)
Regie: Pierre Schoendoerffer
Drehbuch: Pierre Schoendoerffer
Darsteller: Joëlle Bernard (Jenny), Albert Dinan (Quémeneur), Michel Garland (Berger), Mag-Avril (La grand-mère), Juliette Mayniel (Gaude Mével), Jean-Claude Pascal (Guillaume Floury), Georges Poujouly (Sylvestre Moan)
Länge: 84 min
Land: Frankreich
Farbe (Eastmancolor), Mono

TIREZ SUR LE PIANISTE / SCHIESSEN SIE AUF DEN PIANISTEN (1959)
Regie: François Truffaut
Drehbuch: Marcel Moussy, François Truffaut
Darsteller: Charles Aznavour (Charlie Kohler / Edouard Saroyan), Marie Dubois (Lena), Nicole Berger (Theresa), Michèle Mercier (Clarisse), Jean-Jacques Aslanian (Richard Saroyan)
Produzent: Pierre Braunberger
Kamera: Raoul Coutard
Schnitt: Claudine Bouché, Cécile Decugis
Produktionsdesign: Jacques Mély
Kameraführung: Claude Beausoleil
Kameraassistenz: Raymond Cauchetier, Jean-Louis Malige
Länge: 85 min
Land: Frankreich
Schwarz/Weiß, Mono

À BOUT DE SOUFFLE / AUSSER ATEM (1960)
Regie: Jean-Luc Godard
Drehbuch: François Truffaut
Darsteller: Jean-Paul Belmondo (Michel Poiccard alias Laszlo Kovacs), Jean Seberg (Patricia Franchini), Daniel Boulanger (Police Inspector), Jean-Pierre Melville (Parvulesco), Henri-Jacques Huet (Antonio Berrutti)
Produzent: Georges de Beauregard
Kamera: Raoul Coutard
Schnitt: Cécile Decugis, Lila Herman
Produktionsdesign: Claude Chabrol
Kameraführung: Claude Beausoleil, Jacques Maumont
Länge: 87 min
Land: Frankreich
Schwarz/Weiß, Mono

LOLA (1960)
Regie: Jacques Demy
Drehbuch: Jacques Demy
Darsteller: Anouk Aimée (Lola), Marc Michel (Roland Cassard), Jacques Harden

(Michel), Alan Scott (Frankie), Elina Labourdette (Madame Desnoyers), Margo Lion (Jeanne, Michels Mutter), Annie Duperoux (Cécile)
Produzenten: Carlo Ponti, Georges de Beauregard
Kamera: Raoul Coutard
Schnitt: Anne-Marie Cotret, Monique Teisseire
Produktionsdesign: Bernard Evein
Kostümdesign: Bernard Evein
Kameraführung: Claude Beausoleil
Länge: 90 min
Land: Frankreich/Italien
Schwarz/Weiß, Mono

UNE FEMME EST UNE FEMME /
EINE FRAU IST EINE FRAU (1960)
Regie: Jean-Luc Godard
Drehbuch: Jean-Luc Godard
Darsteller: Jean-Claude Brialy (Émile Récamier), Anna Karina (Angela), Jean-Paul Belmondo (Alfred Lubitsch), Marie Dubois (Angelas Freundin)
Produzenten: Carlo Ponti, Georges de Beauregard
Kamera: Raoul Coutard
Schnitt: Agnès Guillemot, Lila Herman
Produktionsdesign: Bernard Evein
Kostümdesign: Jacqueline Moreau
Länge: 85 min
Land: Frankreich/Italien
Farbe (Eastmancolor), Mono

LES GRANDES PERSONNES /
DIE ERWACHSENEN (1960)
Regie: Jean Valère
Drehbuch: Roger Nimier, Jean Valère
Darsteller: Jean Seberg (Ann), Maurice Ronet (Philippe), Micheline Presle (Michele), Annibale Ninchi (Dr. Severin), Françoise Prévost (Gladys), Fernando Bruno (Buccieri)
Produzenten: Yvon Guézel, Bertrand Javal
Kamera: Raoul Coutard
Schnitt: Léonide Azar
Länge: 95 min
Land: Frankreich/Italien
Schwarz/Weiß, Mono

LE PETIT SOLDAT /
DER KLEINE SOLDAT(1960)
Regie: Jean-Luc Godard
Drehbuch: Jean-Luc Godard
Darsteller: Michel Subor (Bruno Forestier), Anna Karina (Veronica Dreyer), Henri-Jacques Huet (Jacques), Paul Beauvais (Paul), László Szabó (Laszlo)
Produzent: Georges de Beauregard
Kamera: Raoul Coutard
Schnitt: Agnès Guillemot, Lila Herman, Nadine Trintignant (angeführt als Nadine Marquand)
Kameraführung: Michel Latouche
Länge: 88 min
Land: Frankreich
Schwarz/Weiß, Mono

CHRONIQUE D'UN ÉTÉ /
CHRONIK EINES SOMMERS (1960/61)
Regie: Edgar Morin, Jean Rouch
Darsteller: Marceline Loridan Ivens (Marceline Loridan), Marilù Parolini (Mary-Lou Parolini), Jean Rouch
Kamera: Raoul Coutard, Roger Morillière, Jean-Jacques Tarbès
Länge: 85 min
Land: Frankreich
Schwarz/Weiß
Mono

TIRE AU FLANC (1961)
Regie: Claude de Givray, François Truffaut
Drehbuch: Claude de Givray, François Truffaut
Darsteller: Christian de Tillière (Jean Lerat), Ricet-Barrier (Joseph Vidauban), Jacques Balutin (Corporal), Serge Davri (Colonel), Annie Lefebvre (Annie)
Produzent: François Truffaut

Kamera: Raoul Coutard
Schnitt: Claudine Bouché
Länge: 87 min
Land: Frankreich
Schwarz/Weiß, Mono

JULES ET JIM /
JULES UND JIM (1961)
Regie: François Truffaut
Drehbuch: Jean Gruault, François Truffaut
Darsteller: Jeanne Moreau (Catherine), Oscar Werner (Jules), Henri Serre (Jim), Vanna Urbino (Gilberte), Boris Bassiak (Albert), Anny Nelsen (Lucie)
Produzent: Marcel Berbert
Kamera: Raoul Coutard
Schnitt: Claudine Bouché
Produktionsdesign: Fred Capel
Länge: 100 min
Land: Frankreich
Schwarz/Weiß, Mono

L'AMOUR À VINGT ANS
(Episode ANTOINE ET COLETTE)
(1961/62)
Regie: Shintarô Ishihara, Marcel Ophüls, Renzo Rossellini, François Truffaut („Antoine et Colette"), Andrzej Wajda („Milosc dwudziestolatków")
Drehbuch: Marcel Ophüls, Renzo Rossellini, Yvon Samuel, Jerzy Stefan Stawinski, François Truffaut
Darsteller („Antoine et Colette"):
Jean-Pierre Léaud (Antoine Doinel), Marie-France Pisier (Colette), Patrick Auffray (René), Rosy Varte (Colettes Mutter), François Darbon (Colettes Vater), Jean-François Adam (Albert Tazzi)
Produzent: Pierre Roustang
Kamera: Raoul Coutard (Episode „Antoine et Colette")
Schnitt: Claudine Bouché
Kameraassistenz: Charles L. Bitsch
Länge: 120 min
Land: Frankreich/Italien/BRD/Polen/Japan
Schwarz/Weiß, Mono

LA POUPÉE (1962)
Regie: Jacques Baratier
Drehbuch: Jacques Audiberti
Darsteller: Zbigniew Cybulski (Col. Prado Roth / The Rebel), Sonne Teal (Marion / La Poupée), Claudio Gora (Moren, the Banker), Catherine Milinaire (Mirt), Jean Aron (Prof. Palmas), Sacha Pitoëff (Sayas)
Produzent: Jacques Baratier
Kamera: Raoul Coutard
Schnitt: Léonide Azar
Länge: 95 min
Land: Frankreich/Italien
Farbe (Eastmancolor), Mono

VIVRE SA VIE : FILM EN DOUZE TABLEAUX /
DIE GESCHICHTE DER NANA S. (1962)
Regie: Jean-Luc Godard
Drehbuch: Jean-Luc Godard
Darsteller: Anna Karina (Nana), Saddy Rebbot (Raoul), André S. Labarthe (Paul), Guylaine Schlumberger (Yvette), Gérard Hoffman (Le chef), Monique Messine (Elisabeth)
Produzent: Pierre Braunberger
Kamera: Raoul Coutard
Schnitt: Jean-Luc Godard, Agnès Guillemot
Kostümdesign: Christiane Fageol
Kameraassistenz: Claude Beausoleil
Kameraführung: Charles L. Bitsch
Länge: 85 min
Land: Frankreich
Schwarz/Weiß (Kodak), Mono

ET SATAN CONDUIT LE BAL (1962)
Regie: Grisha Dabat
Drehbuch: Grisha Dabat, Roger Vadim
Darsteller: Françoise Brion, Catherine Deneuve (Manuelle), Jacques Doniol-Valcroze, Henri-Jacques Huet, Bernadette Lafont, Jacques Monod, Jacques Perrin

Produzenten: Claude V. Coen, Roger Vadim
Kamera: Raoul Coutard
Land: Frankreich
Schwarz/Weiß, Mono

LES CARABINIERS /
DIE KARABINIERI (1962)
Regie: Jean-Luc Godard
Drehbuch: Jean-Luc Godard, Jean Gruault, Roberto Rossellini
Darsteller: Albert Juross (Michel-Ange), Marino Masé (Ulysses), Catherine Ribeiro (Cleopatre), Geneviève Galéa (Venus), Jean Brassat (Carabinier No. 2), Gérard Poirot (Carabinier No. 1)
Produzenten: Carlo Ponti, Georges de Beauregard
Kamera: Raoul Coutard
Schnitt: Agnès Guillemot
Produktionsdesign: Jean-Jacques Fabre
Kameraführung: Claude Beausoleil
Länge: 85 min
Land: Frankreich/Italien
Schwarz/Weiß, Mono

LE MÉPRIS /
DIE VERACHTUNG (1963)
Regie: Jean-Luc Godard
Drehbuch: Jean-Luc Godard
Darsteller: Brigitte Bardot (Camille Javal), Michel Piccoli (Paul Javal), Jack Palance (Jeremy Prokosch), Giorgia Moll (Francesca Vanini), Fritz Lang (Fritz Lang), Raoul Coutard (Kameramann), Jean-Luc Godard (Langs Regieassistent)
Produzenten: Carlo Ponti, Georges de Beauregard
Kamera: Raoul Coutard
Schnitt: Agnès Guillemot
Kostümdesign: Tanine Autré
Länge: 103 min
Land: Frankreich/Italien
Farbe (Technicolor), Mono

DIFFICULTÉ D'ÊTRE INFIDÈLE (1963)
Regie: Bernard Toublanc-Michel
Drehbuch: Marc Camoletti, René de Obaldia
Darsteller: Michèle Grellier, Gisèle Hauchecorne, Bernard Tiphaine, Donatelle Turi, Pierre Vernier
Kamera: Raoul Coutard
Länge: 108 min
Land: Frankreich/Italien

PETIT JOUR (1964)
Regie: Jackie Pierre
Drehbuch: Jackie Pierre
Darsteller: Jacques Brel, Claude Bessy, Olivier Despax, Jean-Luc Godard, Roger Hanin, Anna Karina, Félix Marten, Edouard Molinaro
Kamera: Raoul Coutard, Guy Suzuki
Länge: 16 min
Land: Frankreich
Schwarz/Weiß

BANDE À PART /
DIE AUSSENSEITERBANDE (1964)
Regie: Jean-Luc Godard
Drehbuch: Jean-Luc Godard
Darsteller: Anna Karina (Odile), Claude Brasseur (Arthur), Sami Frey (Franz)
Kamera: Raoul Coutard
Schnitt: Françoise Collin, Dahlia Ezove, Agnès Guillemot
Kostümdesign: Christiane Fageol
Kameraführung: Georges Liron
Länge: 97 min
Land: Frankreich
Schwarz/Weiß, Farbe, Mono

UN MONSIEUR DE COMPAGNIE /
ICH WAR EINE MÄNNLICHE SEXBOMBE (1964)
Regie: Philippe de Broca
Drehbuch: Philippe de Broca, Henri Lanoë
Darsteller: Jean-Pierre Cassel (Antoine), Catherine Deneuve (Isabelle), Jean-Pierre Marielle (Balthazar), Irina Demick

(Nicole), Annie Girardot (Clara), Sandra Milo (Maria)
Produzent: Julien Derode
Kamera: Raoul Coutard
Schnitt: Françoise Javet
Länge: 92 min
Land: Frankreich / Italien
Farbe (Eastmancolor), Mono

LA PEAU DOUCE /
DIE SÜSSE HAUT (1964)
Regie: François Truffaut
Drehbuch: Jean-Louis Richard, François Truffaut
Darsteller: Jean Desailly (Pierre Lachenay), Françoise Dorléac (Nicole), Nelly Benedetti (Franca Lachenay), Daniel Ceccaldi (Clément), Laurence Badie (Ingrid), Sabine Haudepin (Sabine)
Produzent: António da Cunha Telles
Kamera: Claude Beausoleil, Raoul Coutard
Schnitt: Claudine Bouché
Kostümdesign: Renee Rouzot
Kameraführung: Georges Liron, Denis Mornet
Länge: 113 min / 119 min (director's cut)
Land: Frankreich / Portugal
Schwarz/Weiß, Mono

UNE FEMME MARIÉE: SUITE DE FRAGMENTS D'UN FILM TOURNÉ EN 1964 /
EINE VERHEIRATETE FRAU (1964)
Regie: Jean-Luc Godard
Drehbuch: Jean-Luc Godard
Darsteller: Bernard Noël (Robert), Macha Méril (Charlotte), Philippe Leroy (Pierre)
Kamera: Raoul Coutard
Schnitt: Andrée Choty, Françoise Collin, Agnès Guillemot, Gérard Pollicand
Produktionsdesign: Henri Nogaret
Kameraführung: Georges Liron
Länge: 96 min
Land: Frankreich
Schwarz/Weiß, Mono

ALPHAVILLE, UNE ÉTRANGE AVENTURE DE LEMMY CAUTION /
LEMMY CAUTION GEGEN ALPHA 60 (1964)
Regie: Jean-Luc Godard
Drehbuch: Jean-Luc Godard
Darsteller: Eddie Constantine (Lemmy Caution), Anna Karina (Natacha Von Braun), Akim Tamiroff (Henri Dickson)
Produzent: André Michelin
Kamera: Raoul Coutard
Schnitt: Agnès Guillemot
Produktionsdesign: Pierre Guffroy
Länge: 99 min
Land: Frankreich / Italien
Schwarz/Weiß, Mono

LA 317E SECTION /
DIE 317. SEKTION (1965)
Regie: Pierre Schoendoerffer
Drehbuch: Pierre Schoendoerffer
Darsteller: Jacques Perrin, Bruno Cremer, Pierre Fabre, Manuel Zarzo, Boramy Tioulong
Produzenten: Benito Perojo, Georges de Beauregard
Kamera: Raoul Coutard
Schnitt: Armand Psenny
Kameraführung: Georges Liron
Länge: 100 min
Land: Frankreich / Spanien
Schwarz/Weiß, Mono

JE VOUS SALUE MAFIA /
GRÜSSE AN DIE MAFIA (1965)
Regie: Raoul Lévy
Drehbuch: Raoul Lévy
Darsteller: Henry Silva (Schaft), Jack Klugman (Phil), Eddie Constantine (Rudy), Elsa Martinelli (Sylvia), Micheline Presle (Daisy)
Produzent: Raoul Lévy
Kamera: Raoul Coutard
Schnitt: Victoria Mercanton
Produktionsdesign: Jean André

Länge: 90 min
Land: Frankreich / Italien
Schwarz/Weiß, Mono

PIERROT LE FOU /
11 UHR NACHTS (1965)
Regie: Jean-Luc Godard
Drehbuch: Jean-Luc Godard
Darsteller: Jean-Paul Belmondo (Ferdinand Griffon, 'Pierrot'), Anna Karina (Marianne Renoir), Graziella Galvani (La femme de Ferdinand), Dirk Sanders (Fred, le frère de Marianne)
Produzent: Georges de Beauregard
Kamera: Raoul Coutard
Schnitt: Françoise Collin
Länge: 110 min
Land: Frankreich / Italien
Farbe (Eastmancolor), Mono

SCRUGGS (1965)
Regie: David Hart
Darsteller: Susannah York (Susan)
Kamera: Raoul Coutard
Land: Großbritannien

MADE IN U.S.A. (1966)
Regie: Jean-Luc Godard
Drehbuch: Jean-Luc Godard
Darsteller: Anna Karina (Paula Nelson), Jean-Pierre Léaud (Donald Siegel), László Szabó (Richard Widmark), Marianne Faithfull
Produzent: Georges de Beauregard
Kamera: Raoul Coutard
Schnitt: Françoise Collin, Agnès Guillemot
Kameraführung: Georges Liron
Länge: 90 min
Land: Frankreich
Farbe (Eastmancolor), Mono

2 OU 3 CHOSES QUE JE SAIS D'ELLE /
ZWEI ODER DREI DINGE, DIE ICH VON IHR WEISS (1966)
Regie: Jean-Luc Godard
Drehbuch: Jean-Luc Godard
Darsteller: Joseph Gehrard (Monsieur Gérard), Marina Vlady (Juliette Jeanson), Anny Duperey (Marianne), Roger Montsoret (Robert Jeanson), Raoul Lévy (John Bogus), Jean Narboni (Roger)
Produzenten: Anatole Dauman, Raoul Lévy
Kamera: Raoul Coutard
Schnitt: Françoise Collin, Chantal Delattre
Kostümdesign: Gitt Magrini
Länge: 95 min
Land: Frankreich
Farbe (Eastmancolor), Mono

L'HORIZON /
DER HORIZONT (1967)
Regie: Jacques Rouffio
Drehbuch: Jacques Rouffio
Darsteller: Jacques Perrin (Antonin), Macha Méril (Elisa), René Dary (Vater), Monique Mélinand (Mutter), Steve Gadler (Dave Lannigan), Marc Monnet (Friedman), Philippe Brizard (Pernon)
Produzenten: Francis Girod, Jacques Rouffio
Kamera: Raoul Coutard
Schnitt: Hélène Muller, Jacques Rouffio
Länge: 90 min
Land: Frankreich
Farbe (Eastmancolor), Mono

LA CHINOISE /
DIE CHINESIN (1967)
Regie: Jean-Luc Godard
Drehbuch: Jean-Luc Godard
Darsteller: Anne Wiazemsky (Veronique), Jean-Pierre Léaud (Guillaume), Juliet Berto (Yvonne), Michel Semeniako (Henri), Lex De Bruijn (Kirilov), Omar Diop (Omar)
Kamera: Raoul Coutard

Schnitt: Delphine Desfons, Agnès Guillemot
Kameraführung: Georges Liron
Länge: 99 min
Land: Frankreich
Farbe (Eastmancolor), Mono

LA MARIÉE ÉTAIT EN NOIR /
DIE BRAUT TRUG SCHWARZ (1967)
Regie: François Truffaut
Drehbuch: Jean-Louis Richard, François Truffaut
Darsteller: Jeanne Moreau (Julie Kohler), Michel Bouquet (Coral), Jean-Claude Brialy (Corey), Charles Denner (Fergus), Claude Rich (Bliss), Michael Lonsdale (Rene Morane)
Produzenten: Marcel Berbert, Oscar Lewenstein
Kamera: Raoul Coutard
Schnitt: Claudine Bouché
Produktionsdesign: Pierre Guffroy
Länge: 107 min
Land: Frankreich / Italien
Farbe (Eastmancolor), Mono

WEEK-END /
WEEKEND (1967)
Regie: Jean-Luc Godard
Drehbuch: Jean-Luc Godard
Darsteller: Mireille Darc, Jean Yanne, Jean-Pierre Kalfon, Valérie Lagrange, Jean-Pierre Léaud
Kamera: Raoul Coutard
Schnitt: Agnès Guillemot
Länge: 105 min
Land: Frankreich / Italien
Farbe (Eastmancolor), Mono

Z (1968)
Regie: Costa-Gavras
Drehbuch: Jorge Semprún
Darsteller: Yves Montand, Irene Papas, Jean-Louis Trintignant, Jacques Perrin, Charles Denner, François Périer, Pierre Dux
Kamera: Raoul Coutard
Schnitt: Françoise Bonnot
Produktionsdesign: Jacques D'Ovidio
Kostümdesign: Piet Bolscher (als Piet Bolsher)
Kameraführung: Jean Garcennot, Taibi Lamouri, Georges Liron
Länge: 127 min
Land: Algerien/Frankreich
Farbe (Eastmancolor), Mono

ROCKY ROAD TO DUBLIN (1968)
Regie: Peter Lennon
Drehbuch: Peter Lennon
Darsteller: Sean O'Faoláin
Kamera: Raoul Coutard
Schnitt: Lila Biro
Länge: 70 min
Land: Irland
Schwarz/Weiß, Farbe (Eastmancolor), Mono

L'AVEU /
DAS GESTÄNDNIS (1969)
Regie: Costa-Gavras
Drehbuch: Jorge Semprún
Darsteller: Yves Montand (Anton), Simone Signoret (Lise), Gabriele Ferzetti (Kohoutek), Michel Vitold (Smola)
Produzenten: Robert Dorfmann, Bertrand Javal
Kamera: Raoul Coutard
Schnitt: Françoise Bonnot
Produktionsdesign: Bernard Evein
Länge: 135 min
Land: Frankreich / Italien
Farbe (Eastmancolor), Mono

ÊTES-VOURS FIANCÉE À UN MARIN GREC OU À UN PILOT DE LIGNE /
WAS WÜRDEN SIE AN MEINER STELLE TUN ? (1970)
Regie: Jean Aurel
Drehbuch: Jean Aurel, Jean Yanne

Darsteller: Jean Yanne (Roger Blanchard), Françoise Fabian (Marion Blanchard), Francis Blanche (Maurice Gombaud), Nicole Calfan (Annette), Armando Francioli (Jean Andrieux)
Produzenten: Pierre Braunberger, Nat Wachsberger
Kamera: Raoul Coutard
Schnitt: Anne-Marie Cotret, Monique Teisseire
Produktionsdesign: Eric Simon
Kostümdesign: Gylhen De Boysson
Länge: 96 min
Land: Frankreich / Italien
Farbe (Eastmancolor), Mono

LA LIBERTÉ EN CROUPE (1970)
Regie: Edouard Molinaro
Drehbuch: Jean-François Hauduroy, Edouard Molinaro, Jacques Perry
Darsteller: Juliette Villard (Lore), Michel Serrault (Paul Cérès), Dora Doll (Suzanne), Marion Game (Pamela), Maurice Garrel (Reinert)
Kamera: Raoul Coutard
Schnitt: Monique Isnardon, Robert Isnardon
Länge: 90 min
Land: Frankreich
Farbe

L'EXPLOSION (1971)
Regie: Marc Simenon
Drehbuch: Alphonse Boudard
Darsteller: Richard Harrison (Max), Mylène Demongeot (Katia), Mario David (Riton), Dominique Delpierre (Sophie)
Produzent: Paul Laffargue
Kamera: Raoul Coutard
Länge: 93 min
Land: Frankreich/Italien/Kanada/Belgien
Farbe (Eastmancolor), Mono

LES AVEUX LES PLUS DOUX / ZÄRTLICHE WÜNSCHE (1971)
Regie: Edouard Molinaro
Drehbuch: Jean-François Hauduroy, Edouard Molinaro
Darsteller: Philippe Noiret (Inspecteur Muller), Roger Hanin (Inspecteur Borelli), Marc Porel (Jean Dubreuil), Caroline Cellier (Catherine)
Produzentin: Christine Gouze-Rénal
Kamera: Raoul Coutard
Land: Frankreich / Italien
Farbe (Eastmancolor), Mono

LE TRÈFLE À CINQ FEUILLES (1971/72)
Regie: Edmond Freess
Drehbuch: Pierre Fabre, Edmond Freess
Darsteller: Philippe Noiret (Alfred), Liselotte Pulver (Daisy), Micha Bayard (Germaine Constant), Maurice Biraud (Georges-André Constant), Jean Carmet (Lord Picratt), Jean-Roger Caussimon
Produzent: François de Lannurien
Kamera: Raoul Coutard
Schnitt: Nicole Allouche, Aline Asséo, Claire Giniewski, Raymonde Guyot
Produktionsdesign: Gérard Bougeant, Charles Freess, Guy Littaye
Kostümdesign: Eliane Fourastié
Kameraassistent: Jean Garcenot
Kameraführung: Georges Liron
Länge: 85 min
Land: Frankreich
Farbe (Eastmancolor), Mono

THE JERUSALEM FILE (1972)
Regie: John Flynn
Drehbuch: Troy Kennedy-Martin
Darsteller: Bruce Davison (David Armonstrong), Nicol Williamson (Professor Lang), Daria Halprin (Nurit), Donald Pleasence (Major Samuels), Ian Hendry (General Mayer)
Produzent: R. Ben Efraim

Kamera: Raoul Coutard
Schnitt: Norman Wanstall
Länge: 86 min
Land: USA / Israel
Farbe (Metrocolor), Mono

EMBASSY /
AM TOR ZUR FREIHEIT LIEGT DER TOTENSCHEIN / AHNUNGSLOS (1972)
Regie: Gordon Hessler
Drehbuch: John Bird, William Fairchild
Darsteller: Richard Roundtree (Shannon), Chuck Connors (Kesten), Marie-José Nat (Laure), Ray Milland (Botschafter), Broderick Crawford (Dunniger), Max von Sydow (Gorenko)
Produzent: Mel Ferrer
Kamera: Raoul Coutard
Schnitt: Willy Kemplen
Produktionsdesign: John Howell
Land: Großbritannien
Farbe, Mono

LES GANG DES OTAGES /
FLUCHT IM KREIS (1972)
Regie: Edouard Molinaro
Drehbuch: Alphonse Boudard
Darsteller: Daniel Cauchy (Gilbert Nodier), Bulle Ogier (Liliane Guerec), Gilles Ségal (Serge Donati), Gérard Darrieu (Maurice Perret), Michel Favory (Maître Meyer)
Kamera: Raoul Coutard
Länge: 90 min
Land: Italien / Frankreich
Farbe (Eastmancolor), Mono

L'EMMERDEUR /
DIE FILZLAUS (1973)
Regie: Edouard Molinaro
Drehbuch: Francis Veber
Darsteller: Lino Ventura (Ralf Milan), Jacques Brel (François Pignon), Caroline Cellier (Louise Pignon), Jean-Pierre Darras (Fuchs), Nino Castelnuovo (Bellhop)
Produzenten: Georges Dancigers, Alexandre Mnouchkine
Kamera: Raoul Coutard
Schnitt: Monique Isnardon, Robert Isnardon
Produktionsdesign: François de Lamothe
Kameraführung: Jean Garcenot, Georges Liron
Länge: 90 min
Land: Frankreich / Italien
Farbe (Eastmancolor), Mono

COMME UN POT DE FRAISES! (1974)
Regie: Jean Aurel
Drehbuch: Gérard Sire
Darsteller: Jean-Claude Brialy (Norbert), Nathalie Courval (Joëlle), Marcha Grant (Olivia), Marianne Eggerickx (Amandine), Jean Lefebvre (Adrien), Bernard Menez (Philippe)
Produzenten: Pierre Braunberger, Alain Poiré
Kamera: Raoul Coutard
Schnitt: Anne-Marie Cotret, Monique Teisseire
Produktionsdesign: André Labussière
Kostümdesign: Catherine Dieupart
Länge: 90 min
Land: Frankreich
Farbe (Eastmancolor), Mono

LE CRABE-TAMBOUR (1977)
Regie: Pierre Schoendoerffer
Drehbuch: Jean-François Chauvel, Pierre Schoendoerffer
Darsteller: Jean Rochefort, Claude Rich, Aurore Clément, Odile Versois, Pierre Rousseau, Jacques Dufilho, Jacques Perrin
Produzent: Georges de Beauregard
Kamera: Raoul Coutard
Schnitt: Nguyen Long
Länge: 120 min
Land: Frankreich
Farbe (Eastmancolor), Mono

Coutard während der Marburger Kameratage 2001

PASSION (1981/82)
Regie: Jean-Luc Godard
Drehbuch: Jean-Luc Godard
Darsteller: Isabelle Huppert (Isabelle), Hanna Schygulla (Hanna), Michel Piccoli (Michel Boulard), Jerzy Radziwilowicz (Jerzy, metteur en scène), László Szabó (Laszlo, le producteur)
Produzenten: Armand Barbault, Catherine Lapoujade, Martine Marignac
Kamera: Raoul Coutard
Schnitt: Jean-Luc Godard
Produktionsdesign: Jean Bauer, Serge Marzolff
Kostümdesign: Christian Gasc, Rosalie Varda
Kameraführung: André Clément
Kameraassistenz: Jean Garcenot
Länge: 88 min
Land: Frankreich /Schweiz
Farbe (Eastmancolor), Mono

PRÉNOM CARMEN /
VORNAME CARMEN (1983)
Regie: Jean-Luc Godard
Drehbuch: Anne-Marie Miéville
Darsteller: Maruschka Detmers (Carmen X), Jacques Bonnaffé (Joseph Bonnaffé), Myriem Roussel (Claire), Christophe Odent (Le chef)
Produzent: Alain Sarde
Kamera: Raoul Coutard,
Jean-Bernard Menoud
Schnitt: Fabienne Alvarez, Suzanne Lang-Willar
Kostümdesign: Renée Renard
Kameraassistenz: Jean Garcenot
Länge: 85 min
Land: Frankreich
Farbe (Eastmancolor)

LA DIAGONALE DU FOU /
DUELL OHNE GNADE (1983)
Regie: Richard Dembo
Drehbuch: Richard Dembo
Darsteller: Michel Piccoli (Akiva Liebskind), Alexandre Arbatt (Pavius Fromm), Liv Ullmann (Marina Fromm), Leslie Caron (Henia Liebskind)
Produzenten: Arthur Cohn, Martine Marignac
Kamera: Raoul Coutard
Schnitt: Agnès Guillemot
Kostümdesign: Pierre Albert
Länge: 110 min
Land: Frankreich/Schweiz
Farbe, Mono

LA GARCE /
DAS FLITTCHEN (1984)
Regie: Christine Pascal
Drehbuch: André Marc Delocque-Fourcaud, Pierre Fabre, Laurent Heynemann, Christine Pascal
Darsteller: Isabelle Huppert (Aline Kaminker/Édith Weber), Richard Berry (Lucien Sabatier), Vittorio Mezzogiorno (Max Halimi), Jean Benguigui (Rony), Jean-Claude Leguay (Brunet)
Produzent: Alain Sarde
Kamera: Raoul Coutard
Schnitt: Jacques Comets, Jean-François Naudon
Produktionsdesign: Valérie Grall
Länge: 90 min
Land: Frankreich
Farbe

PARACHUTE (1985)
Regie: Sabine Eckhard
Drehbuch: Sabine Eckhard
Darsteller: Johanna Elbauer, Wolfgang Finck, Maria Kempas
Kamera: Raoul Coutard
Länge: 13 min
Land: BRD

MAX, MON AMOUR (1986)
Regie: Nagisa Oshima
Drehbuch: Jean-Claude Carrière, Nagisa Oshima
Darsteller: Charlotte Rampling (Margaret), Anthony Higgins (Peter), Victoria Abril (Maria), Anne-Marie Besse (Suzanne), Nicole Calfan (Helene), Pierre Étaix (Detectiv)
Produzent: Serge Silberman
Kamera: Raoul Coutard
Schnitt: Hélène Plemiannikov
Produktionsdesign: Pierre Guffroy
Kameraassistenz: Bruno Affret, Jean Garcenot
Kameraführung: André Clément
Länge: 97 min
Land: Frankreich/USA/Japan
Farbe, Mono

BRENNENDE BETTEN (1987/88)
Regie: Pia Frankenberg
Drehbuch: Pia Frankenberg
Darsteller: Pia Frankenberg (Gina), Jennifer Susan Hibbert, Frances Tomelty, Ian Dury (Harry)
Kamera: Raoul Coutard
Schnitt: Bettina Böhler
Kostümdesign: Sabine Jesse
Länge: 85 min
Land: BRD
Farbe

BLANC DE CHINE (1988)
Regie: Denys Granier-Deferre
Drehbuch: Denys Granier-Deferre
Darsteller: Robin Renucci (Mathieu Gaglioli), Michel Piccoli (Batz), J. C. Quinn (Mayotte), Ysé Tran (Jay), Antoine Duléry (Bastien), Denys Hawthorne (Jason), Don Henderson (Malcolm), Ham-Chau Luong (Sang), Claude Faraldo (Rinaldi)
Produzenten: Marc Chayette, Marjorie Israël, Cyril de Rouvre

Kamera: Raoul Coutard
Länge: 100 min
Land: Frankreich
Farbe

PEAUX DE VACHES (1988)
Regie: Patricia Mazuy
Drehbuch: Patricia Mazuy
Darsteller: Jean-Jacques Bernard (Riri), Sandrine Bonnaire (Annie), Maurice Dalle, Yann Dedet
Produzent: Jean-Luc Ormières
Kamera: Raoul Coutard
Schnitt: Sophie Schmit
Land: Frankreich
Farbe

NE RÉVEILLEZ PAS UN FLIC QUI DORT / DER PANTHER II – EISKALT WIE FEUER (1988)
Regie: José Pinheiro
Drehbuch: Alain Delon, Frédéric Fajadie, José Pinheiro
Darsteller: Alain Delon (Eugene Grindel), Michel Serrault (Roger Scatti), Xavier Deluc (Lutz), Patrick Catalifo (Pèret), Raymond Gérôme (Cazalieres)
Produzenten: Alain Delon, Jacques Bar
Kamera: Richard Andry, Raoul Coutard
Schnitt: Jennifer Augé
Produktionsdesign: Théobald Meurisse
Kostümdesign: Marie-Françoise Perochon
Länge: 97 min
Land: Frankreich
Farbe, Mono

BETHUNE: THE MAKING OF A HERO / BETHUNE – ARZT UND HELD (1988–90)
Regie: Phillip Borsos
Drehbuch: Ted Allan
Darsteller: Iñaki Aierra (Dr. Salvador), Anouk Aimée (Marie-France Coudaire), Lorne Brass (Reporter), Geoffrey Chater (Dr. Archibald), Sophie Faucher (MacKenzie)
Produzenten: Nicolas Clermont, Pieter Kroonenburg
Kamera: Raoul Coutard, Mike Molloy
Schnitt: Angelo Corrao, Yves Langlois
Produktionsdesign: Reynard Fauteux
Kameraassistenz: Maarten Kroonenburg, Eric Moynier
Länge: 168 min
Land: Kanada/China/Frankreich
Farbe

IL GÈLE EN ENFER (1990)
Regie: Jean-Pierre Mocky
Drehbuch: Jean-Pierre Mocky
Darsteller: Jean-Pierre Mocky (Tim), Lauren Grandt (Georgia), Marjorie Godin (La garagiste), Pascal Ligier (Peter)
Produzenten: Jean-Bernard Fetoux, Jean-Pierre Mocky
Kamera: Raoul Coutard
Schnitt: Jean-Pierre Mocky
Produktionsdesign: Étienne Méry
Kostümdesign: Marina Zuliani
Kameraassistenz: Diane Baratier, André Clément
Kameraführung: Jacques Mironneau
Länge: 88 min
Land: Frankreich
Farbe

LA FEMME FARDÉE (1990)
Regie: José Pinheiro
Darsteller: Jeanne Moreau (Le Doria), Jacqueline Maillan (Edma Bautet-Lebrêche), André Dussollier (Julien Peyrat), Laura Morante (Clarisse Lethuillier)
Produzent: Benjamin Simon
Kamera: Raoul Coutard
Schnitt: Claire Pinheiro
Produktionsdesign: Théobald Meurisse
Kostümdesign: Marie-Françoise Perochon
Kameraassistenz: André Clément
Kameraführung: Louis de Ernsted
Land: Frankreich
Farbe (Kodak)

MAIGRET ET LES PLAISIRS DE LA NUIT (1991) (TV)
Regie: José Pinheiro
Drehbuch: Jacques Cortal
Darsteller: Bruno Cremer (Jules Maigret), Jacqueline Danno (Rose), Jean-Louis Foulquier (Fred), Philippe Polet (Lapointe), Serge Beauvois (Torrence), Marina Golovine (Lili)
Produzenten: Steve Hawes, Robert Nador, Ève Vercel
Kamera: Raoul Coutard
Schnitt: Bruno Boissel
Produktionsdesign: Laurence Brenguier, Mike Grimes
Kostümdesign: Françoise Disle
Kameraassistenz: Bruno Affret
Kameraführung: André Clement
Länge: 82 min
Land: Frankreich/Belgien/Schweiz
Farbe, Stereo

LA VIE CREVÉE (1992)
Regie: Guillaume Nicloux
Darsteller: Géraldine Danon (Alice), Arielle Dombasle (Angele), Michel Piccoli (Raymond), Wadeck Stanczak
Kamera: Raoul Coutard
Land: Frankreich
Farbe, Stereo

LA NAISSANCE DE L'AMOUR (1993)
Regie: Philippe Garrel
Drehbuch: Muriel Cerf, Marc Cholodenko, Philippe Garrel
Darsteller: Lou Castel (Paul), Jean-Pierre Léaud (Marcus), Johanna ter Steege (Ulrika), Dominique Reymond (Hélène), Marie-Paule Laval (Fauchon, Pauls Frau)
Kamera: André Clément, Raoul Coutard
Schnitt: Sophie Coussein, Yann Dedet, Nathalie Hubert, Alexandra Strauss
Länge: 94 min
Land: Frankreich / Schweiz
Schwarz/Weiß

FAUT PAS RIRE DU BONHEUR (1995)
Regie: Guillaume Nicloux
Drehbuch: Guillaume Nicloux
Darsteller: Bernard-Pierre Donnadieu (Michel), Laura Morante (Nadine), Philippe Nahon, Roland Amstutz, Jean-Claude Bouillon, Marilyne Even, Jean Grécault, Michel Caccia
Produzent: Hugues Desmichelle
Kamera: Raoul Coutard
Schnitt: Brigitte Bennard
Länge: 85 min
Land: Frankreich
Farbe

LE CŒUR FANTÔME (1996)
Regie: Philippe Garrel
Drehbuch: Marc Cholodenko, Philippe Garrel, Noémie Lvovsky
Darsteller: Luis Rego (Philippe), Aurélia Alcaïs (Justine), Maurice Garrel (Philippes Vater), Evelyne Didi (Annie), Roschdy Zem (Moand), Camille Chain (Camille), Lucie Rego (Lucie)
Produzent: Paulo Branco
Kamera: Raoul Coutard, Jacques Loiseleux
Schnitt: Sophie Coussein, Yann Dedet, Nathalie Hubert
Kameraassistenz: Patrice Guillou, Valentine Perrin, Florian Forleo
Länge: 87 min
Land: Frankreich
Farbe, Stereo

SAUVAGE INNOCENCE (2001)
Regie: Philippe Garrel
Drehbuch: Philippe Garrel, Marc Cholodenko, Arlette Langmann
Darsteller: Mehdi Belhaj Kacem (François Mauge), Julia Faure (Lucie), Michel Subor (Chas), Mathieu Genet (Alex),

Valérie Kéruzoré (Flora), Jean Pommier (Hutten)
Produzenten: Pascal Caucheteux, Kees Kasander, Alain Sarde
Kamera: Raoul Coutard
Schnitt: Françoise Collin
Kostümdesign: Justine Pearce
Kameraassistenz: Pascale Marin, André Clément
Kameraführung: Jean-César Chiabaut
Länge: 123 min
Land: Frankreich / Niederlande
Schwarz/Weiß, Farbe
Sound Mix: Dolby SR

B) Arbeiten als Regisseur

HOA-BINH (1970)
Regie: Raoul Coutard
Drehbuch: Raoul Coutard
Darsteller: Phi Lan (Hung), Huynh Cazenas (Xuan), Le Quynh (Vater), Marcel Lan Phuong (Nam), Bui Thi Thanh (Tran Thi Ha)
Produzent: Gilbert de Goldschmidt
Kamera: Georges Liron
Schnitt: Victoria Mercanton
Länge: 93 min
Land: Frankreich
Farbe (Eastmancolor), Mono

LA LÉGION SAUTE SUR KOLWEZI (1980)
Regie: Raoul Coutard
Drehbuch: André G. Brunelin
Darsteller: Bruno Cremer (Pierre Delbart), Mimsy Farmer (Annie), Giuliano Gemma (Adjudant-chef Federico), Laurent Malet (Damrémont), Jacques Perrin (L'ambassadeur Berthier), Pierre Vaneck (Colonel Grasser)
Produzent: Georges de Beauregard
Kamera: Georges Liron
Schnitt: Michel Levin
Länge: 96 min
Land: Frankreich
Farbe (Eastmancolor), Mono

S.A.S. À SAN SALVADOR / S.A.S. MALKO, IM AUFTRAG DES PENTAGON (1983)
Regie: Raoul Coutard
Drehbuch: Gérard de Villiers
Darsteller: Miles O'Keeffe (Malko Linge), Raimund Harmstorf (Enrique Chacon), Dagmar Lassander (Maria Luisa Delgado), Anton Diffring (Peter Reynolds), Catherine Jarret (Rosa)
Produdzenten: Raymond Danon, Gérard de Villiers
Kamera: Georges Liron
Länge: 95 min
Land: Frankreich / Deutschland
Farbe, Mono

Biographische Hinweise

Rolf Coulanges (Stuttgart u. Berlin), Kameramann seit 1979. Bevorzugte Arbeitsbereiche: Dokumentarfilm und Spielfilm für das Kino. Professor für Bildgestaltung im Film an der Hochschule der Medien Stuttgart. Jüngste Arbeiten als Kameramann: die Dokumentarfilme DAS PRINZIP DORA, CHERCHER LA VIE und PATRICE LUMUMBA, EINE AFRIKANISCHE TRAGÖDIE (von Thomas Giefer, Grimme-Preis 2000) sowie Harald Bergmanns in Schwarz-Weiss gedrehter Kinofilm über das Leben Friedrich Hölderlins SCARDANELLI.

Rainer Gansera (München), geb. 1948 in Bamberg. Studium an der Hochschule für Fernsehen und Film, München. Redakteur und Autor der Zeitschrift *Filmkritik* (1972-79), Mitarbeit beim Familienprogramm des *SDR-Fernsehens* (1977–82); Tätigkeit als Filmkritiker und Essayist für die *WDR-Filmredaktion* (seit 1978), *epdFilm* (seit 1984), *Süddeutsche Zeitung* (seit 1997).

Norbert Grob (Mainz), Dr. phil., geb. 1949. Filmkritiker und Filmhistoriker,Professor für Mediendramaturgie und Filmwissenschaft in Mainz. Texte, Essays, Kritiken, Porträts für zahlreiche Bücher, Zeitschriften, Zeitungen (v.a. für *Die Zeit*, *Kölner Stadt-Anzeiger*, *Süddeutsche Zeitung, Filme*, *epdFilm*, *Filmbulletin*). Über zwanzig filmische Essays fürs Fernsehen des WDR (u.a. über Alfred Hitchcock, Robert Siodmak, Rudolf Thome, André Téchiné, Samuel Fuller, Otto Preminger, den „Film noir" und „Künstliche Menschen im Film").

Jürgen Heiter (Köln), geb. 1950. Seit 1979 Buch/Regie bei ca. 30 Fernseh-und Kinoproduktionen, u.a. EIN BAUER DER PHOTOGRAPHIE (1982), ROT UND BLAU (1984), DER KLEINE BRUDER (1988), die Trilogie INTERESSIERTE RÄUME (1995–2000), MES AMIS (2001) und, zur Zeit im Rohschnitt, der essayistische Spielfilm LA VERA STORIA (Arbeitstitel) mit einem Gastauftritt von Raoul Coutard.

Michael Neubauer (München), Dr. rer. pol., geb. 1958. Kameramann. Geschäftsführer des Bundesverbandes Kamera. Autor berufskundlicher Schriften im Themenbereich „Kamera".

Karl Prümm (Marburg), Dr. phil., geb. 1945. Professor für Medienwissenschaft an der Philipps-Universität Marburg. Zahlreiche Publikationen zur Literatur- und Mediengeschichte des 19. und 20. Jahrhunderts.

Peter Riedel (Marburg), Dr. phil., geb. 1971. Wissenschaftlicher Assistent am Institut für Neuere deutsche Literatur und Medien der Philipps-Universität Marburg. Publikationen zur Theorie der Photographie, Alexander Kluge und Tom Tykwer.